Holger Reiners

Das Landhaus

Holger Reiners

Das Landhaus

33 ausgezeichnete Villen, Sommerhäuser und Refugien

Architektur-Preis Reiners Stiftung

Deutsche Verlags-Anstalt

Inhalt

Das Landhaus – Plädoyer für eine sinnliche Baukunst, für Schönheit und Baukultur

Dem Leser und Betrachter entfaltet dieser Band ein Feuerwerk hochkarätiger moderner Interpretationen eines seit Jahrhunderten vertrauten Themas: *Das Landhaus*. Für viele Architekturkritiker ist dieser Titel jedoch ein Reizwort. Der Reiners Stiftung wird gelegentlich vorgeworfen, dass sie sich nicht ausschließlich, aber doch vornehmlich mit als Provokation verstandenen Themen wie *Die Villa* oder *Das Landhaus* beschäftigt und diese zum Inhalt der Stiftungsarbeit und dem zugehörigen Architekturpreis macht. Es gäbe wirklich wichtigere und gesellschaftlich drängendere Probleme im gegenwärtigen Architekturgeschehen als ausgerechnet so elitäre Themen wie Villa oder Landhaus.

Dabei geht es stets um die reflexartige sozialneidische Ablehnung der Hochkultur, die fälschlicherweise als nur wenigen Betuchten zugänglich betrachtet wird und über die kürzlich Jens Jessen in einem *Zeit*-Artikel schrieb: »Das eigentliche Wunder der Hochkultur und ihres innersten Kerns, der Künste, besteht in ihrer Übertragung bis in die letzten Winkel der Unterhaltungsindustrie hinein ... Das Wunder wird sich nicht wiederholen, wenn die Vorbilder und ihr Maßstab nicht mehr zugänglich sind.«

Man ersetze den Begriff Hochkultur durch Architekturkunst und die vorstehenden Zeilen beschreiben mein Motiv hinter der Themenwahl und meine Legitimation für den Architekturpreis.

Welches Ziel verfolge ich gerade mit dem diesjährigen Auslobungsthema? *Das Landhaus* ist erneut ein Bekenntnis des Stiftungsanliegens und es lohnt, sich architekturkritisch auch mit als elitär bezeichneten Themen auseinanderzusetzen.

Die Bauaufgaben Refugium, Sommerhaus und Villa stehen für den klassischen Gebäudetyp, den wir kulturhistorisch mit dem Begriff Landhaus verbinden – Landhaus, nicht Bauernhaus.

Es soll hier nicht um eine Analyse dieses Bautyps gehen, nicht um eine kunsthistorische Betrachtung, nicht um Stilkunde, sondern allein darum, was uns heute *Das Landhaus* zu sagen vermag, welche Assoziationen wir mit ihm verbinden und wo das Potenzial seiner baukünstlerischen und kulturellen Botschaft liegt und: warum dieser Bautypus bis heute eine so faszinierende Wirkung auf uns ausübt.

Ein kurzer Rückblick sei erlaubt: Schon im 3. Jahrhundert vor Christus war das Landhaus ein luxuriöser Bau, unterschieden wurde zwischen Villa rustica – dem landwirtschaftlich genutzten Haus – und der Villa urbana, dem in herausgehobener Position auf dem Anwesen gelegenen, eleganten Wohnhaus der Eigentümer – schon damals bereits mit fließendem Wasser, das in Bleirohren mit entsprechendem Druck Bäder und Küche versorgte. Auch das Abwasser wurde geruchsfrei abgeleitet – was man mit großer Berechtigung als wichtige technische Errungenschaft bezeichnen kann. Das allein würde aber sicher nur eine Fußnote in der Baugeschichte ausmachen, wenn diese Landhäuser nicht schon vor weit über 2.000 Jahren all das verkörperten, was wir auch heute mit einem kultivierten Landhaus oder gar einer Villa gedanklich verbinden: Baukunst, Schönheit, Sinnlichkeit. Und auch damals gab es bereits eine vorausgegangene kulturelle Entwicklung, ohne die derart elitäre Bauwerke nie hätten entstehen können. Bauten, die nicht nur private Sicherheit boten, sondern vor allem ein kunstvolles, dekoratives Ambiente mit großem Repräsentationsanspruch, also Gebäude, die wir zu Recht stets als Gesamtkunstwerk auf höchstem Niveau bezeichnen können: Anspruchsvolle Architektur, großzügige Raumkonzepte, kunstvolle Ausstattung und darüber hinaus unverzichtbar die inneren, raffiniert-dekorativen Gartenhöfe oder üppige Gartenanlagen, in die das Landhaus eingebettet war.

Die Baugeschichte des Landhauses als Synonym für kultivierte Lebensart bietet Zeiten höchster Blüte, wie im Römischen Reich, aber auch die baukulturelle Brache im Mittelalter, ehe die Renaissance dem Thema Villa im Veneto zur sprichwörtlichen Wiedergeburt verhalf, um dann im 18. Jahrhundert, ausgehend vom englischen Palladianismus, den gesamten europäischen Kontinent zu einer ungeahnten Raffinesse der Landhausarchitektur zu inspirieren – von Portugal bis nach Russland, von Skandinavien bis zu den Mittelmeerländern. Das ausgehende 19. und frühe 20. Jahrhundert waren, was die Villenarchitektur angeht – England mit seiner wirtschaftlichen Potenz ausgenommen – baukünstlerisch zwar noch präsent, aber die großen Industriellenvillen in Berlin und im Ruhrgebiet waren auch in ihrem pompösen Eklektizismus in Deutschland und den Nachbarländern doch eher ein architektonisches Auslaufmodell. Und was vor und nach 1900 in Amerika an faszinierender Villenarchitektur entstand – Beispiel New York (Frick), Newport (Vanderbilt) oder Hearst in Kalifornien, war ein glanzvolles Revival höfischer europäischer Vorbilder, aber gebaut von Bürgerlichen, deren Qualitätsanspruch an die damaligen Architekten weder bei der Planung noch bei der handwerklichen Ausführung im 20. Jahrhundert je wieder erreicht wurden. Und doch findet auch diese Architektur gerade jetzt ihre faszinierten Nachahmer, auf Seiten der Auftraggeber ebenso wie bei den Architekten: Stichwort Moskau! Dort entstehen seit einigen Jahren große Villenanwesen, die es an Pracht – und an architektonischer Qualität – mit denen von Amerika um 1900 aufnehmen können: entworfen von amerikanischen Architekten, gebaut von chinesischen Firmen mit unvorstellbarem Anspruch an die handwerkliche Ausführung.

Die Faszination der privaten Villa ist ungebrochen, nur sind die Maßstäbe in Zentraleuropa inzwischen andere. Entsprechend wurde die Auslobung des diesjährigen Architekturpreises auch auf den Bautypus Sommerhaus und Refugium ausgeweitet und steht damit in der Tradition dessen, was wir mit der Aura des Begriffs Landhaus bis heute verbinden: einen kultivierten Rückzugsort mit sinnlichen Qualitäten, und ein Bauwerk, das sich im symbiotischen Einklang mit der Natur versteht – als Kulturleistung ebenso wie als Hommage an die gewaltige Schönheit der Natur.

Bei Shakespeare heißt es in seinem Theaterstück *Wie es Euch gefällt*: »Architektur ist eine Predigt in Stein.« Eine Predigt ist stets Mahnung und Frohe Botschaft zugleich. Für die Architekten war dieses Bild einer Predigt in Stein immer wieder Ansporn und Verpflichtung, um genau diese Botschaft in einem Entwurf zu ringen, das Beste aus einer Aufgabe zu machen, sich selbst immer wieder zu übertreffen. Diese Haltung, ja eher: moralische Verpflichtung, lag und liegt bis heute den engagierten und guten Architekten ganz selbstverständlich am Herzen. Architektur ist gedankliche, fachliche und auch emotionale Schwerstarbeit. Von Architektur zu sprechen, sollte sich daher auf das beschränken, was Architektur eigentlich ausmacht, also das, was Bau-Meister geplant und gebaut haben und nicht all das, was wir nur beschreibend mit den Begriffen Bauten oder Gebäude bezeichnen. Schließlich unterscheiden wir ja in der Wertschätzung auch die Arbeit eines Auszubildenden und eines Gesellen von einem Meisterstück. Kurz: Der Begriff Architektur ist verwässert und wird genau dem, wonach wir uns als Einzelne und als Gesellschaft so sehr sehnen, nämlich meisterhafte Baukunst, nicht gerecht. Daher auch das besondere Anliegen des Architekturpreises und der Stiftungsarbeit im Sinne von Baukunst als kulturelle Verpflichtung und Auftrag.

In seinem wunderbaren Aufsatz »Alles schon einmal da gewesen« zitiert der Autor und Philosoph Rüdiger Safranski den jungen Dichter Ludwig Tieck: »Man muss das Leben mit Poesie anstecken. Wir sollten es nur einmal versuchen, uns das Gewöhnliche fremd zu machen, und wir würden darüber erstaunen, wie nahe uns so manche Belehrung, so manche Ergötzung liegt, die wir in einer weiten, mühsamen Ferne suchen. Die wunderbare Utopie liegt oft dicht vor unseren Füßen, aber wir sehen mit unseren Teleskopen darüber hinweg.« Und sind es bei uns nicht, also jetzt und seit einigen Jahrzehnten vor allem die Architekturkritiker, die mit ihren verbalen Teleskopen vor allem stets das vermeintlich Spektakuläre, das noch nie da Gewesene oder

das technisch nicht mehr Verständliche eines Bauwerks im Blick hatten und uns suggerieren wollen, dass wir es genau hier mit einer herausragenden zeitgenössischen Architektur zu tun haben? Wobei die Legitimation für ein solches positives Urteil zuerst einmal auf der Gegenwart liegt, nicht aber den gesamten komplexen Strauß an Qualitätskriterien ins Feld führt.

Poesie in der Architektur oder gar Schönheit und Sinnlichkeit? Steht nicht genau jeder dieser drei Begriffe jeweils für ein Unwort nicht nur in der Architekturkritik, sondern auch unter den Architekten selbst? Haben wir uns nicht viel zu lange mit diesem Insidervokabular als Ausdruck gebauter Ideologien abgefunden, als Qualitätssiegel, das bis heute nicht ungestraft hinterfragt werden darf?

Architektur ist viel mehr als nur die Fassette des technisch Machbaren oder das gebaute Ergebnis intellektueller Vorstellungen oder allein umgesetzte konstruktiv kühne Genialität, oder, oder, oder. All das können nur Ingredienzen eines Entwurfs sein, nicht aber das alleinige Programm. Natürlich bedarf es auch in der Bauwirtschaft der Erfindungen, der neuen faszinierenden Materialien und des kreativen Füllhorns der Konstruktionen, aber wir dürfen uns beim Entwerfen nicht schon mit den baulich-technischen Möglichkeiten begnügen, oder gar diese auch noch als alleinige Qualitätskriterien in der Architektur anführen. Die jüngere Baugeschichte lehrt uns, dass vor allem das Neue in der Architektur eine nahezu unverantwortlich kurze Verweildauer hat – wir reißen heute Gebäude ab, die noch nicht einmal eine Generation lang ihre Funktion erfüllt haben. In solchen Fällen war allein das Grundstück werthaltig, nicht aber das darauf befindliche Haus. Sollte das nicht stutzig machen? Wollen wir dieses Bekenntnis zur Wegwerfarchitektur? Sind wir wirklich so gesichtslos, dass das eigene Haus, ob Wohnhaus, Landhaus oder Villa, nicht mehr Ausdruck unseres biografischen Selbstverständnisses ist, also das gebaute Porträt unserer selbst?

Kleider können Leute machen und Persönlichkeit vortäuschen. Das eigene, vom Architekten entworfene Haus ebenso wie das eines Bauträgers ist dagegen immer Ausdruck unserer persönlichen Entscheidung und damit auch biografisches Abbild. Da muss man fragen, warum sich so viele Bauentschlossene so verzerrt abbilden lassen?

Es ist an der Zeit, die Architektur wieder ernst zu nehmen in der ganzen Komplexität ihres Einflusses auf jeden von uns. Der einflussreiche Architekt Rem Koolhaas hat die Entwicklung im Hinblick auf die weltweit entstehende Hochhausarchitektur gerade in einem Aufruf gegeißelt: »Diese ikonischen Gebäude mögen jedes für sich plausibel sein, aber zusammen ergeben sie eine Landschaft der totalen Selbstauslöschung – damit ist jetzt Schluss!« Deutlicher kann man das Dilemma, in der die Gegenwartsarchitektur – auch im Maßstab der privaten Einzelhäuser – steckt, nicht ausdrücken. Ja, es geht um die Selbstauslöschung der Architektur und vor allem der Baukunst und der Baukultur als Menschheitserbe.

Wenn wir uns einmal auf die Romantik besinnen und den Satz »Man muss das Leben mit Poesie anstecken«, auf uns wirken lassen, dann soll das nicht gleich als

Aufforderung zur Kopie missverstanden werden, indes kann es uns vielleicht die Augen dafür öffnen, was wir im Architekturgeschehen der beiden letzten Generationen aus dem Blick verloren und vernachlässigt haben. Liegt nicht »die wunderbare Utopie oft dicht vor unseren Füßen«?

Die in diesem Jahr mit einem Preis ausgezeichneten Architekturen sind keine Utopien, bestenfalls für all diejenigen, die sich mit den Abziehbildern und den Beipackzetteln von Anbietern zufriedengeben, die herausragende Architektur für die private Auftraggeberschaft als »Utopien« abtun, weil für sie dieser Qualitätsmaßstab nicht vorstellbar ist – ihn zu vertretbaren Kosten zu realisieren, schon gar nicht.

Was nun bietet die hier vorgestellte und die prämierte Architektur an Vorbildfunktion? Zuerst einmal liegt die Ergötzung, wie Tieck sagt, tatsächlich nicht in einer weiten, mühsamen Ferne, sondern wie hier zwischen zwei Buchdeckeln und natürlich bei den sehr guten Architekten, die es in jeder Region gibt, und dort auf dem jeweiligen Präsentationstisch der Büros oder auf deren Website.

Ebenso wie ein Kenner und Liebhaber der Gartenkunst ein Plädoyer für den pflegeleichten Garten nur mit wissendem Schmunzeln kommentieren würde, so gilt auch für Bauinteressierte und Auftraggeber, dass es sich bei einer individuell beauftragten Architekturplanung nicht um ein ästhetisches Wellnessprogramm für die genussvoll zu gestaltenden Abendstunden handelt. Wer Architektur so versteht, weiß, dass Sie und Er ihre Investitionserfüllung am besten in den Farbkatalogen der Bauträger finden oder im interaktiven Dialog am Bildschirm nach dem Motto: So wünsche ich mir mein Haus. Warum nicht? Auch mit Legosteinen kann man fantasievoll umgehen. Aber es bleibt eben ein Lego-Gebilde.

Wenn wir die vermeintlichen Utopien der Auftraggeber zu gebauter Realität heranwachsen sehen wollen, dann bedarf es der unbedingten Mitarbeit im Entwurfsprozess: Von der Gedankenarbeit an dem gewünschten Raumprogramm, am Grundriss als Lebensbühne, an der architektonischen Aussage in Form und Material und unter dem komplexen Aspekt der Baukosten und der Baunebenkosten. Was hier nach einer selbstverständlichen Auflistung klingt, bedarf bei jedem einzelnen Aspekt des intensiven Nachdenkens, des Abwägens und der Entscheidung. Es gilt ja nicht nur, eine vorgegebene Checkliste abzuarbeiten, sondern darum, das eigene gebaute Profil mit zu skizzieren oder zumindest auszuformulieren.

Glücklicherweise gibt es immer noch die Architektinnen und Architekten mit einer dominanten Entwurfshandschrift, deren Werk so überzeugend ist, dass sich Auftraggeber ganz selbstverständlich mit dem Anliegen eines individuellen Entwurfs an sie wenden. Dann genügen einige wesentliche Stichworte und es entsteht ein intuitiv erspürtes Bauwerk, das in seiner künstlerischen Ausprägung keine Wünsche offen lässt. Das ist natürlich der Idealzustand für beide Seiten, und sicher auch das ultimative Glück. Aber ein solches Szenario ist heute eher die Ausnahme – die Amerikaner sind da viel offener und legen die Entscheidungen über Bautypus, Form, Stil und Materialität viel bereitwilliger und vor allem neugieriger in die Hand ihres planenden Architekten. Oft ein Glücksfall für die Auftraggeber und die Nachbarn sowie die Betrachter gleichermaßen, weil der Freiheitsgrad, den die Architekten dort genießen, kreative Kräfte freisetzt, von denen wir hier im Dickicht der Bauvorschriften nur träumen können.

Allen 33 Architekten, die in diesem Buch als ausgezeichnet präsentiert werden, traue ich diesen Röntgenblick des Verstehens zu, ebenso wie das gemeinsame Abenteuer der ganz individuellen Formulierung einer gebauten Form im Sinne einer Predigt in Stein – es gibt auch die stille Predigt im kleinen Kreis.

Dieser Architekturpreis feiert nicht nur die 33 Ausgezeichneten, sondern will auch Denkanstöße geben – für alle Seiten: die Bauinteressierten, die Architekten, die Kritiker und die Betrachter, also für uns alle. Seit Beginn der Stiftungsarbeit 1998 durfte ich zusammen mit der jeweiligen Jury über 3.000 Projekte beurteilen, die als Bewerbung um den Architekturpreis eingereicht wurden. In diesem Jahr waren es knapp 400 Arbeiten von 265 Architekten.

Es tut sich etwas im Architekturgeschehen, auch wenn die Pflanze Einfluss noch sehr der Pflege bedarf. Auf der einen Seite zeigen die Entwürfe, dass es notwendig ist zu wissen, aus welcher bauhistorischen Welt wir eigentlich kommen, und dann zu beobachten und kopfschüttelnd festzustellen, in welcher wir heute leben. Da tut sich eine unverständliche Kluft auf, hat doch heute der Internetnutzer jedwede Möglichkeit, das Architekturgeschehen von der Antike bis zur noch nicht erlebbaren Zukunft einzusehen. Welcher Kosmos an Ideen für alle Beteiligten! Auf der anderen Seite beeindruckt mich zunehmend die Kehrtwende zu einer mutigen, individuellen Architektur, die auf Stil setzt. Stil nicht als Diktum der Form, sondern als gebauter Ausdruck auch von Emotionalität, von Sinnlichkeit und ganz wichtig: von Schönheit.

Unsere Zeit, wie jede Zeit, sucht nach der adäquaten Form – wie auch in der Musik und der Gegenwartskunst. Und wir spüren alle, dass die hinter uns liegenden fünf, sechs Jahrzehnte häufig erschreckend hilflos waren, gebaute Antworten zu geben, die nicht nur funktional einleuchteten, sondern auch die Kulturstufe von Ergötzung, Sinnlichkeit und Schönheit erreicht haben.

Umso mehr freue ich mich, dass es ein Umdenken gibt – auf allen Seiten. Das Bedürfnis ist da, erweiterte Ansprüche an die Architektur zu stellen und nicht nur die formal-funktionalen Sättigungsbeilagen fürs Gemüt mit ihrem peinlichen Eventcharakter im Blick zu haben. Es geht endlich auch wieder um die ganze faszinierende Komplexität, die Architektur all unseren Sinnen bieten kann. Dazu bedarf es keiner Tanzenden Türme wie in Hamburg, sondern einer mitreißenden architektonischen Haltung, die die Herzen der Menschen beim Anblick wieder höherschlagen lässt. Wir brauchen endlich wieder eine sinnlich-inspirierte Architektur und einen Stilwillen, der der gebauten Belanglosigkeit den Spiegel vorhält.

Ja, wenn also das Bedürfnis da ist, spürbar ist, dann liegt es jetzt an den Architekten, die ersehnten Antworten zu finden und – ganz wichtig – die Vorbildfunktion einzunehmen, die von ihnen erwartet wird: Könnerschaft und Begeisterungsfähigkeit. Nichts anderes wünschen sich alle, die glücklicherweise unbedingt mit Architekten bauen wollen. Nach jüngsten Erhebungen einer großen Bausparkasse sind es immerhin 37 Prozent der Interessierten. Auch das ist ermutigend für alle, die sich für Baukultur und Baukunst engagieren. Dadurch wird vermutlich der Ausstoß der Kataloghäuser mit der Zipfelmütze, die täglich vom Band industrieller Fertigungsstraßen laufen und im Land verteilt werden – Modell Tirol – nicht zu stoppen sein, aber es kann eine Gegenbewegung für mehr Qualität beim Bauen schneller an Fahrt gewinnen.

Und warum soll da das Thema Landhaus seine Berechtigung haben, ja, vielleicht sogar eine Vorbildfunktion? Weil das kleine und das große Landhaus, das Refugium ebenso wie die Villa zeigen, dass es für jeden, der bauen will, die ganz persönliche arkadische Antwort gibt? Architektur als biografisches Bekenntnis? Ja, denn nur das steckt an, das individuelle und der unbedingte Wunsch nach dem Unikat bergen allein die Anziehungskraft, nach der wir uns sehnen. Nur das setzt Zeichen. Jeder Typ Landhaus, ob Refugium, Sommerhaus oder Villa, bietet die Chance, den Beweis zu liefern, welchen geradezu erotischen Reiz gute Architektur, wenn sie sich der Baukunst verschrieben hat, bieten kann. Es geht ja nicht um Luxus, sondern um die adäquate architektonische Antwort auf das Auftragsprofil. Und das kann alle Fassetten aufweisen, von der mystisch-kraftvollen Ästhetik eines Minimalisten, über die kunstvolle skulpturale Form eines architektonischen Magikers bis zur klassischen Repräsentationsarchitektur auf dem Lande als Kontrapunkt zur Großstadtwelt. Es geht nicht um das zur Verfügung stehende Budget, sondern um die Geisteshaltung und den Anspruch der Auftraggeber, die voller Erwartung das Beste wollen – Baukunst.

Sehnen wir uns nicht alle wieder nach einer sinnlichen Architektur und nach Schönheit? Es geht nicht um egoistische Selbstverwirklichung, sondern tatsächlich auch im Kleinen jedes einzelnen Gebäudes um die »Predigt in Stein« – als Vorbild und Zeichen gesellschaftlicher Verantwortung. Beim Landhaus wird diese gebaute Verantwortung gerade dann besonders sichtbar, wenn sich Bauwerk und Natur gegenseitig überhöhen und sich zu einem Schauspiel für die Sinne vereinen. Sei es in den kleinen Abmessungen einer bescheidenen Blockhütte wie die des Philosophen H. D. Thoerau oder die hier vorgestellten Refugien bis zu der raffiniert sinnlichen Architektur der diesjährigen Preisträger. Große Architektur ist nicht eine Frage des Maßstabs, sondern einer durchgeistigten Qualität, die sich nie plakativ auf den ersten Blick erschließt.

Das ist keine spleenige Utopie – sondern gelebte und gebaute Gegenwart. Als Zeitzeugen dienen die hier gezeigten 33 Projekte, von denen jedes über das schwer fassbare Mysterium an formaler und sinnlicher Qualität verfügt. Sich dem jeweiligen Geheimnis dieser baukünstlerischen Werke zu nähern und sich an ihnen zu erfreuen, dazu lädt das Buch ein.

Es gibt sie, die gebauten Sehnsuchtsformeln, und nicht nur die im Wortsinne ausgezeichneten Architekten wissen, mit ihr umzugehen. Also, nur mehr davon, es tut uns doch allen gut!

Markus Wespi Jérôme de Meuron Architekten, Caviano

1. Preis

Große Architektur ist niemals nur der Luxus des Einzelnen

Mit den Palästen der Medici und Strozzi verbinden wir zuerst einmal die architektonischen Meisterwerke der Renaissance, die uns hinterlassen wurden, nicht aber die auch weniger rühmlichen Seiten dieser Herrscherfamilien. Und mit dem Petersdom der Baumeister Bramante, Sangallo und Michelangelo nicht die spätere Inquisition, die schon früh in den angrenzenden Mauern des Vatikans erdacht wurde. Nein, all das hat dem Glanz dieser Bauten nicht geschadet, waren sie selbst doch schuldlos an dem, was in ihnen vorging.

Geschichte wiederholt sich nicht? O doch, vor allem wenn es um den »Häuserkampf« zwischen Bewahrern und Naubauwütigen geht, die historische Zeitzeugen als unbequem empfinden. Bei diesem Projekt, das mit dem 1. Preis ausgezeichnet wurde, haben glücklicherweise die Bewahrer gesiegt – Auftraggeber und Architekten gemeinsam. Das ist ein Glücksfall, weil auf diese Weise 300 Jahre Bau- und Kulturgeschichte erhalten wurden. Und weil überzeugend der Beweis erbracht wird, wie zeitlos kostbar Architektur sein kann, wenn man sie bewahrt und in ihrer Einmaligkeit wieder in die Zukunft weisen lässt.

Natürlich würde dieses Haus in jedem Hochglanzmagazin, bei dem es um Immobilien und Lebensart geht, Furore machen. Aber das kann und darf kein Argument für einen Architekturpreis sein. Hier gelten andere Kriterien.

Es gab in der Philosophie eine Geisteshaltung, die vehement die Ansicht vertrat, dass wir das Böse in der Welt brauchen, weil wir sonst das Gute gar nicht wahrnehmen würden. Auf die Architektur bezogen müsste es danach heißen, wir benötigen die viele schlechte Architektur, um uns dann endlich auch einmal an einem guten Beispiel erfreuen zu können. Das wäre natürlich Zynismus pur. Wenn Wellness für jeden, überall und jederzeit zum unverzichtbaren Gegenpol eines grauen Alltags stilisiert wird, dann nehmen wir das als Werbebotschaft wahr, der wir uns auch widersetzen können – auf Wellness kann man verzichten. Und auch das Schlaraffenland hat sich als untauglich für den Menschen erwiesen. Aber in der gebauten Welt der Architektur wünschten wir uns zumindest etwas mehr als nur eine vage Ahnung davon. Denn Architektur umgibt uns alle jeden Tag, wir können uns ihr nicht entziehen. Wir leben in ihr und mit ihr, und wir leben alle umso besser, je qualitätvoller sie sich uns darbietet. Die Entwicklung aber weist bei vielen Bauaufgaben in eine andere Richtung – und das ist schmerzhaft.

In der Architektur ging es seit ihren ersten gebauten Zeugnissen immer darum, das Erreichte zu verbessern, funktional und formal. Auch ging es der Menschheit in

Dieser Entwurf und seine so überaus komplexe Umsetzung aus Referenz an den Bestand und die Lebensart des Heute verdienen größten Respekt.

Markus Wespi Jérôme de Meuron Architekten, Caviano

Oben und unten beide In dieser in jeder Hinsicht so reich beschenkten Region Italiens ist jedes einzelne historische Anwesen von größter landschaftsprägender Bedeutung – formale Experimente sind hier unerwünscht. Den einfühlsamen Architekten sei Dank.

der Baugeschichte immer darum, den Wunsch nach Schönheit der eigenen Lebenswelt umzusetzen und zu verfeinern – und das stets unabhängig vom Budget in allen Regionen.

Dieser Architekturpreis hat sich nicht den technischen Neuerungen verschrieben, nicht all dem, was möglich oder vielleicht sogar zukunftsrelevant ist. Diese Aspekte dienen der Stiftungsarbeit nur als selbstverständliches Begleitprogramm. Ihr Anliegen ist im Kern vielmehr die Bau-Kunst, also das Archetypische der Architektur als Zusammenklang von gebauter Verantwortung und Kunst-Werk.

Man muss das Überbordende des Barock und des Rokokko nicht unbedingt mögen, manchen mag die Strenge der Formen im Klassizismus einschüchtern oder die formalen Eskapaden eines Antonio Gaudí verwirren, aber – und jeder wird es zugeben! – der Ausdruckskraft jeder markanten Architekturepoche der Vergangenheit kann sich niemand wirklich entziehen. Und dass es diese sprichwörtliche Macht der gebauten Form auch heute noch gibt, auch wenn ihr Schönheitsideal und ihr Schmuckrepertoire ein anderes ist, dem wird niemand widersprechen. Ohne gebaute Kultur und ohne Baukunst wäre unser Leben sehr viel ärmer, vielleicht sogar unerträglich.

Auch die Großen waren manchmal Frevler: Bramante hätte sein altes Rom am liebsten abgerissen, um neuen Baugrund zu gerieren, später vertrat LeCorbusier in seiner Selbstüberschätzung noch einmal diese Wahnidee und bis heute keimt der Gedanke an den Architekturkahlschlag immer wieder einmal auf. In der Architektur ging es ja schon immer um den Geniekult auf der einen und ein verantwortungsvolles Dienen gegenüber der Gesellschaft auf der anderen Seite. Wenn sich diese Geisteswelten überschnitten und beide Aspekte ihr angemessenes Gewicht hatten, dann entstand meist das Interessante in der Architektur, das Dauerhafte und das Kunstvolle. Architektur bedarf immer einer Prise Manierismus, sonst bleibt sie trocken und uninspiriert. Jede Epoche hat dafür ihre Zeitzeugen geliefert – dass dabei heute so

manch Fragwürdiges entsteht wie in China oder am Golf, ist dabei jedem Beobachter klar. Old Europe war da in seiner Entwicklung auch nicht besser.

Niemand würde bei dem diesjährigen 1. Preis von einer anonymen Architektur sprechen. Aber es stellt sich der Eindruck ein, wenn man das Projekt auf sich wirken lässt, dass es den Architekten nirgendwo um formale Selbstverwirklichung ging, nicht um den Effekt oder die große Geste – wie so häufig –, sondern um eine bescheiden-kongeniale Hommage an die Kulturlandschaft der Marken, diesem bezaubernden Landstrich zwischen Apennin und Adria.

Das Anwesen und seine Architektur: Ein etwa 300 Jahre altes dreigeschossiges Bauernhaus, das um 1995 zur Hälfte durch Brand zerstört worden war. Die Denkmalschutzbehörden hatten die Außenhülle unter Schutz gestellt. Zwei kleinere eingeschossige Nebengebäude, Stall und Backhaus sowie ein offener Unterstand, das ursprüngliche Heulager, bilden ein für diese Kulturlandschaft typisches Gebäudeensemble.

Die Bauaufgabe war klar umrissen: Umbau des alten Anwesens zu einem zeitgemäßen Wohn- und Feriensitz mit Gästehaus und Schwimmbad. Das klingt in jeder Hinsicht eindeutig, vor allem in einer derart reizvollen Gegend, aber was ist nicht unter diesem Label auch hier und in so vielen anderen ländlichen Regionen für ein bauliches Unwesen getrieben worden? Und welche Wunden werden der historischen Architektur noch immer jeden Tag zugefügt!

Der Bauablauf: Das historische Mauerwerk konnte weitgehend erhalten, musste aber von Grund auf saniert werden. Immerhin hatte es schon drei Jahrhunderte überstanden. Das gesamte Holzwerk der Zwischendecken und des Dachs wurde erneuert und zusammen mit den Außenwänden erdbebensicher verstärkt. Wie notwendig diese Maßnahmen sind, haben die furchtbaren Schäden im nicht weit entfernten L'Aquila gezeigt.

Regionale, behauene Konstruktionshölzer ersetzen den maroden Dachstuhl, dessen Untersicht wieder die vertrauten Tonplatten bilden, und die Dacheindeckung zeigt die traditionellen Coppiziegel.

Die neuen Zwischendecken und Innenwände sind weiß verputzt und auch die Fußböden bestehen aus einem hellen fugenlosen Steinbelag. Diese großzügigen weißen Flächen im Inneren dienen gezielt der Lichtreflexion, sodass alle historischen, relativ kleinen Fensteröffnungen in der Originalgröße und in ihren Proportion erhalten werden konnten: Alle Räume erstrahlen jetzt in einer zeitgemäßen, überzeugend frischen Helligkeit.

Die originale Tragstruktur der Steinmauern und die klare Zweiteiligkeit des Grundrisses des Haupthauses wurden beim Umbau weitgehend erhalten. Im Südteil im Erdgeschoss ist jetzt ein Wohn- und Kaminraum eingefügt, in den zwei Geschossen darüber insgesamt vier Schlafräume mit je eigenem Bad und WC, während im Nordteil – inspiriert von der Brandruine – eine bis unter das Dach offene und luftige Koch- und Esshalle entstand, in die drei verschieden dimensionierte weiße Kuben eingeschrieben wurden. Sie bergen Eingangsgalerie, Treppe und Arbeitsraum. Der ehemalige Stall östlich des Haupthauses konnte abgebrochen werden, um an gleicher Stelle unter Verwendung der alten Steine durch ein Gästehaus ersetzt zu werden. Der offene Unterstand südlich, der einst als Heulager diente, ist heute eine analog dimensionierte offene Loggia mit Außenküche.

Das Schwimmbecken bietet ein optisch neues Element mit klaren geometrischen Bezügen zu den Gebäuden und erinnert assoziativ an ein großes Brunnenbecken. Das nördlich gelegene Nebengebäude dient umgenutzt als Heiz- und Technikraum. In dieses Gebäude eingeschoben gibt es ein automatisches Tor – es markiert elegant die architektonisch neue Eingangssituation zum historischen Anwesen. Eine Pinienallee im Westen und ein Olivenhain im Osten bilden jetzt zusammen mit den ehrwürdigen

Der elegante Essplatz mit der Außenküche folgt im Baustil der Tradition – und in diesem Geist zeigt sich auch das Wasserbecken.

Vertraute Konstruktionen, regionaltypische Materialien und alte Handwerkstechniken sind das Grundkapital dieser vollendeten Planung, der Gegenwartsbedarf an unterschiedlichsten Funktionen antwortet kongenial darauf.

Markus Wespi Jérôme de Meuron Architekten, Caviano

Gebäuden wieder ein überzeugendes Ensemble – neues Leben für das alte Anwesen in aller tradierten Selbstverständlichkeit. Welch ein Gewinn für die Region!

Auch wenn die Bauakten natürlich die Namen der Verantwortlichen ausweisen, so ist der alles überstrahlende Eindruck doch der einer vornehmen Noblesse auf Seiten der Architekten, die keinen großen Auftritt sucht, nichts von sich hermacht. Natürlich spürt man als Betrachter sofort den meisterhaft subtilen Umgang mit der alten Bausubstanz, aber er hat nichts Demonstratives, will nicht auf sich selbst verweisen. Vielmehr schafft jedes so gekonnt eingesetzte Architekturelement als Raum ebenso wie als Funktionsdetail ein sinnliches Klangerlebnis von bescheidener Raffinesse. Diese Architektur ist in ihrer vielfältigen Bildsprache eindeutig zeitgenössisch, aber bezeugt an jeder Stelle zugleich in selbstbewusster Demut Respekt gegenüber der historischen Substanz.

Das entstandene Werk ist eine Zierde für die Architektenschaft. Es ist eine dienende Architektur, die das alte, eher unspektakuläre Bauwerk als historische Leinwand versteht und an dem begonnenen »Gemälde« einem kostbar-regionalen Thema in großer Selbstverständlichkeit weiterarbeitet: als gebaute Zeitlosigkeit.

Ist es nicht genau diese gewaltige Kraft der Zeitlosigkeit, die uns in der Baugeschichte so fasziniert, die uns immer wieder Bewunderung und Respekt zollen lässt? Die Architektur dieses Anwesens ist von einem solchen Geist beseelt – Baukunst in Vollendung als Hommage an die Kultur.

Damit erfüllt sie in überzeugender Weise das Stiftungsanliegen und wird von der Jury einstimmig mit dem 1. Preis ausgezeichnet: Bau-Kunst.

Oben beide und rechte Seite Es scheint, als hätten die Architekten hier nur mit einem Skalpell entworfen und mit ebenso feinen Instrumenten den Ausbau machen lassen – jede Wand, jeder Pfeiler, jeder Raum und jede Perspektive sind eine Hommage an den anonymen Baumeister der Vergangenheit.

Markus Wespi Jérôme de Meuron Architekten, Caviano

Oben Auf dem Land ist der klassische Stab – früher aus Eisen – ein vertrautes funktionales Element, hier zeitgenössisch interpretiert als Garderobe.

Rechte Seite beide Das Innenraumkonzept antwortet grafisch bewusst reduziert auf den Standort und will architektonisch nicht konkurrieren – und besticht so am meisten.

Oben und links Der Schlaftrakt im 2. Obergeschoss – das Detail als Entwurfskonzept huldigt der großartigen historischen Substanz und verzaubert so jeden einzelnen Raum des Hauses.

Ansicht Norden

Ansicht Westen

Ansicht Osten

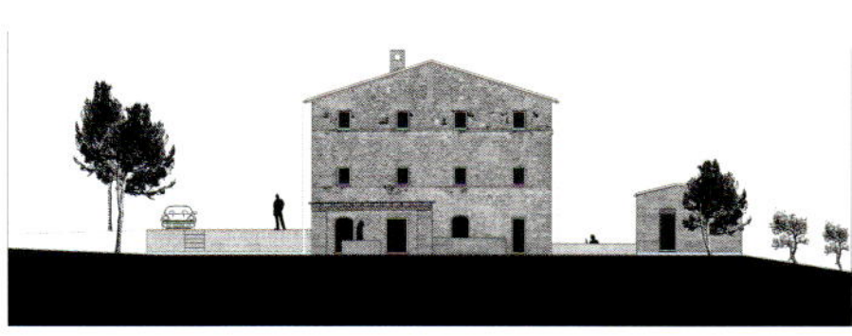

Ansicht Süden

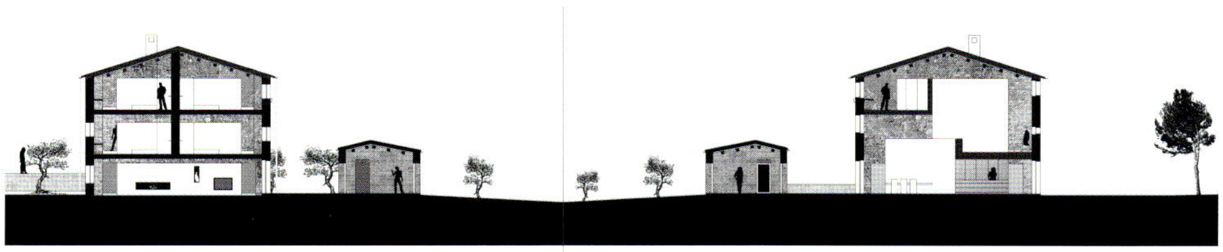

Schnitt Osten

Westen

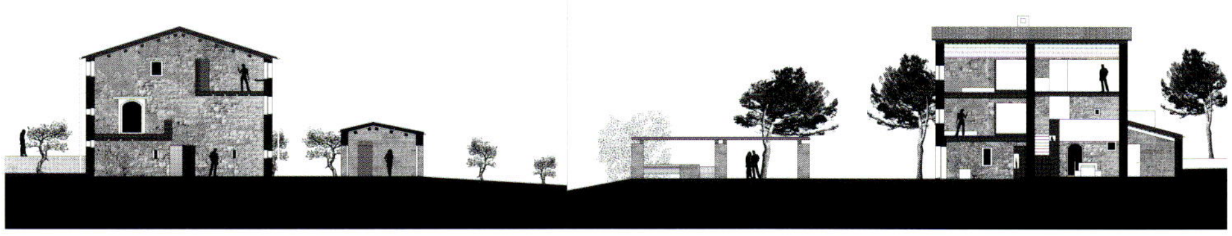

Schnitt Osten

Schnitt Süden

1 Zimmer
2 WC
3 Dusche
4 Schränke
5 Studio
6 Korridor
7 Treppe
8 Luftraum

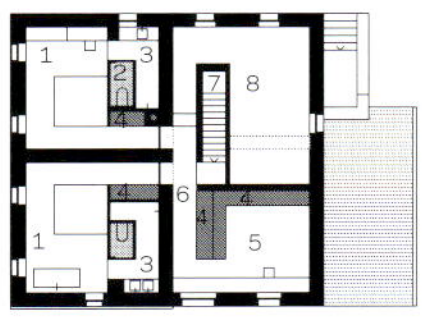

2. Obergeschoss

1 Haupteingang
2 Eingangsgalerie
3 Garderobe
4 Luftraum
5 Zimmer
6 WC
7 Dusche
8 Schränke

1. Obergeschoss

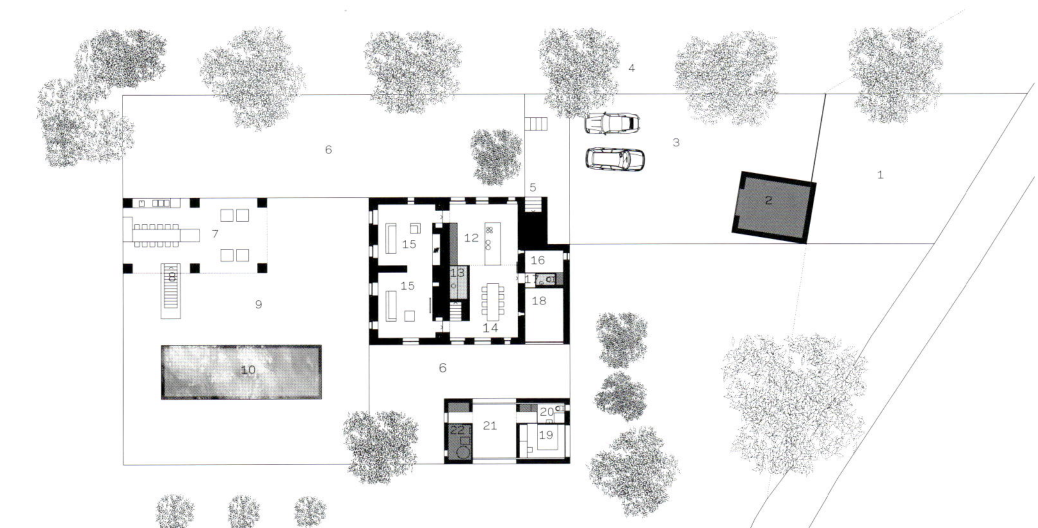

1 Zugang
2 Technik / Abstellraum
3 Vorplatz
4 Pinien
5 Hauszugang
6 Außenplatz
7 Gedeckte Außenloggia / Küche
8 Kellerabgang
9 Terasse
10 Schwimmbad
11 Olivenhain
12 Küche
13 Anrichte
14 Essen
15 Wohnen
16 Hauswirtschaftsraum
17 WC
18 Fitness
19 Zimmer
20 WC / Dusche
21 Wohnen
22 Technik

Büro

Markus Wespi Jérôme de Meuron
Architekten BSA AG
Via G. Branca Masa 9
6578 Caviano
www.wespidemeuron.ch
info@wespidemeuron.ch

Projektdaten

Baubeginn:	Frühling 2007
Fertigstellung:	Sommer 2010
Grundstücksfläche:	12.500 m²
Wohnfläche netto:	
Haupthaus EG	121 m²
1.OG	76 m²
2.OG	80 m²
Gästehaus	34 m²
Total	311 m²
Zusätzliche Nutzflächen netto:	
Abstellraum Gästehaus	5 m²
Technik/Abstellraum	21 m²
Keller	63 m²
gedeckte Außenloggia	65 m²
Total	154 m²

Fotos

Hannes Henz, Zürich

Hurst Song Architekten, Zürich

2. Preis

Tradition als Stichwort – Innovation als Programm

Mit jedem Land in Europa assozieren wir gewisse Klischees, die oft einen historisch sehr frühen Ursprung haben. Auch wenn sich die politischen Strukturen und das wirtschaftliche Ranggefüge über die Jahrhunderte immer wieder verändert und verschoben haben, so wurden die Grundcharakteristika in der Wahrnehmung doch bewahrt. Wer Schweiz denkt, hat immer auch den Dreiklang von wehrhaft, innovativ und ökologisch vor Augen – neben dem Franken natürlich. Zum Stichwort Innovation dürfen natürlich die Uhrenmanufakturen nicht fehlen, die auf eine lange Geschichte zurückblicken und noch immer weltweit führend sind, aber auch nicht die Künstler Giacometti, Hodler und Segantini – neben vielen anderen – die Ausnahmeerscheinungen darstellen –, sodass kein Zeitgenosse sie in ihrer Originalität auch nur annähernd erreicht hat – auch an das Kopieren oder Fälschen ihrer Werke hat sich niemand ernsthaft herangetraut.

Es ist daher kein Wunder, dass auch der Schweizer Architektur eine Sonderrolle zufällt: von 100 Gebäuden wird man das eines Schweizer Architekten stets sofort erkennen. Das gilt natürlich nur für Architekten der oberen Liga und dort sind die Schweizer in der zeitgenössischen Moderne führend. Verkürzt kann man ihr Architekturverständnis auf eine Formel, dann lässt es sich ebenfalls als besonders innovativ beschreiben, aber auch als sehr ambitioniert, was die Präzision in Form und Detail angeht. Wenn Architekten das Credo des Minimalismus überzeugend in Bauwerke umsetzen, dann sind es die Schweizer, und ihre Architektur lässt sich auf die Formel eines sinnlichen Protestantismus zusammenfassen.

Eine Formel, die in besonderer Weise dieses Projekt beschreibt. Die Architekten selbst nennen es Holzkristall, also eine Fantasieform, wie sie schweizerischer nicht sein könnte.

Der Begriff Kristall geht auf das griechische Wort für Eis zurück und war auch lange auf die Bedeutung Eiskristall beschränkt, später kam dann – Schweiz! – inhaltlich zugehörig der Bergkristall hinzu. Auch wenn Bergkristalle häufig bizarre Formen haben, so unterliegen die Einzelelemente doch stets einer definierten Geometrie. Ja, in diesem Sinne haben wir es hier mit einem Kristall zu tun, der, wie die Naturform, immer auch ein skulptural-künstlerisches Gebilde darstellt – perfekt und geheimnisvoll zugleich.

Das Gebäude steht peripher in herausgehobener Lage – dem Dorf zugewandt, aber an seinem Rand und im Übergang zum offenen Landschaftsraum, an einer ansteigenden Wiese. Eine schmale neue Gemeindestraße führt hier hinauf und zieht unterhalb

Die Bergweltarchitektur bedarf dringend der intelligenten Impulse – und sie müssen sich zwangsläufig an die jeweilige Baugeschichte der Region erinnern.

Hurst Song Architekten, Zürich

Rechte Seite beide Kargheit kann in der Architektur Wunder wirken – man muss sie nur beherrschen; hier ist es das gekonnte Zusammenspiel der natürlichen Materialien. Überzeugend!

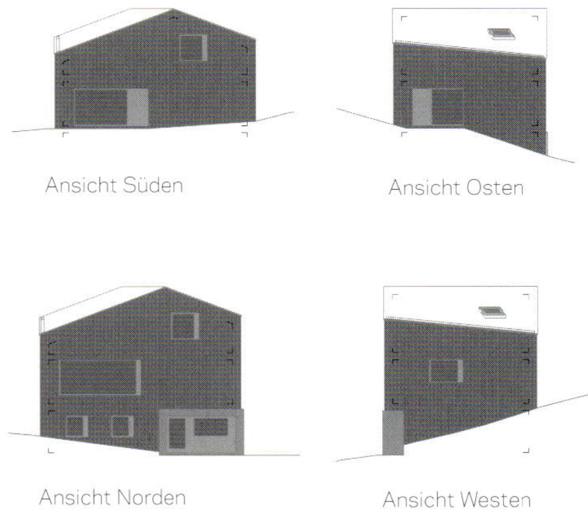

Oben und ganz oben Dieses Haus steht so selbstverständlich an seinem Ort und wirft natürlich Fragen auf, warum die Gegenwartsarchitektur so wenig Einfluss auf das regionale Baugeschehen hat.

des Grundstücks eine Kurve. Dann folgt eine steile Böschung zum Haus, wobei ein bewusst schmal bemessener Einschnitt ins Gelände die Zufahrt zur Garage schafft und über dieses Untergeschoss den direkten Zugang von der Straße ins Haus.

Dachneigung und First folgen den örtlichen Gegebenheiten. Das Haus steht senkrecht zum Hang, wobei der Gebäudekörper zur Straße hin leicht verdreht wurde, um die Aussicht aus den Innenräumen stimmig auf die Landschaft und die Blickbeziehungen zu optimieren. Die daraus resultierende Geometrie ist polygonal und in der Wahrnehmung tatsächlich kristallin. Jedweder Verzicht auf Vordach oder gar Dachüberstand verstärkt die Assoziation eines »Berg-Kristalls«. Die Hüllflächen folgen dieser Entwurfsidee und sind als Fassaden mit vertikalen, stumpf gestoßenen Holzbrettern beplankt, die mit einem dunklen Witterungsschutz lasiert sind – wie eine gerade aus dem Erdreich geborgene Form. Asymmetrische und unebene Formen stellen bei diesen Naturphänomenen besondere Kostbarkeiten dar, weil sie so selten sind. Genau dieses Rarum wird hier noch einmal baukünstlerisch überhöht, indem die Architekten mit der historischen Ikonologie der tiefen Laibungen in der Fassade ebenso spielen wie mit dem Phänomen des kristallinen Einschlusses. Hier ist es die »eingeschlossene« Eingangssituation im grafischen Zusammenspiel mit der Großform und den Einschnitten der Fenster.

Dieses Haus bedarf in seiner Bildhaftigkeit nicht des Verweises auf irgendeinen der stilprägenden Künstler des Informel oder der konkreten Kunst – es ist ein Kunstwerk ganz originär aus sich selbst heraus.

Bauen in der Landschaft – hier in der Schweiz – hat oft jahrhundertealte funktionale und deshalb auch formale Traditionen. Heute sind die Funktionen beim Bauen auf dem Lande ganz andere, aber auch sie bedürfen einer respektvollen Form, oder wie es in der Forschung heißt: Das Hirn des Menschen liebt keine Überraschungen! Oder vielleicht doch?

Die Antwort ist ein klares JA. Aber nur, wenn das Überraschungsmoment einen gewissen emotional verankerten Rahmen, den wir mit einer regionalen Typografie verbinden, nicht verletzt.

Hurst Song Architekten, Zürich

Rechts Musik, Literatur, Leben – und die beispielhaft schöne Architektur schafft dafür den Bühnenrahmen.

Unten und ganz unten Selten kann der Werkstoff Beton so überzeugen wie hier in der Bergwelt an dem eleganten Essplatz – Interpretation in Stein.

Diese Architektur von Hurst Song ist in ihrer gedanklichen und gestalterischen Komplexität faszinierend – weil sie keinen Anspruch auf Endgültigkeit erhebt. Nein, sie schreibt vielmehr die Sinnhaftigkeit Schweizer Bergarchitektur fort und gibt ihr dabei ein formal faszinierend künstlerisch-schlüssiges Gepräge. So, wie es in diesem Land Tradition hat. Diese Architektur veranlasst uns, ganz neu über das Bauen im kostbaren ländlichen Raum mit seinen Naturschätzen nachzudenken – und dabei regt sie überzeugend an, nur den Weg höchster architektonischer Qualität zu gehen. So, wie es uns die Natur vorgibt. Dass dies ein Passivhaus nach Schweizer Minergie-P-Standard ist, versteht sich da von selbst.

Möge der diesjährige Architekturpreis für die Architekten Hurst Song in der Würdigung ihrer beispielgebenden Architektur den Einfluss gewinnen, der ihnen gebührt. Solche Architekten brauchen wir – nicht nur in der Schweiz!

Diese Seite alle und rechte Seite beide Beton trifft auf Holz – ein raffiniertes Zusammenspiel aus Funktion, Interpretation und regionalem Lebensgefühl; Stichwort Arvenstube.

Lageplan

Hurst Song Architekten, Zürich

Oben alle und unten Architektonische Konsequenz als Lebensgefühl – und ein Abbild auch der kultiviert-verständigen Auftraggeber: gebaute Meisterschaft.

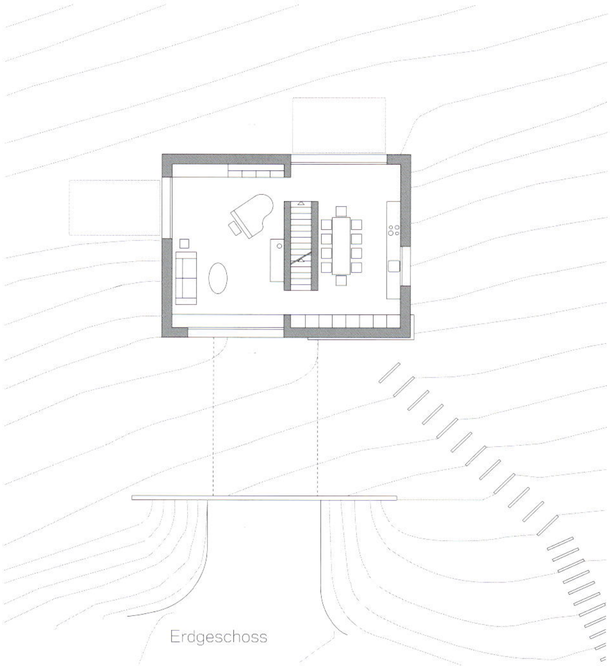

Erdgeschoss

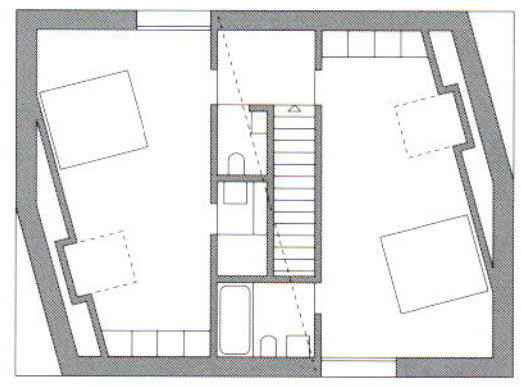

Dachgeschoss

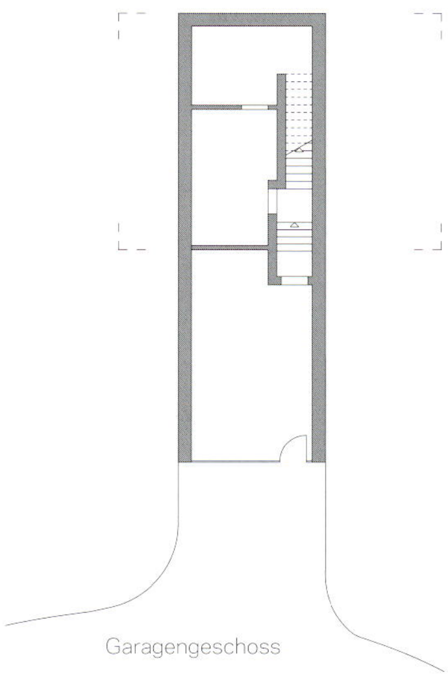

Garagengeschoss

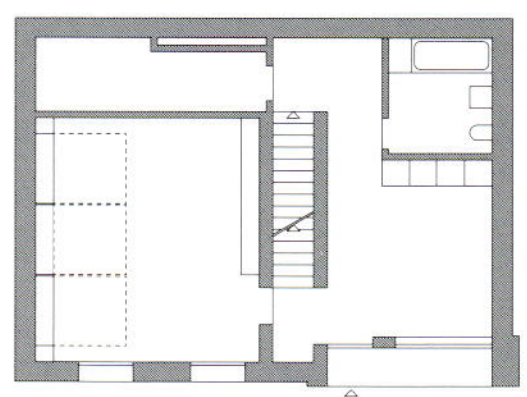

Eingangsgeschoss

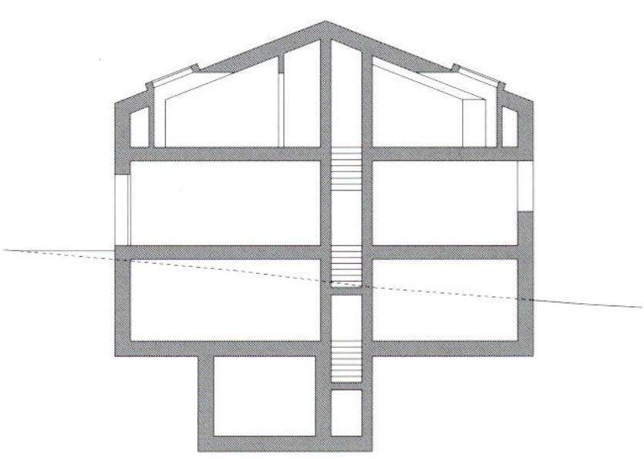

Querschnitt

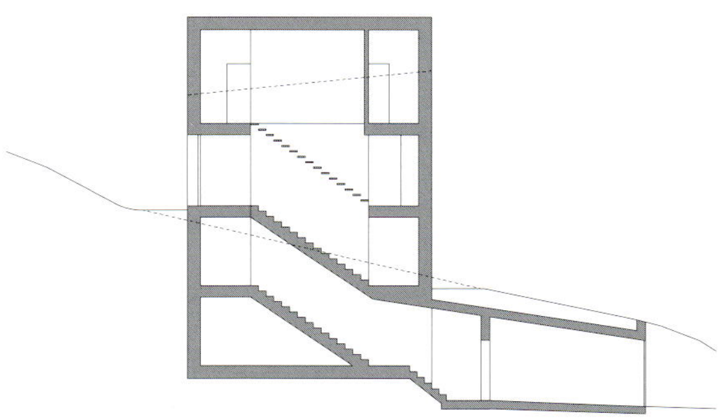

Längsschnitt

Büro

Hurst Song Architekten
Badenerstraße 156
8004 Zürich
www.hurstsong.ch
info@hurstsong.ch

Projektdaten

Baujahr:	2010
Grundstück:	929 m²
Lage:	alpin, 1.400 m
Wohnfläche:	196 m²
Nutzfläche:	54 m²

Fotos

Sue Barr, London

Uwe Schröder Architekt, Bonn

2. Preis

Die Villa als biografisches Bekenntnis

Manchmal täte uns ein wohlwollend-kritischer Blick auf die städtebaulichen Errungenschaften der Vergangenheit gut. Man muss dafür nicht nach England schauen, sondern sich vor Augen führen, welch urbane und architektonische Qualität nach 1900 in den Gartenstadtprojekten und den Villenkolonien in Hamburg, Berlin, Essen, Darmstadt und Dresden geschaffen wurde. Das bauliche Umfeld des gezeigten Projektes lässt – sehr typisch –, weder durch eine einheitliche Ausrichtung noch Dimensionierung der Häuser den Willen zu einer übergeordneten Planung erkennen, auch von einem Materialkanon kann keine Rede sein. Die hier ohne erkennbare Inspiration individualisierten Häuser scheinen wie von ungelenker Hand dort fallengelassen worden zu zu sein, wo es der Abstand zur Straße und zu den Nachbarn erlaubte. Man muss die Nachbarschaft gar nicht zeigen, um sich ein Bild von der Situation zu machen, ist doch das Bild landauf landab nahezu überall das gleiche.

Es scheint, dass die Architekten, die sich in einem solchen Umfeld einst verwirklicht haben, nur in die unterschiedlich große Kiste der zeitabhängigen Klischees gegriffen haben, ohne einen Gedanken darauf zu verschwenden, dass so zwar ein Haus, aber keine Architektur entsteht.

Es kann nicht oft genug wiederholt werden, dass Architektur zunächst einmal intellektuelle Arbeit bedeutet, und meist ist es Schwerstarbeit, wenn etwas wirklich Herausragendes entstehen soll.

Dieses mit Platz zwei des Architekturpreises ausgezeichnete Projekt ist Gedankengebäude und Wohngebäude zugleich, es bezieht sich kenntnisreich auf die Errungenschaften der Baugeschichte – ohne Vergangenheit keine Zukunft! – und ist zugleich gesellschaftliches Abbild eines Generationenverständnisses, das sich nicht hierarchisch definiert, sondern auf der tragfähigen Egalität der Familienmitglieder basiert – jetzt und in der Zukunft.

Deshalb erfährt das familiäre Wohnen und Leben in diesem Haus auch eine originäre bauliche Gestalt. Grundriss und äußere Form sind gleichsam gebauter Abdruck der Lebensform, die sich in diesem Haus vollzieht, und damit Abbild einer familiären Haltung im Umgang miteinander. Dabei ist Distanz und räumliche Qualität – nicht unbedingt Größe! – ein bewährtes Prinzip eines konfliktfreien Zusammenlebens.

Das eingeschossige, mit einem flachen Satteldach gedeckte Gebäude tritt von der Straßenkante zurück – eine erste wahrnehmbare Geste der architektonischen Gesamtinszenierung. Die innere Ordnung des Entwurfs basiert auf einem quadratischen Feld im Kernbereich des Hauses, das von einem Bandraster in neun mal neun

Das Foto zeigt nur den Nebeneingang – aber auch der bedarf der Beachtung in seiner Gestik.

Links Die Zuwegung – gekonnt inszeniert, so wie es im Barock vorgemacht wurde. Hier überzeugt die noch immer gültige Interpretation.

Unten Hier die linke der beiden Innenhofsituationen – und: gebaut umgesetzt, gefordertes Lebensgefühl.

Felder geteilt wird. In diesen Grenzen sind die Wohnareale des Hauses angeordnet, während die Nebenräume asymmetrisch über dieses innere Feld hinausragen. Welch überzeugendes Ordnungsprinzip, wenn man den Grundriss betrachtet! Es ist eine archaische, große Grundform, die symbolträchtig auf den Beginn eines im Wortsinne »Bauen« verweist – vom Iglu über die Jurte bis zur europäischen Kate.

Der Grundriss des Hauses beschreibt eine Kreuzfigur, wobei die Arme des Kreuzes in einem außermittig gelegenen Kernraum verschnitten sind. Dies ist der Wohnraum als kultivierte Bühne der Familie, an den sich im Süden die Wohnküche und im Westen, Norden und Osten die Schlafräume angliedern. Ein offener Kamin zwischen Küche und Wohnareal schreibt diesen Räumen bildlich die Idee der Zusammenkunft ein. Auch das ein Motiv, das die Kultiviertheit der Bewohner voraussetzt – hier würden sich nicht die Familienmitglieder mit dem Laptop auf dem Schoß einfinden. Die Flamme des Kamins wird hier als vitruvianisches Motiv der Gesittung verstanden. Diese Bühne der gelebten Haltung lässt natürlich alle Varianten auch des *casual living* zu, ist aber dennoch erfüllt auch von Gottfried Sempers kultureller Übersetzung und Interpretation, dass der Herd, also das zielgerichtet eingesetzte Feuer zur Nahrungszubereitung als Kulturleistung, auch hier seinen symbolischen Ausdruck finden sollte – räumliche und geistig-ideelle Mitte des Hauses zugleich – auch im Sinne einer gemeinsam gepflegten Kontemplation.

Natürlich ging der Architekt zuerst von den Bedürfnissen des familiären Wohnens aus, um zu genau diesem Entwurf zu gelangen; eine Methode, auf die nicht besonders hingewiesen werden müsste, würde andernorts nicht so oft gegen sie verstoßen. Bei diesem Haus ist das durch die Familie gelebte Zusammensein, das sich im Grundriss und in der zentrifugalen Anordnung der Bauteile spiegelt, Abbild des Ideals städtischer Gemeinschaft – natürlich im Sinne einer Idealstadt. Dabei bedeutet das Motiv »zentrifugal« ein konsequentes – und hier sei der Begriff im positiven Sinne passend aufzufassen – elitäres Lebensverständnis. Es gibt den geistig-intellektuellen Mittelpunkt – Architektur als gebautes Programm in der Symbolform des gezähmten Feuers im Kamin: der familiäre Nukleus als Einladungsgeste.

Das ist die innere Architektursprache, die in jeder gebauten Form die Kraft hat, als Hintergrund zu dienen, aber eben auch alle Freiheiten des Wohlbefindens zulässt, um sich ganz individuell im Rahmen dieses Bühnengeschehens zu entfalten.

Eine solche Architektur setzt den Wunsch nach einem in jeder Dimension kultivier-

Seitenansichten

Oben und unten Hier hat der Architekt im besten Sinne kongenial das Lebenskonzept seiner Auftraggeber verwirklicht – eine stringente Architektur, die dem nivellierenden Zeitgeist im Baugeschehen den Spiegel vorhält.

ten Lebensgefühls voraus – den Auftraggebern sei Dank. Der verliehene Architekturpreis würdigt deshalb in besonderer Weise diese Kulturform des Bauens.

Es geht auch um die Dimension architektonischer Qualität im Rahmen der Gesamtkomplexität: einer archetypischen Form auf der einen und einer symbolhaften Interpretation einer Geisteshaltung auf der anderen Seite: Das Bestmögliche darstellen zu wollen – und wie man heute sagt: indoor and outdoor.

Eine Haltung setzt immer einen festen Charakter voraus und bedarf gleichzeitig – auf die Architektur bezogen – einer starken Seelenverfassung. Dieses Projekt verbindet beides in idealer Weise, es ist gelebtes Beispiel einer Überzeugungsarchitektur mit großer Ausstrahlung – und damit ein Aufbäumen gegen das Mittelmaß. Die Villenkolonien der Zeit um 1900 waren unter einem ähnlichen Anspruch entworfen und gebaut worden – auch als Zeichen gelebter gesellschaftlicher Verantwortung. Schönheit und Ausdruckskraft waren wesentliche Elemente des gewünschten Erscheinungsbildes.

Unsere Zeit verfügt über ganz andere Ansinnen, aber die Grundsehnsucht nach einer würdigen Architektur ist glücklicherweise noch nicht ganz verschüttet. Dieses Projekt macht Mut und beruhigt zugleich: Die wirklich großen Architekten sind auch heute in der Lage, Baukunst zu schaffen – im Sinne von Kunst ebenso wie als gesellschaftlicher Maßstab. Und der darf auch gern einmal wieder den Blick nach ganz oben auf die Gipfel des Möglichen lenken. Hier trifft er auf gebaute Realität – ein Glücksfall! Dieses Haus muss man sich als ersten Baustein eines neuen Villenkoloniegeistes vorstellen – das wäre endlich eine Perspektive für das Neue Bauen in diesem Land.

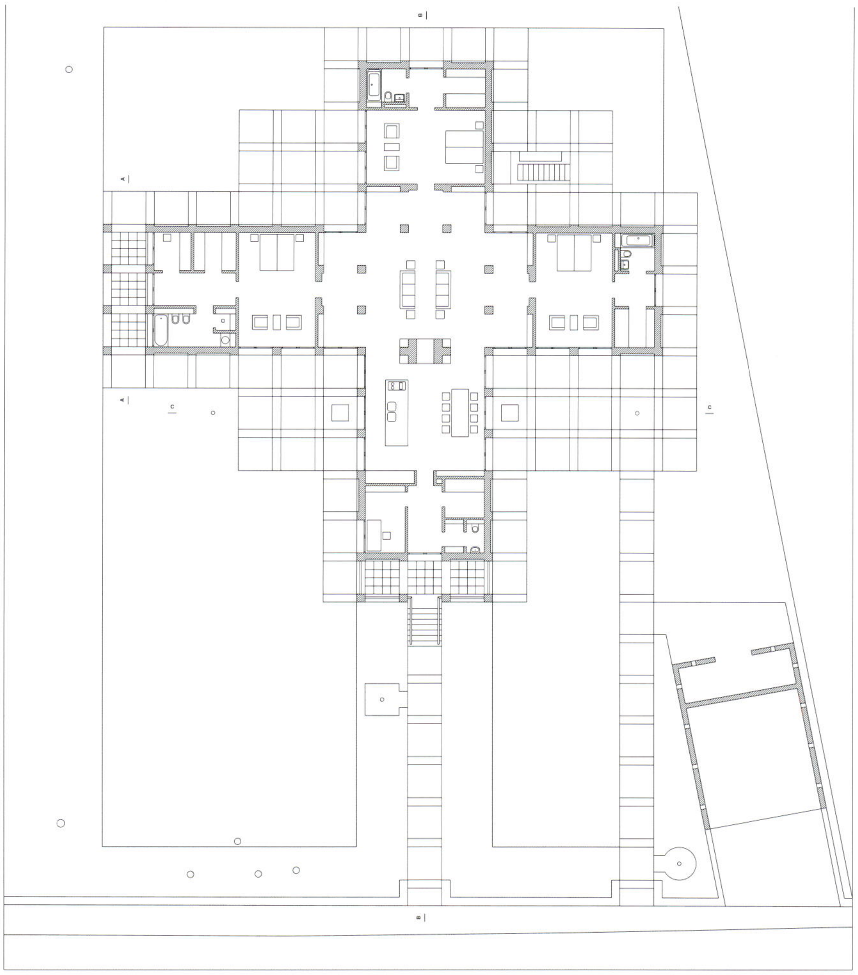

Grundriss Maßstab 1:400

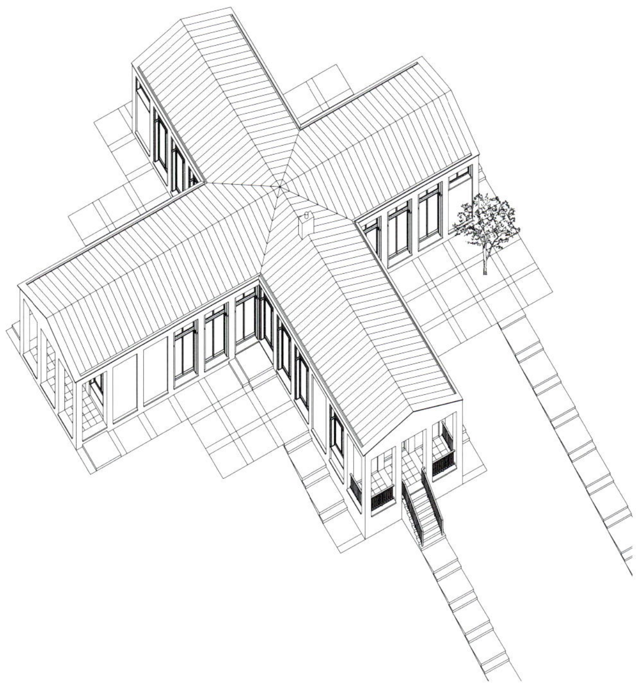

Isometrie

Büro
Uwe Schröder Architekt BDA
Kaiserstraße 25
53113 Bonn
www.usarch.de
office@usarch.de

Projektdaten

Bauzeit:	Juni 2008–2009
Grundstücksgröße:	2.000 m²
Wohnfläche:	272 m²
Anzahl der Bewohner:	4

Besondere Bauherrenwünsche:
Zwei Einlieger-Appartements mit separater Erschließung

Fotos
Stefan Müller, Berlin

Michele Arnaboldi, Locarno

Besondere Auszeichnung: Baukünstlerische Revitalisierung

Rustico-Atelier im Tessin

Den Gebäudetypus der Rustici gibt es in seinen schönsten Ausprägungen in den Alpentälern von der Schweiz im Osten bis ins Piemont westlich von Turin. Angelegt wurden diese kleinen, verschachtelt angeordneten Häuser schon im 16. und 17. Jahrhundert von den Walsern, einem freiheitsliebenden Volksstamm, der sich früh der Reformation angeschlossen hatte. Um den Verfolgungen durch Staat und Kirche zu entgehen, haben sich die Walser vorwiegend in abgelegenen Tälern und in großer Höhe angesiedelt. Dort haben sie unter schwierigsten Bedingungen Landwirtschaft betrieben. Alle Rustici-Orte weisen ein ähnliches Bild auf, alle wurden aus den Materialien der unmittelbaren Umgebung hergestellt – mächtige Holzkonstruktionen und Stein, Bruchstein für die Wände und Steinplaten für die Dächer. Viele dieser Rustici sind heute verlassen, aber seit einigen Jahren besinnt man sich und erkennt, welch regionaltypischen Reiz die Bauweise der Rustici hat, und vor allem, dass sie in unberührter Natur in großer Höhe stehen – zunehmend gefragt als Feriensitz. Auf diese Weise können die alten Häuser erhalten werden, die für das Landschaftsbild als kulturelle Zeitzeugen so wichtig sind.

Entsprechend sah das hier gezeigte Projekt auch eine Neunutzung einer verlassenen Siedlung von sieben Rustici im Morobbia-Tal vor. Zwei der nicht schützenswerten Häuser wurden durch einen Neubau, der den Wohnfunktionen vorbehalten ist, ersetzt, während die bestehenden fünf Stallungen in ein Gästezimmer und ein Atelier umgebaut wurden. Die Kellerräume der Rustici wurden nicht ausgebaut und beherbergen die Haustechnik und Lagermöglichkeiten. Diese untere Zone schützt die neue Struktur vor aufsteigender Feuchtigkeit. Das Gebäudeensemble wurde im letzten Bauabschnitt 2010 durch ein Naturschwimmbad ergänzt. Da die Baustelle nicht direkt mit Fahrzeugen zugänglich war, wurde für den Neubau die Holztafelbauweise eingesetzt, um die vorfabrizierten Elemente mit dem Helikopter transportieren zu können. Vor den großflächigen Verglasungen der Fassade des Neubaus sind Schiebeläden aus Holzlamellen angeordnet. Dies ermöglicht Offenheit im Inneren, ohne dass das Glas als dominantes Material im Außenbereich in Konkurrenz zu den Rustici in ihrer wehrhaft anmutenden Geschlossenheit tritt. In den umgebauten Ställen wurden selbsttragende Boden-, Wand- und Deckenelemente in Holz gemäß eines »Haus im Haus«-Konzepts eingesetzt und die bestehenden Fensteröffnungen übernommen, um größere Eingriffe in das äußere Mauerwerk und seine charakteristische Struktur zu vermeiden. Während so die Rustici äußerlich bis auf ein hinzugefügtes Oberlicht für das Atelier kaum verändert wurden, zeichnen die neuen Holzeinbauten im Inneren

Rechts und unten Wenn diese kulturträchtigen kleinen Weiler noch eine Zukunft haben sollen, dann gelingt dies nur durch Umnutzung und bauliche Ergänzung.

Links und unten Die einzigartige Konstruktion der Häuser und der Materialien trifft man auf den Spuren der Walser im gesamten Alpenraum an.

die Unregelmäßigkeit der bestehenden Steinstruktur nach und erzeugen so spannungsreiche neue Raumvolumen auf verschiedenen Ebenen.

Die Leichtigkeit und Transparenz des neuen Baukörpers mit seiner Lamellenstruktur tritt in gewünschten Kontrast zur Schwere der bestehenden Steingebäude und erzeugt einen subtilen formalen Spannungsbezug. Die horizontale Ausrichtung der Verschalung des Neubaus und ihre gräuliche Oberfläche bilden dabei – trotz der andersartigen Formensprache – ein homogenes Bild mit dem alten Bruchsteinmauerwerk der fünf renovierten Gebäude und gliedern das neue Wohnhaus ganz selbstverständlich in das Ensemble ein.

Es ist ein Segen, wenn sich Menschen dieser Lebens- und Baukultur verpflichtet fühlen und sich daran machen, solche Rustico-Anlagen zu erhalten und wieder zu nutzen. Allerdings bedarf es für eine solche Bauaufgabe eines sensiblen Architekten, der mit der Aura dieser Häuser umzugehen versteht – hier ist die Erhaltungsmaßnahme und der Neubau innerhalb des Ensembles perfekt gelungen. Vorbildlich!

Links Beim Erhalt der Rustico-Architektur geht es vor allem darum, das Erscheinungsbild, das vor allem durch den Naturstein geprägt ist, nicht durch rivalisierende Farbtöne zu stören.

Rechte Seite Wenn man die Raumhöhe geschickt nutzt und – wie hier – den Bau durch ein Oberlicht bekrönt, ergeben sich fantastische Raumerlebnisse.

Links, unten und rechte Seite beide Das Motiv der Lamellenfassade prägt den Neubau. Auch wenn sich die Schiebeläden öffnen lassen, so sollen die großen Glasflächen doch nicht fremd erscheinen. Entsprechend nimmt sich der Neubau in seiner Gestik stark zurück, bietet dafür im Inneren den perfekten Gegensatz zur Kleinteiligkeit der Rustici-Gebäude.

Michele Arnaboldi, Locarno

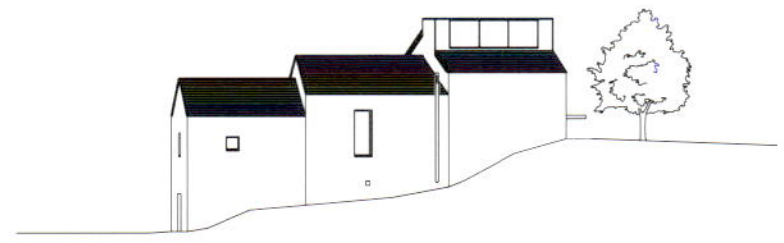

Ansicht Westen

Längsschnitt

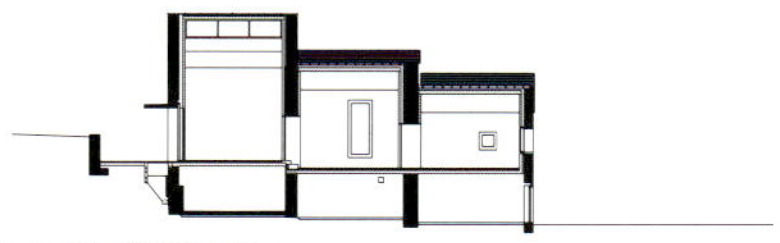

Querschnitt Rustico

Ansicht Süden

Ansicht Norden

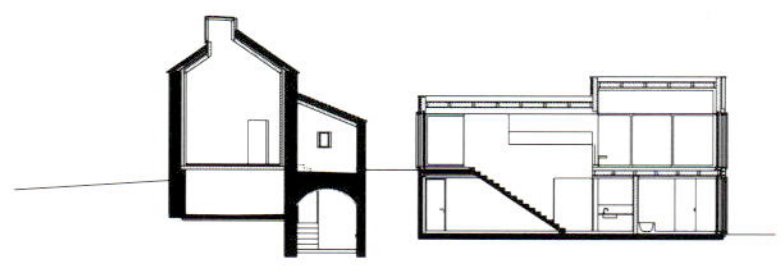

Längsschnitt Rustico

Links oben und links Wer einmal einen dieser alten Steinbauten von innen gesehen hat, der wird die Dunkelheit der Natursteinwände und die Feuchtigkeit, die hier das ganze Jahr über spürbar war, nicht vergessen. Was also lag näher, als das Holz der Umgebung, wie früher den Stein, auch für den Innenausbau zu verwenden. Da die Fensteröffnungen klein sind, reflektieren die hellen Holzwände so viel Licht, wie man am Tage ohne zusätzliche Beleuchtung braucht.

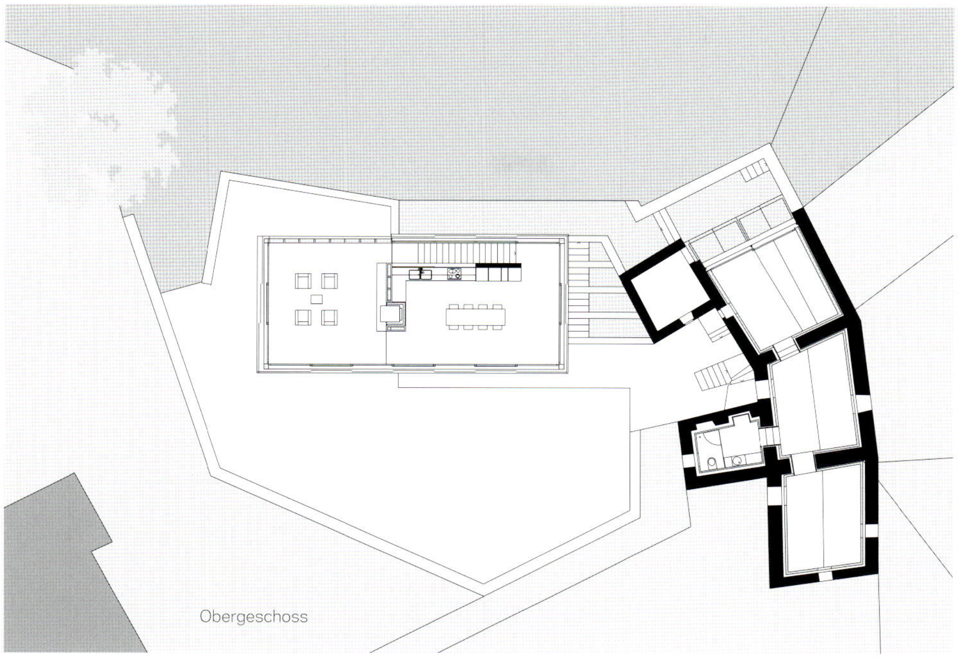

Obergeschoss

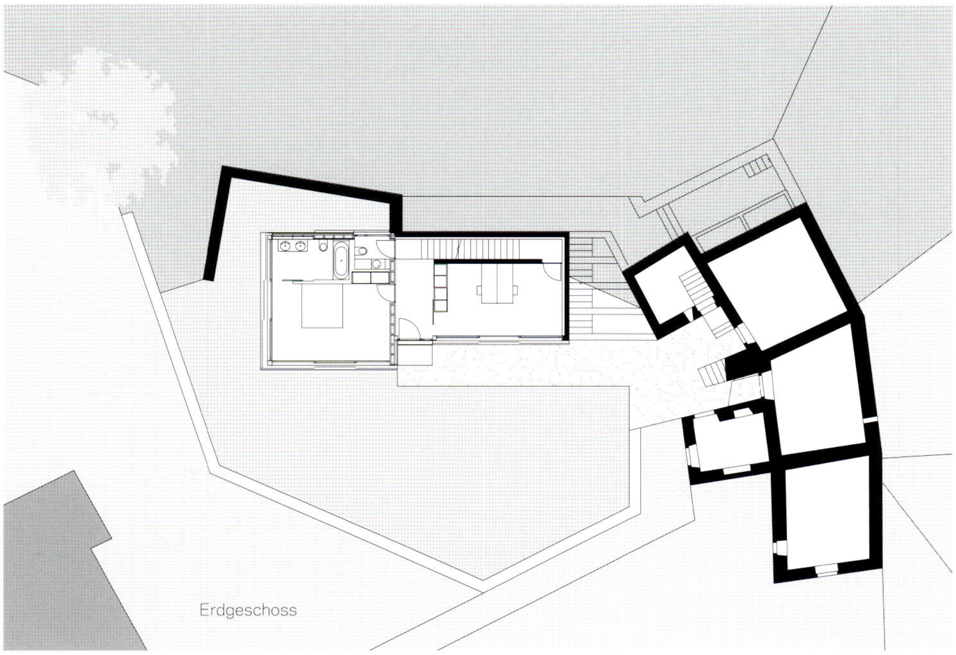

Erdgeschoss

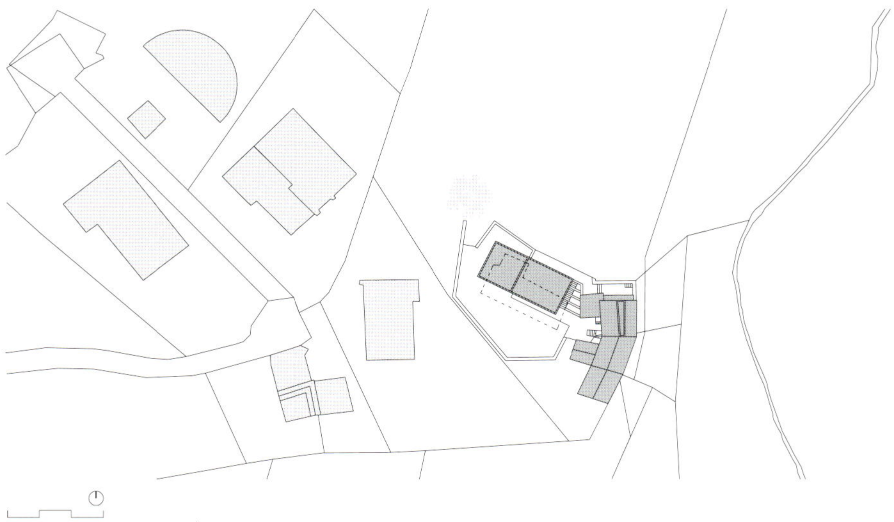

Lageplan

Büro
Michele Arnaboldi Architetti SA
Architetto Dipl. ETH/FAS/SIA/OTIA
Piazzetta Franzoni 1
6600 Locarno
www.ma-a.ch
info@ma-a.ch

Projektdaten

Planungszeitraum:	2000–2001
Bauzeit: (1. Bauphase)	2002–2003
(2. Bauphase)	2010
Grundstücksfläche:	4.420 m²
Nettogrundfläche:	111 m²
Hauptnutzfläche	197 m²

Fotos
Gaston Wicky, Zürich
Seite 41 oben: Nicola Roman Walbeck, Düsseldorf

Ein Refugium – nicht nur für die Kunst

Wie im Ortskern dieses Eifeldorfs befindet sich auch auf dem weitläufigen Privatgelände und Baugrund ein Kulturdenkmal, dessen Ursprünge auf das 16. Jahrhundert zurückreichen: ein stattlich-repräsentatives Wohnhaus mit klassizistischer Fassade und ein zugehöriges, großes altes Stallgebäude. Der Auftraggeber wünschte eine Ergänzung des Bestands um ein bewusst separiert angeordnetes Gebäude, in dem – nicht nur – Kunstobjekte gesammelt, gelagert und auch präsentiert werden können.

Dieses »Lagerhalle« genannte Gebäude bildet jetzt mit dem unter Denkmalschutz stehenden Bestand ein Gebäudeensemble, das als Solitär im Volumen nicht in Konkurrenz zum Haupthaus auftreten sollte. Es wurden daher auf dem Bauplatz große Erdmassen abgetragen, um den Neubau ausreichend tief im Gelände einzubetten, damit auch in Bezug auf die Höhe des Haupthauses keine architektonische Rivalität entsteht – der Neubau nimmt sich also bewusst zurück. Diese Geste wird auch durch die Positionierung unterstrichen: Die Traufseite verläuft parallel zur abknickenden Grenze des Grundstück, der Baukörper dreht sich also vom Haupthaus weg und zeigt sich durch Volumen, einfache Materialien und eine reduzierte Detailausarbeitung in selbstverständlicher Bescheidenheit. Seine Geheimnisse verrät er erst auf den zweiten Blick.

Die gewählte Form ist eine weiterführende Interpretation der regionaltypischen Feldscheune, ein scheinbar einfacher Baukörper mit traditionell geschlossener Fassade – hier aus Holzleisten. Große, vorgelagerte »Scheunentore« und eine »Tennenklappe« im Giebel können je nach Erfordernis geöffnet oder in Abwesenheit des Bauherrn gegen Witterung und Einblicke verschlossen werden. In geöffnetem Zustand zeigen sie großzügig das Rauminnere und die ausgestellte Kunst, lassen sich aber auch – je nach Öffnungsgrad – als Sonnenschutz einsetzen.

Das Innere der Gebäudehülle stellt sich seiner Funktion entsprechend atmosphärisch vollkommen anders dar: Ein zwar einfacher Raum, dessen Architektur sich zurücknimmt und nicht mit der Kunst konkurrieren will – eine raffiniert gebaute Bühne für die ausgestellten Werke. Nur mit den notwendigsten Details zurückhaltend ausgestattet, bietet das lichte Volumen mit offenem Grundriss und einer überraschenden Höhe und Weite einen Ausstellungsraum, der sich vielfach bespielen lässt – mit der Kunst im Mittelpunkt, als Refugium und ebenso als Galerie- und Ausstellungsraum für Besucher. Das Raffinement der Architektur liegt dabei zusätzlich in der Flexibilität

Es werden gerade viele private Häuser für die Kunst gebaut, und oft fragt man sich, warum die Architektur in einem solchen Fall nicht auch einmal dienenden Charakter haben kann – ohne aufzutrumpfen. Umso mehr überzeugt hier die Zurückhaltung.

sowohl der Nutzungsmöglichkeiten als auch der Raumwahrnehmung: Sind die Tore geschlossen, entsteht ein introvertierter Raum mit der Atmosphäre einer kathedralenartigen Halle. Sind sie geöffnet, bietet das Innere neben der faszinierenden Zwiesprache mit der Kunst auch weite Sichtachsen in die Landschaft: das faszinierende Panorama der Eifel als Kontrast, eingerahmt wie ein riesiges Diapositiv von einer 7 Meter breiten und 4 Meter hohen gläsernen Fassade.

Zuweilen wirkt der schlichte weiße Raum einmal ohne Kunst genutzt ganz für sich, dann wieder als Ausstellung, vorbereitende Werkstatt oder auch mit den herausfordernden Flächen für eine von Künstlern temporär gestaltete Wandmalerei – auf einer »Leinwand« von eindrucksvollen 5 × 8 Metern. Sie bildet den Hintergrund des zentralen Ausstellungsraums, der sich in geöffnetem Zustand der großen Scheunentore

Links und unten Das Gebäude weckt Assoziationen an historische kleine Schatztruhen, in denen man die Reiseuhr mitnahm. Um die Zeit abzulesen, musste man die Truhe öffnen – hier sind es die Türen, die die Kunst gleichsam wegschließen.

kontrastreich auf die Natur orientiert. Hinter einer frei eingestellten 5 Meter hohen Innenwand liegt verdeckt der Zugang zu einer oberen Galerie: Refugium zum Lesen und Arbeiten, Denkzelle und Aussichtsplattform mit weitem Blick auf die Umgebung.

Gute Architektur erschöpft sich nie in Fassade, Raum und Volumen. Herausragende Architektur zeichnet sich vielmehr durch sowohl inszenierte als auch inhärente Komplexität aus. Entsprechend überrascht sind die Besucher dieses Refugiums immer wieder von den vielfältigen Wahrnehmungserlebnissen, die das Zusammenspiel von historischem Bestand und der zurückgenommenen Eleganz des Neubaus bietet. Es ist ein Neubau, der in seiner formalen Stringenz besticht, dessen scheinbar so spielerisch entworfene Details die harte Arbeit der Kennerschaft belegen und in diesem Zusammenspiel aus Form, Proportion und handwerklicher Ausführung die Baugeschichte des Ortes ganz selbstverständlich in ihrem hohen Niveau fortsetzt.

Es heißt, wir sehen nur, was wir kennen. Was aber lernt der Betrachter hier alles – unabhängig von der Kunst? Es ist die große architektonische Differenz zwischen landauf landab schlechtem gebauten Standard und der kenntnisreichen Hand, die sich diesem Gebäude gewidmet hat: Natürlich ist dies keine Volumenkathedrale, aber gerade deshalb in ihren überschaubaren Maßen ein Meisterwerk der Ausstrahlung. Es scheint, als wolle der Kontext, in dem dieses Refugium steht, die Architektur und seine Nutzer zu Recht noch zusätzlich üppig beschenken, mit allen nur möglichen Sinneseindrücken: je nach Öffnung der äußeren Hülle mit den feinen Naturdüften und dem Blätterrauschen der Streuobstwiese, den Vogelstimmen ebenso wie mit

dem Heu- und Misthaufen, der beruhigenden Stille, aber auch mit den ganz selbstverständlichen Geräuschen einer landwirtschaftlich genutzten Umgebung – und dem Glockengeläut zur Messe, an den kirchlichen Festtagen und zur Wallfahrt. Ein längst aus unserer Erlebenswelt verdrängter Eindruck – hier feiert er selbstverständlich und mahnend seine Berechtigung.

Es ist ein überzeugender Neubau im Einklang mit der Natur, symbiotisch ohne Eitelkeiten. Und eine gebaute Aufforderung, dass doch bitte jede, ja, jede Bauaufgabe genau dieser Sorgfalt in Planung und Ausführung bedarf – zur Freude der Nutzer ebenso wie der Betrachter. Das muss der Anspruch an jeden Architekten sein – aber auch an die Auftraggeber. Hier ist es gelungen. Hochachtung!

Oben und unten Es sind die geschickt eingestellten Wände, die den Bau zum Museum werden lassen. Die großen Schiebetüren schaffen den Außenbezug als Bild der Natur, die abgewandten Wandflächen dagegen die nötige Konzentration auf die Werke.

Oben, links oben und links Ohne Oberlicht kein wirklicher Kunstgenuss – vor allem aber das perfekte Beleuchtungskonzept für eine schattenfreie Ausleuchtung. Hinter der rückwärtigen Wand führt eine schmale Treppe auf eine Galerie, die später einmal die Handbibliothek aufnehmen soll.

Links Manchmal wird der Raum selbst zum temporären Kunstwerk: ein Refugium für Künstler und Betrachter.

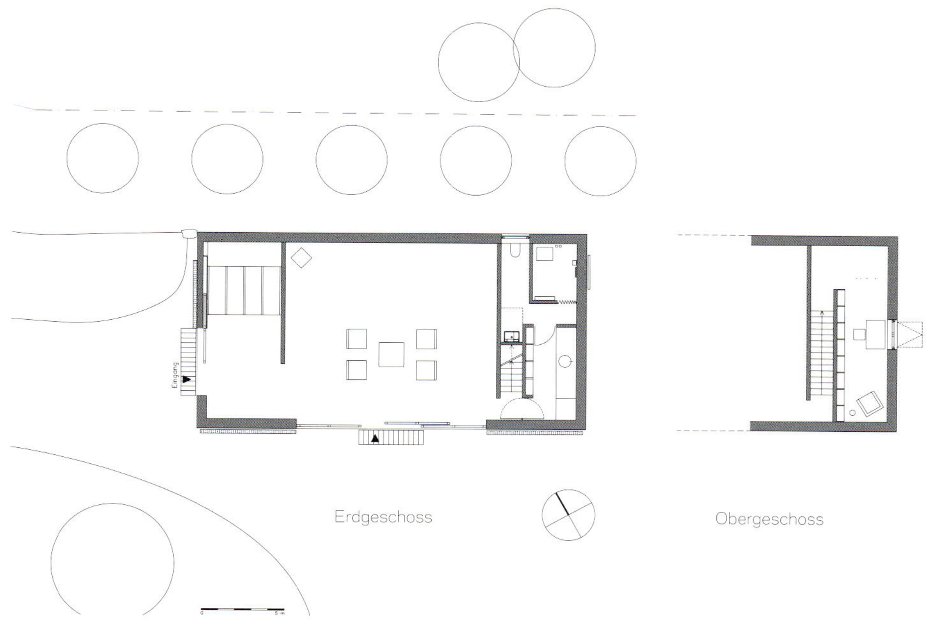

Erdgeschoss Obergeschoss

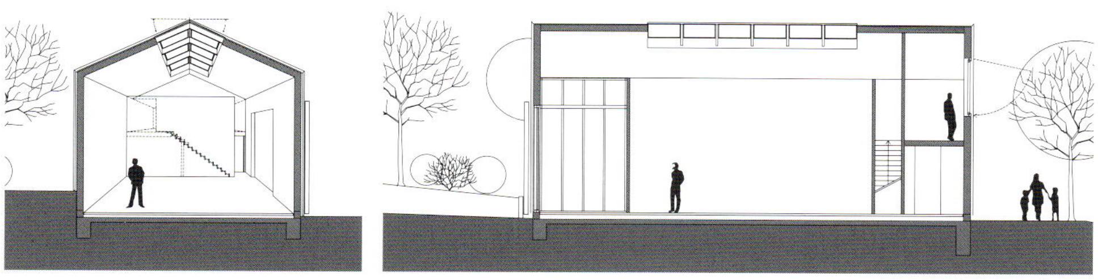

Querschnitt Längsschnitt

Lageplan

Büro

AXT Architekten
Lindenstraße 12
54292 Trier
www.axtarchitekten.de
mail@axtarchitekten.de

Projektdaten

Baujahr:	2009
Grundstücksfläche:	ca. 7.500 m²
Wohnfläche:	130 m²
Umbauter Raum:	875 m³

Fotos

Seite 48/49, 50 o., 51 beide und 52 M. und u.: Galerie Hetzler, Berlin
Seite 50 u. und 52 o. li. u. re.: G. G. Kirchner, Trier

Ein Baumhaus – das etwas andere Refugium

Das Architekturbüro baumraum ist ein ausgewiesener Name für das gleichnamige Architekturprogramm: kleine Raumwunder in den Bäumen, die immer wieder mit den Konventionen brechen. Natürlich werden auch bei diesem Projekt – wie bei allen kreativen Entwürfen dieses Büros – Erinnerungen wach, und wer sich die positive Unvoreingenommenheit eines Kindes bewahrt hat und den ursprünglichen Kontakt zur Natur liebt – das in den Bäumen leben! –, der wird ganz sicher von der Faszination dieser so ungewöhnlichen Architektur angesteckt werden.

So selbstverständlich dieses kupferne Baumhaus erscheinen mag, so ist der Planungsprozess – Formfindung, Statik, Materialien – deshalb so gänzlich anders und anspruchsvoll, weil hier die Architektur unmittelbar – gleichsam auf Tuchfühlung – eine formale und gleichzeitig auch konstruktive Verbindung eingeht: Die Bäume sind hier nicht Kulisse für die Architektur, sondern Natur und Gebautes gehen eine freundschaftliche Symbiose ein. Die Architektur des Baumhauses misst sich also unmittelbar mit der Architektur des Baumes selbst, seiner Form, seiner Statik und seinem Eigenleben – schließlich ist der Baum kein lebloses Gerüst wie ein Beton- oder Stahlskelett. Ein weiterer Aspekt ist, dass Natur und Architektur beim Bauen häufig als Gegner empfunden werden: Wie oft müssen Bäume gefällt oder in der Krone gestutzt werden, um einen Neubau überhaupt zu ermöglichen. Das Baumhaus dagegen bedarf der Natur – entsprechend hoch ist der Respekt der Planung vor einem solchen Bauvorhaben, darf doch für den Nutzer und Betrachter niemals der Eindruck einer »unglücklichen Verbindung« entstehen, darf doch die Natur nicht missbraucht werden. Kinder haben instinktiv einen natürlich Respekt vor »ihrem« Baum, in dem sie sich zurückziehen wollen von der Welt der Erwachsenen: abenteuerlustig, mutig und klettergewandt. Das kindliche Baumhaus ist für Erwachsene nicht zugänglich – das macht den besonderen Reiz für Kinder aus.

Suchen nicht Auftraggeber, die sich für die Architektur eines Baumhauses entscheiden, auch ein wenig von diesem Geheimnis, der Ursprünglichkeit – das im Wortsinne Abgehobensein in der Baumkrone? Es muss dabei ja nicht so spielerisch-provisorisch zugehen, wie bei den kreativen Kreationen der Kinder, schon gar nicht spartanisch, wie dieses Projekt zeigt: ein Refugium auf hohem architektonischen Niveau, ein räumliches Kleinod mit allem Wohnkomfort einschließlich Bad, Heizung und originärer Innenarchitektur: Baum und Holz in allen Fassetten als gestalterisches Thema. Bei diesem Projekt war aber nicht allein die unverwechselbare Atmosphäre eines Baumhauses die Planungsaufgabe, sondern darüber hinaus der Effekt eines

Wer so gekonnt auf die Schönheit der Natur eingeht, darf gern Baumhäuser bauen – dieses ist eines der vielen Meisterwerke des Architekten.

baumraum Andreas Wenning, Bremen

Rechte Seite Auch wenn das Baumhaus allen Komfort bietet – eigenes Bad! –, so bedeutet der Innenausbau doch, dass die Faszination von der umliegenden Welt der Baumkronen ausgeht und vor allem, was uns die Natur alles zu schenken vermag.

Oben, unten und ganz unten Die Dramaturgie der Anlage besticht durch die Anordnung der verschiedenen Ebenen im Astwerk: Aufstieg, Terrasse und als Abschluss der kupferne, Schutz bietende Kubus. Kinder erkennen sehr früh den Reiz, den ein solches Baumhaus an Freiheit bieten kann – als Gegenwelt zur Konvention der Erwachsenenwelt. Hier ist darüber hinaus auch noch ein architektonisches Kleinod entstanden.

Hochsitzes oder Ausgucks mit einem faszinierenden Blick auf den Großen Zernsee in der Nähe von Potsdam – welcher Zusammenklang an Sinneseindrücken ist hier im Schutze des Astwerks der gewaltigen Eichen möglich!

Der kupferne Kubus – jeder weiß, dass man mit einem einzigen Kupfernagel eine Buche vergiften kann! – besteht aus einer Terrasse auf 4 Metern Höhe und der quadratischen Baumhauskabine in 5 Metern Höhe. Während der Baumhauskörper eigenständig auf einem Stahltragwerk ruht – unabhängig von der Wuchsform –, wird die große Terrasse durch Seilaufhängungen von einer Eiche getragen. Als Fassade dienen Kupfertafeln, die gegen Farbveränderungen geschützt, mit einem hoch flexiblen Klarlack gegen Oxidation behandelt wurden.

Der komfortable Innenraum verfügt über ein großes Bett und Sofaflächen, Schreibtisch, Kleiderschrank, Minibar sowie über Elektrizität und Heizung. Innen prägt, analog zur Baumarchitektur, geöltes Eichenholz den Raum – ohne jede chemische Behandlung. Eine planerische Raffinesse stellt das integrierte Badezimmer mit Dusche, Toilette und Waschbecken dar, deren Wasserver- und -entsorgung sowie die Stromleitungen versteckt in einer der Stützen erfolgen.

Baukonstruktiv und energetisch ist das Baumhausrefugium für den Ganzjahresbetrieb ausgelegt. Man stelle sich einmal vor, hier abgehoben von der Alltagswelt den Jahreszyklus der Natur erleben zu können – auch den Winter! Jedes Refugium hat seinen Reiz und jeder verbindet mit dem Wort Refugium besondere Erwartungen, vielleicht sogar Sehnsüchte. Aber wie oft scheitern die Träume an den Größenerwartungen, an den Kosten, am Grundstück. Ein Baumhaus dagegen darf gewisse Dimensionen nicht überschreiten, das widerspräche dem Bautypus, den die tradierte Vorstellungswelt uns aus der Kindheit übermittelt. Wenn vieles nicht gehen mag, nicht realisierbar erscheint – Baurecht, Kosten –, dann kann ein Baumhaus vielleicht der architektonische Joker sein. Aber natürlich nicht nur dann! Und: Wer hat schon ein Baumhaus?

Oben, rechts und rechte Seite oben Wer sich hier oben zurückziehen will, muss nicht auf Komfort verzichten. Aber der hat nur dienenden Charakter. Das kleine Refugium ist mehr als nur ein Rückzugsort, es ist sowohl Skulptur als auch erlebbares Kunstwerk – in der unmittelbaren Begegnung ebenso wie aus der Ferne. Jede der Fassadenansichten im Geäst ist auf besondere Weise ausgeformt. Es ist eine Hommage an die Natur und den Menschen als Gast.

Ansichten

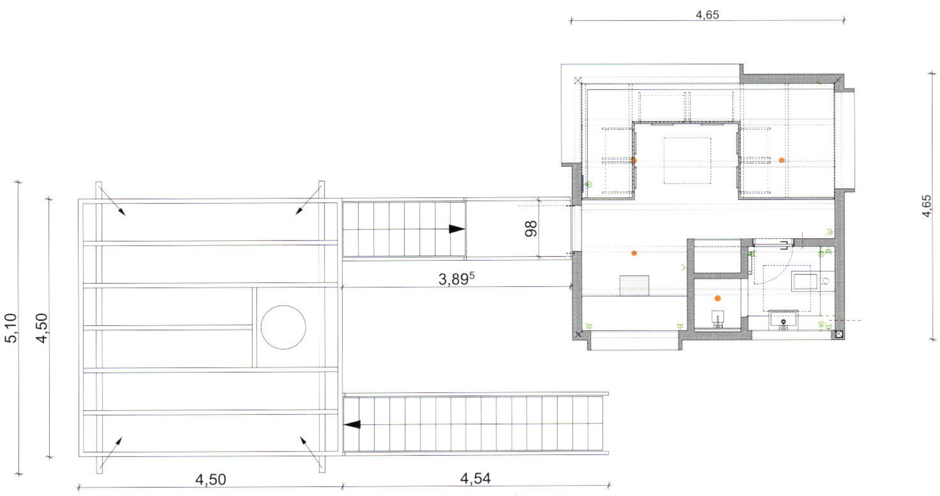

Grundriss

Büro
baumraum
Andreas Wenning
Dipl.-Ing. Architekt
Roonstraße 49
28203 Bremen
www.baumraum.de
a.wenning@baumraum.de

Projektdaten

Bauaufgabe:	Rückzugsort und Gästezimmer
Baujahr:	2009
Bäume:	eine Eiche
Höhe: erste Ebene:	4,0 m
zweite Ebene:	5,0 m
Innenfläche:	17,0 m^2
Terrassenfläche:	18,4 m^2

Fotos
Markus Bollen, Bergisch Gladbach

Landhausarchitektur heute – ein großer Wurf!

Das Allgäu ist eine der meist frequentierten Urlaubsregionen Deutschlands und geradezu Sinnbild bayerischer Lebensart – auch wenn ein Teil zu Baden-Württemberg gehört, was aber nicht wirklich wahrgenommen wird. Beliebte Urlaubsregionen leiden häufig darunter, dass sich die Gemeinden nicht auf die Schätze beschränken, die sie schon haben – regionale Funktionsarchitektur früherer Epochen, sinnhafte Illusionsmalerei an den Fassaden der Wohngebäude oder auch die prachtvolle Barockarchitektur der zahlreichen Kirchen –, sondern meinen, von allem ein wenig mehr an Dekor und Holz kann doch die Feriengemütlichkeit nur befördern. Dass eine solche Auffassung irgendwann mit den Gefahren des Billigtourismus konfrontiert wird, hat sich in vielen Gemeinden bereits gezeigt. Also: Wenn schon Kitsch, dann doch lieber gleich Disneyland.

In derart traditionsreichen Gegenden wie dem Allgäu ist es oft schwer für Auftraggeber und Architekten, den Weg der Verantwortung zu gehen und sich der Geschmackstümelei zu entziehen. Nichts gegen eine klassisch vertraute Architektursprache, wenn sie denn qualitätvoll ist, im Gegenteil, aber eine Architektur, die auf das Prinzip der sinnentleerten Kopie setzt, ist immer zum Scheitern verurteilt, weil die Funktionsgebäude vergangener Epochen stets eine bildhafte Architektur hervorgebracht haben, die von den Baukörpern bis zu den Schmuckformen zeittypisch waren, also im historischen Sinne »ehrlich« und nicht maskenhaft, wie eine frisch aufgetragene Fassadenmalerei auf der mit Styropor hinterfütterten Wärmedämmverbundfassade.

Unsere Zeit bedarf einer anderen, einer ebenso würdigen wie auch ehrlichen Architektursprache, wenn es um Neubauten mit dem Prädikat Bauen auf dem Lande geht: qualitätvolle Architektur als Landschaftsschutz und kulturelle Bereicherung. Alles andere bedeutet verantwortungslose Zersiedelung. Davon haben wir nun wirklich genug.

Wie ein derartiges Exempel ortsbezogen aussehen und überzeugen kann, belegt dieser Neubau, ein Landhaus im Wortsinne – am Rande einer Allgäuer Ortschaft. Große Landwirtschaften, die noch immer einen wichtigen wirtschaftlichen Beitrag in der Region leisten, prägen mit ihren langen, dominanten Satteldächern die Umgebung, in freier Zuordnung auf großzügigen Parzellen und gebaut aus unprätentiösen Materialien – in einer selbstverständlichen Ausstrahlung, wie es der normierte Vorschriftenkanon heute nicht annähernd leisten kann.

In diesen Mikrokosmos der Gemeinde sollte sich der Neubau einfügen. Ein Haus zum Wohnen und ein Haus für Gäste, mit Garagen und Wirtschaftsräumen verborgen

Form, Funktion, Assoziation – diese Architektur ist bildhaft stark und überzeugt durch ihre so selbstverständliche Eleganz.

darunter. Beides verbunden über einen Hof, darin ein Brunnen, gespeist aus Grundwasser, ein Blickfang für das Auge, aber auch eine feinsinnige Botschaft: Von dieser Zwischenzone aus werden die beiden unterschiedlichen Hausteile erschlossen – der plätschernde Brunnen als Willkommensgeste. Aber ein Brunnen ist immer auch viel mehr: eine Botschaft der Kontemplation und unterschwellig auch der Zuversicht: Nur, wo es Wasser gibt, kann es auch Leben geben.

Einfache, naturverbundene Materialien sind Ausdruck der äußeren Gebäudeerscheinung: Auf den Wänden eine Fichtenschalung, grau lasiert. Nur eine Lasur schafft ein einheitliches Farbbild, der natürliche Prozess der Vergrauung dauert oft sehr lange mit meist unschönen farblichen Zwischentönen, die eher als Zeichen der Ungepflegtheit gedeutet werden.

Dort, wo zur Belichtung notwendig, wurde die Fichtenstruktur auf Lücke gesetzt. Als Dachdeckung dienen Wellplatten aus Beton. Wellplatten? Ja, diese kostengünstige Dacheindeckung ist aber nur dann vertretbar, wenn das Raster der Platten nicht dem Zufall überlassen wird. Nur wenn das ästhetische Feingefühl mit diesem Material umzugehen weiß, entsteht eine Dachlandschaft als fünfte Fassade, die dieses Prädikat auch verdient.

Das bauliche Innenraumkonzept: Böden aus geschliffenem Beton oder aus breiten Eichendielen und die Türen und Möbel aus dem gleichen Material: Eichenholz.

Die Dachüberstände an den Giebelseiten und die 7 Meter breiten Schiebetore an den Traufseiten schützen das Gebäude vor Überhitzung. Eine Grundwasserwärmepumpe speist die Fußbodenheizung.

Das gebaute Ergebnis: Ein Landhaus, ein Haus auf dem Lande, das in seiner so selbstverständlichen Konzeption ein beispielhaftes Zeichen setzt. Die Botschaft ist eindeutig: Architektur bedeutet Verantwortung und Verantwortung bedeutet harte Arbeit bis ins Detail. Beeindruckend!

Links und rechte Seite Impressionen aus dem Patio mit dem Brunnen als symbolträchtiges Zentrum, aber ebenso auch als meditatives Hintergrundgeräusch, das die beiden Wohnwelten spielerisch-elegant voneinander trennt.

Oben, Mitte und links Solche Architekten braucht das Land. Hier trifft bauökologischer Sachverstand auf regionaltypische Erwartungen, ohne jeden plakativen Verweis auf architektonische Ideologien. Hier zählt allein, wie perfekt sich Architektur und Natur ergänzen und sich gegenseitig steigern können: ein ästhetisches Meisterwerk mit großer Vorbildfunktion.

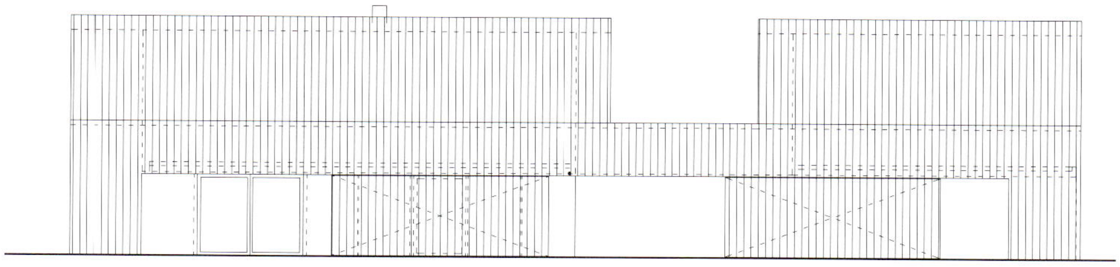

Ansicht

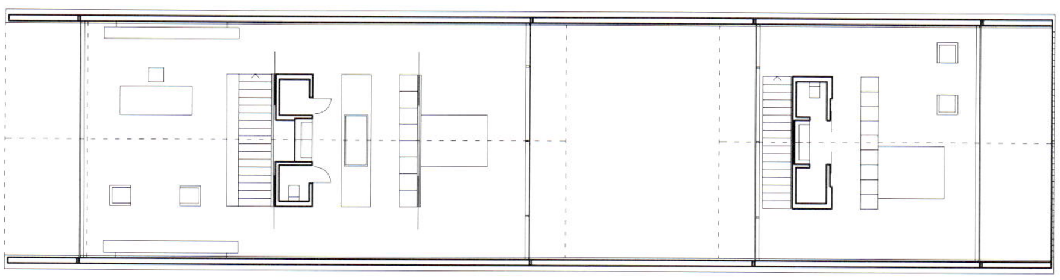

Obergeschoss

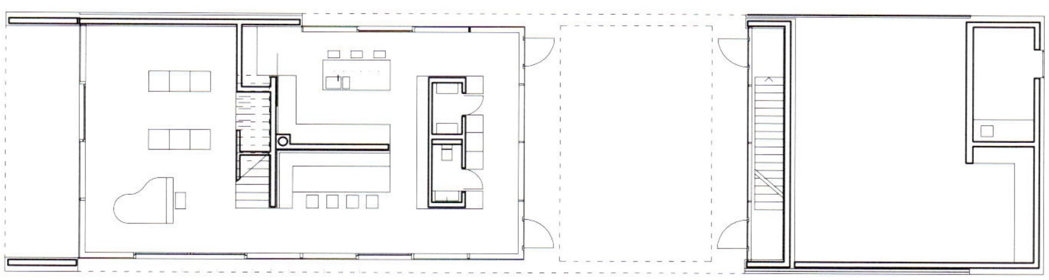

Erdgeschoss

Untergeschoss

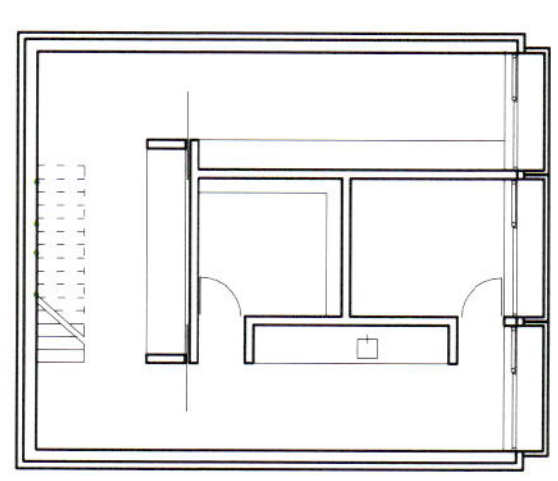

Maßstab 1:300

Büro
Bembé Dellinger
Architekten
und Stadtplaner GmbH
Geschäftsführer
Felix Bembé
Sebastian Dellinger
Architekten BDA
Im Schloss
86926 Greifenberg
www.bembe-dellinger.de
mail@bembe-dellinger.de

Projektdaten

Baujahr:	2009
Grundstücksgröße:	2.450 m²
Wohnfläche:	280 m²
Zusätzliche Nutzfläche:	135 m²

Fotos
Stefan Müller-Naumann, München

Eleganz – Synonym des Bautyps Villa

Die Herausforderung des Grundstücks lag auf der einen Seite in seiner ureigenen Qualität, auf der anderen in seiner Formation: Ein Nordhang, der baulich über zwei Geschosse überwunden werden musste, um die annähernd plane Gartenebene zu erreichen. Daraus entsteht das architektonische Leitmotiv eines »sich den Hang hochwindenden Hauses«, das auf jeder Ebene und aus jedem Blickwinkel durch seine skulpturale Formgebung besticht. Dritter intellektueller Baustein ist das Konzept, das im Gegensatzpaar aus steinerner Massivität der Bruchsteinfassade und der Filigranität der eingefassten Fensterflächen durch extrem schmale Profile eine Dialektik »schwer-leicht« thematisiert. Schützende Geborgenheit und inszenierte Transparenz sind die Botschaften, die als Erstes evoziert werden, gefolgt von einem Staunen, das dieser Architektur als gebaute Plastik auf den Grund gehen will.

Die Organisation des Hauses ist trotz der komplexen Geometrie in klar ablesbare Zonen eingeteilt, die auf additiv angeordneten Grundmodulen von 7,80 × 7,80 Metern basieren. Durch den in sich verschachtelten Grundriss, durch Einschnitte und gewagt anmutende Auskragungen entstehen geradezu atemberaubende Raumdimensionen sowohl des Innengefüges als auch in Bezug zur Gartenanlage.

Entsprechend inszeniert ist die Lichtführung: Seitenlicht von Süden und Westen sowie Oberlichter auf den Nord- und Ostteilen schaffen ein gekonntes Belichtungskonzept aus transparenter Großzügigkeit. Schatten und diffuses Licht werden gezielt eingesetzt, um das Stimmungsgefüge aus Raum, Materialität und Licht in immer neuen Varianten wirken zu lassen. Entsprechend findet Naturbruchstein der Außenfassade in seinem auch grafisch eindrucksvollen Gefüge im Innenraum eine angemessen akzentuierte Fortsetzung. Es entsteht ein Kontinuum in der Formen- und Materialsprache, bei der die Grenze zwischen Innen und Außen, Privat und Öffentlich kaum mehr wahrnehmbar ist.

Die Innenarchitektur folgt dem Leitgedanken von formaler Klarheit – geradezu einer wohltuenden Strenge – und zugleich dem Wunsch nach Behaglichkeit. Wenig unterschiedliche, hochwertige Materialien in perfekter Detailierung und eine Fülle von subtilen Akzenten an Wand- und Fensteröffnungen, das Lichtspiel sowie optische und funktionale Elemente, von denen es im gesamten Haus eine Fülle gibt – niemals überladen, sondern stets subtil und zurückhaltend in der künstlerischen Wirkung.

Separat von den privaten Wohn- und Aufenthaltstrakten zugänglich befinden sich die Räume für Au-pair, Gästeapartment, der private Wellnessbereich, ein Kino und der Weinkeller. Zentral dominant in der Wohnküche ist der monolithische Küchenblock mit

Diese Baukunst ist ein überzeugender Beleg, dass die Geschichte der modernen Architektur positiv fortgeschrieben werden kann.

Titus Bernhard Architekten, Augsburg

Links, unten beide und ganz unten Vom Geländerdetail mit dem markanten Fußpunkt bis zur formalen Regie der Eingangssituation ist hier alles feinst bedachte Baukunst. Besonderes Augenmerk gilt der Treppenanlage mit der Hecke, die dem Aufgang folgt, und den warmen Farbtönen der Beleuchtung, die das Grün wie ein Wandgemälde illuminieren.

angeschlossenem Essbereich, der an der nahezu rahmenlosen, raumhohen Verglasung in den Wohntrakt übergeht.

»Weniger ist mehr«, dieses Thema, das Mies van der Rohe so meisterhaft beherrscht hat, findet in dem Gesamtkonzept dieser Villa seine konzeptuelle Entsprechung: das Prinzip von offenen, fließenden Räumen, feiner Detaillierung der Materialfügung und die Wucht der Raumeindrücke. Dass Eleganz das Synonym für unsere Assoziationen einer Villa ist, beweist diese Architektur schlüssig und knüpft damit überzeugend an die Tradition der klassischen Villenmoderne an – auch als Ausdruck einer selbstbewussten und kultivierten Auftraggeberschaft. Damit setzt diese Villa im besten Sinne Maßstäbe. Und die sind unverzichtbarer denn je.

In kunstvoller Ausgewogenheit begegnen sich Kuben, Flächen, offene und geschlossene Räume, auf die nahezu formal unverzichtbar der ausgehobene Raum des Schwimmbads antwortet. Jede Fläche, ob senkrecht oder waagerecht, ist in ihrer Ästhetik eine Freude für das Auge.

Links oben und links Küchentrakt und Speisezimmer sind voneinander getrennt, die elegante Bar ist aber ein atmosphärisch ebenso einladender Ort. Im Sommer bietet der überdachte Platz vor der Küche auch im Freien großzügig Platz für eine lange Tafel.

Die weiträumige Einheit aus Speisezimmer und anschließendem Wohnbereich mit der innen und außen nutzbaren Feuerstelle. Und welche Leichtigkeit der große Raum vermittelt, dessen Decke nahezu schwerelos auf den Glasscheiben zu ruhen scheint.

Oben Der ins Gebäude eingeschnittene Aufgang in das private Obergeschoss.

Links und oben rechts Das Gästeapartment und der Wellnessbereich verfügen über eine eigene Ästhetik, die sich bewusst absetzt und so schlüssig das Raumkonzept auch gestisch abrundet.

E+2

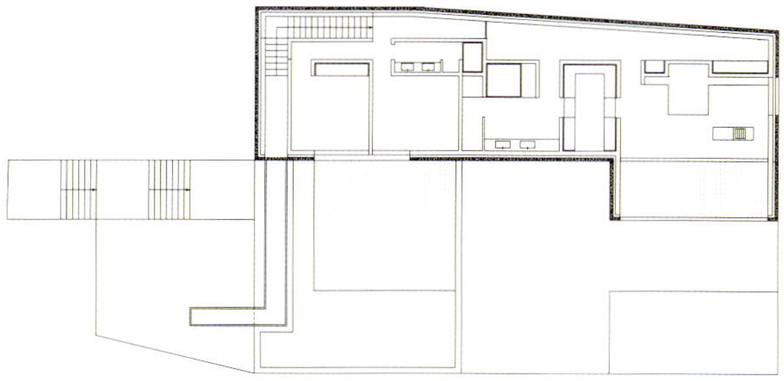

E+1

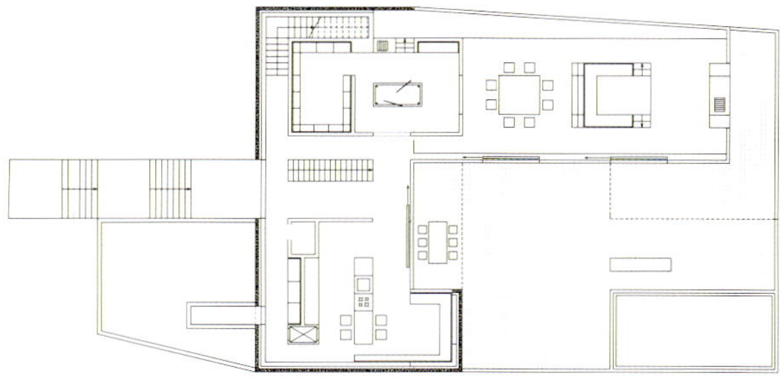

E+0

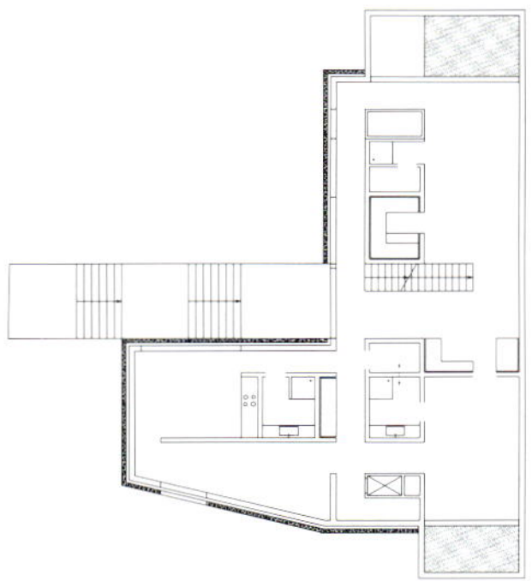

E-1

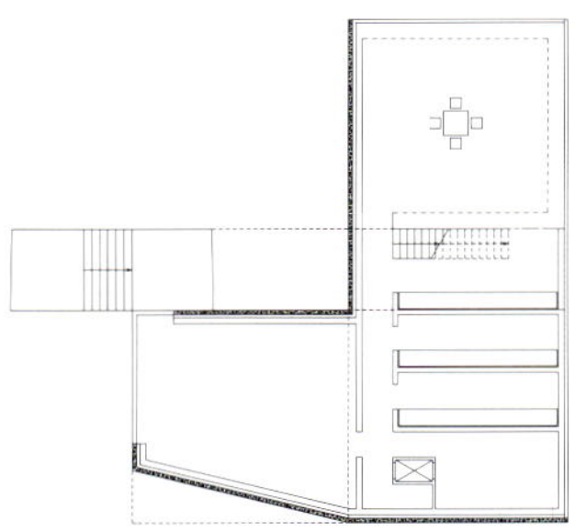

Modul 7,80 × 7,80 Meander Kombination Reaktion

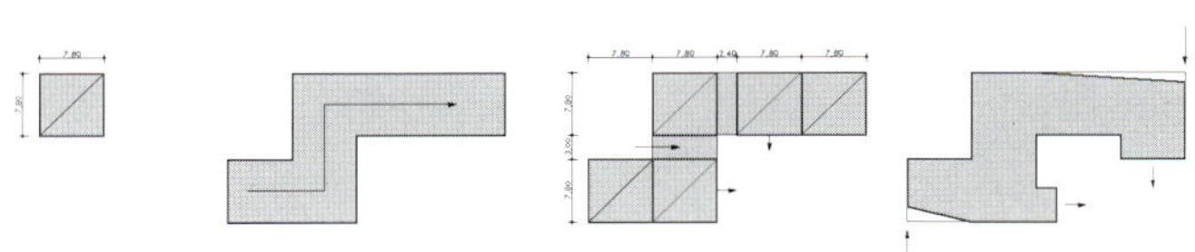

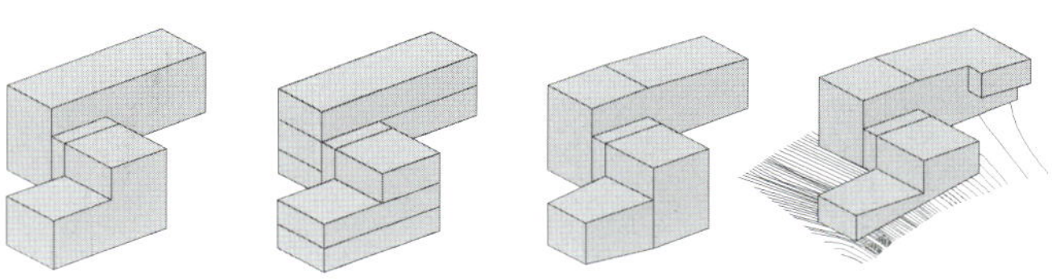

Büro

Titus Bernhard Architekten
Gögginger Straße 105a
86199 Augsburg
www.titusbernhardarchitekten.com
info@bernhardarchitekten.com

Projektdaten

Planungszeitraum:	2004-2009
Fertigstellung:	Frühjahr 2009
Grundstücksfläche:	3.320 m²
Wohnfläche:	821 m²
Gesamtfläche des Hauses:	1.036 m²
Geschosszahl:	4
(durch die Hanglage sind vom Garten aus nur 2 Ebenen sichtbar)	
Anzahl der Bewohner:	4

Fotos

Jens Weber & Orla Conolly, München

Ferienhaus an Spaniens Südküste

Das Grundstück? Eine spektakuläre Lage mit herrlicher Aussicht auf die nahe Kulturlandschaft und natürlich auf das Meer und die vorgelagerten malerischen Naturformationen. Aber das Gelände besteht aus reinem Fels und galt stets als nahezu unzugänglich und als Bauplatz nicht erschließbar. Dennoch hatte es der Auftraggeber des Architekten erworben und durch eine überaus mutig angelegte Auffahrt den nötigen Zugang geschaffen. Jetzt war es Bauland, das nach einer architektonisch ausgefallenen Lösung für das gewünschte Ferienrefugium als repräsentative Residenz rief.

Architektur ist zuerst immer reine analytische Gedankenarbeit, und irgendwann erschließt sich dann, wenn alle Einflussfaktoren ausgelotet sind, eine erste Konzeptidee. Hier ist es eine dynamische Gebäudeform, die sich auf die bestehenden Höhenlinien im felsigen Grund und den Geländeverlauf mit seinen Ausblicken bezieht. Das Resultat ist eine kubisch-additive Form, die sich mit den beiden flügelartigen Baukörpern zur Landschaft und zum Mittelmeer öffnet – aber diese auch in der Wirkung gleichsam teleskopartig in die Erlebniswelt des Hauses aufnimmt.

Auf dem oberen Geschoss lädt eine großzügige, umlaufende Terrasse zum Sonnenbaden ein – auch Feste kann man dort vor einem einladenden Panorama wunderbar inszenieren – bei einer atemberaubenden Aussicht von über 180 Grad nach Osten, Süden und Westen. Auch aus den Innenräumen bieten die großflächig verglasten Fassaden einen weiten Blick auf die umliegende Landschaft – auf das Naturschutzgebiet mit seinen zerklüfteten Bergen und ebenso auf die entfernte Stadt sowie die Bucht auf der anderen Seite.

Die Überdachung der Terrassen wurde dem Sonnenverlauf angepasst. Der jeweils weit auskragende Dachüberstand verläuft analog zur Gebäudeform: Zu jeder Tageszeit liegt immer ein Bereich der Terrassen wohltuend bei den hohen Temperaturen im Schatten. Darüber hinaus ist der Aufenthalt dort bei jedem Wetter einladend: die Überdachung schützt sowohl vor Regen, abendlicher Kühle als auch vor zu starker Sonneneinstrahlung. Ein zusätzlicher Außensonnenschutz war deshalb nicht erforderlich.

Auf der unteren Ebene gelangt man von einem weiteren begrünten Freisitz zum teilüberdachten Pool, der mit einer Überlaufrinne so angelegt ist, dass sich beim Schwimmen das Wasser des Pools und des Meeres in der Ferne zu vereinen scheinen.

Zwei Hauptgeschosse bieten durch eine flexible Grundrissgestaltung bei Bedarf mehrere abgeschlossene Wohnbereiche. Das Ferienhaus verfügt über eine Hauptwohnung, die sich auch in bis zu drei separat erschlossene Einheiten aufteilen lässt,

Im Süden Spaniens lassen sich wunderbar klare Baukörper gestalten, deren Materialität auf einen zerstörerischen Frost keine Rücksicht nehmen muss.

Links, unten und rechte Seite beide Der Schnitt verdeutlich eindrucksvoll die äußerst schwierige Grundstückssituation, aber auch das, was die Architektur hier aus den Gegebenheiten an einmalig schönen Ebenen geschaffen hat.

sowie über eine weitere kleinere Einliegerwohnung. Bei der Konstruktion des Gebäudes wurde im Wesentlichen auf inzwischen im Süden des Landes nahezu standardisierte Bauweisen zurückgegriffen, da sich diese stark kostenreduzierend auf den Herstellungspreis auswirken. In Spanien beherrscht der Großteil der Baufirmen nur das einfache statische System mit Stützen und Einfeld-Trägern. Weite Auskragungen sind deshalb eher zu vermeiden, da sie statisch zu kompliziert und finanziell sehr aufwendig sind. Auf diese landestypische Bauweise geht die Architektur des Gebäudes ein, da sie als Skelettkonstruktion mit nachträglicher Ausmauerung den Vorteil bietet, auch bei neuen Nutzungsanforderungen den Grundriss relativ einfach verändern zu können.

Das Gebäude wird aufgrund seiner Lage und den Baugrundbedingungen mit Flüssiggas versorgt, da andere Medien nicht zur Verfügung standen. Es galt daher, den Energieverbrauch auch durch die Gebäudeform zu minimieren. Durch die energetisch optimierte Anordnung der Fenster und die darauf abgestimmten Dachüberstände heizt die niedrig stehende Sonne im Winter das Gebäude auf, während in der Sommerzeit die Strahlen abgehalten werden.

Bei der Ausformung des Materialkonzepts diente der Fels der Umgebung sowohl als Gebäudesockel als auch zur Inspiration in Bezug auf die Farbgebung. Die Bodenbeläge im Naturton verbinden Innen- mit Außenwelt und lassen die Räume aufgrund der durchgängigen Gestaltungsidee und der weiten Blickbeziehungen noch großzügiger erscheinen. Auch die Möblierung folgt dem monochromen Farbkonzept mit holzfarbenen Naturtönen in Kombination mit den »Nichtfarben« Schwarz, Grau und Weiß.

Aufgrund der einmaligen Aussichtslage und der in allen Details daraufhin ausgerichteten Architektur hat das Anwesen nicht nur einen hohen Wohn- und Nutzwert, es ist auch im besten Sinne zukunftsfähig: flexibel in der Grundrissform und von hohem

Ausbau- und Komfortstandard, strahlt das Gebäude eine besondere architektonische Qualität aus und hebt sich damit wohltuend vom Qualitätsstandard der regional weit verbreiteten Investorenarchitektur ab. Ein Konzept, das auch langfristig nicht nur Werterhalt, sondern sicher auch Wertsteigerungen zulässt. Kurz: Gute Architektur zahlt sich im Wortsinne immer aus.

Oben und unten Auf allen Wohnebenen antwortet die Gebäudeform auf die sich bietenden spektakulären Ausblicke – die großen Deckenüberstände sorgen für den notwendigen Sonnen- und Blendschutz.

Hauptgeschoss

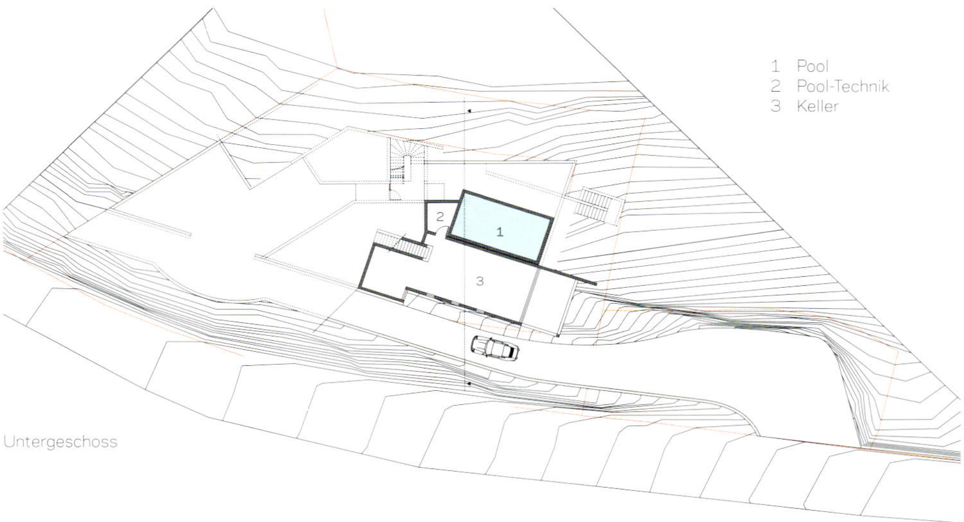

Untergeschoss

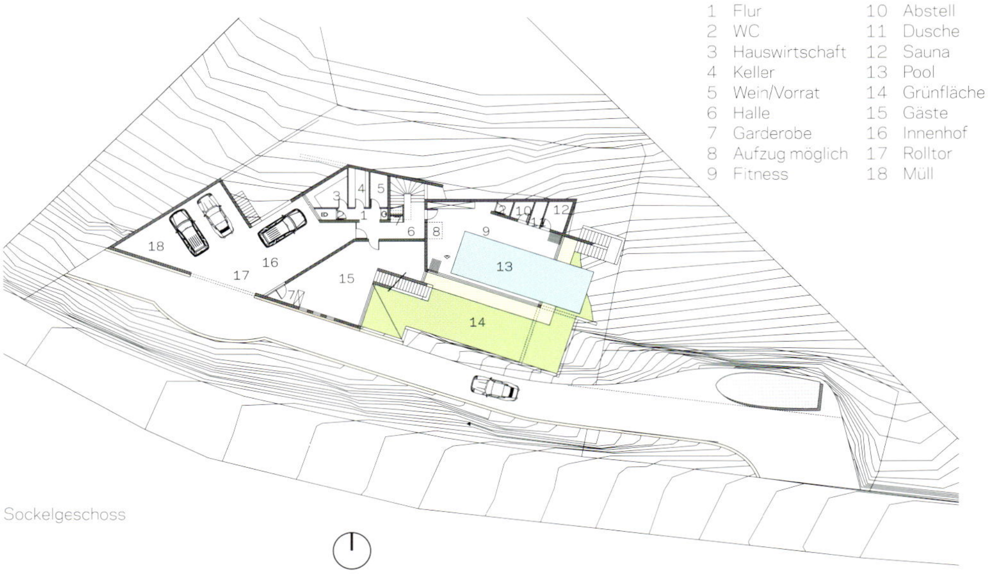

Sockelgeschoss

Büro
VONBOCK ARCHITEKTEN
Göppingen
Blumhardtstraße 41
73035 Göppingen
Stuttgart
Heinrich-Baumann-Straße 3
70190 Stuttgart
www.von-bock.de
buero@von-bock.de

Projektdaten

Baujahr:	2010
Grundstücksgröße:	1.386 m²
Wohnfläche:	246 m²
Zusätzliche Nutzfläche:	210 m²
Terrassen:	250 m²
Anzahl der Bewohner:	bis zu 8

Fotos
Klaus von Bock, Göppingen

Bauen auf dem Lande – immer eine Herausforderung

Mit dem Bauen auf dem Lande assoziieren wir zunächst einmal die ganze architektonische Freiheit: große Grundstücke, landschaftliche Idylle, vielfältige planerische Orientierungspunkte und ein spezifisches Lokalkolorit. Wenden wir uns dagegen der gebauten Realität zu, dann ist die Enttäuschung häufig groß, weil die vermeintlichen architektonischen Freiheiten nur allzu oft missbraucht werden – weniger von Architekten als von Typenhausunternehmen, die selten ein rücksichtsvolles Konzept anbieten, das tatsächlich den Forderungen des klassischen ländlichen Bauens gerecht wird. Ja, gerade auf dem Lande, mit dessen spezifischer Struktur wir so viele Erwartungen und Sehnsüchte verbinden, werden die größten baulichen Sünden begangen. In einem städtisch verdichteten Kontext sind die Anforderungen natürlich ebenso hoch, aber der Negativeinfluss in der Gebäudeagglomeration hat auf das Gesamtgefüge weniger schädlichen Einfluss als der misslungene Solitär in einem gewachsenen Dorfgefüge oder gar in der freien Natur. Hier liegt jeder architektonische Missgriff gleichsam auf dem Präsentierteller – mit oft jahrzehntelanger negativer Prägung. Wäre doch in solchen Fällen wenigstens das Verfalls- und Abrissdatum fixiert!

Jede Architektur ist gebaute Verantwortung – das ist der Anspruch sowohl an die Auftraggeber als auch an den jeweiligen Architekten. Diese Verantwortung der Gesellschaft und der Natur gegenüber machen sich so viele Bauwillige nicht klar, und manchmal scheitert auch der Architekt an der Uneinsichtigkeit seiner Auftraggeber – oder ihn selbst reitet der Teufel der formalen Selbstdarstellung. Aber ist es denn wirklich so schwer, das rechte Augenmaß zu wahren? Gibt es nicht in jedem baulichen Kontext ausreichend Parameter, an denen es sich zu orientieren lohnt?

Natürlich gibt es diesen »Dresscode« ebenso wie im gesellschaftlichen Umgang und es hat sich einfach in jeder Hinsicht als sinnvoll erwiesen, ihn auch einzuhalten, wenn man nicht zum Außenseiter und Störenfried werden will. Es geht nicht um geschmäcklerische Anbiederung in der Architektur, sondern um verantwortungsvolle Angemessenheit. Entsprechend orientiert sich der hier vorgestellte Entwurf in seiner Grundstruktur zuerst einmal an der in dieser Gegend üblichen – Landkreis Fulda – Typologie von Hofanlagen und erfüllt damit die Respektsgeste gegenüber dem landwirtschaftlich geprägten Ortsbild. Das Motiv der Scheunentore ist ein weiterer formaler Baustein, der dem Auge vertraut ist. Sie dienen dazu, die großformatigen Öffnungen in der Fassade je nach Bedarf zu schließen. So wird ein hohes Maß an zeitgemäß offenem Wohnen ermöglicht, aber es ist auch die Möglichkeit des Rückzugs in eine den Blicken entzogene Privatheit gegeben. Die großflächigen Fensterelemente

Für den Betrachter und die Bewohner schaffen die unterschiedlich sprechenden Materialien ein Gefühl der architektonischen Eindeutigkeit und der Differenzierung – hier ist nichts zufällig.

Rechte Seite beide Die Eingangsfront besticht durch das herrliche Farbbild der Ziegel und die schmalen Fenstereinschnitte. Das holzverschalte Gebäude lässt Assoziationen an die große Remisen der Vergangenheit aufkommen – die Symbolik der Form ist ja bis heute unverändert.

Unten und ganz unten Die offene Treppe führt aus der Halle in die Gästewohnung über den Garagen, im Haupthaus ist sie in den Grundriss eingeschnitten und dient auch als Bibliotheksraum.

sind auf die Himmelsrichtungen und die räumliche Struktur des Gebäudes abgestimmt, sie bilden aber auch effektvoll den Aussichtsrahmen in die Landschaft, den Hof und den Kräutergarten.

Eine einfache ländliche Architektur war stets von Nützlichkeitsüberlegungen geprägt, deren formaler Kanon bis heute an den Originalen eindeutig ablesbar ist – gleichsam als sprechende Architektur: Die Materialwahl folgte stets der hierarchischen Wichtigkeit des jeweiligen Bauteils. So ist auch hier das Hauptgebäude aus den »wertvollen« Ziegeln, während das Nebengebäude mit Garage und Gästewohnung mit einfachen, sägerauen Lärchenbrettern verkleidet ist. Der Bereich zwischen den beiden Hauptkörpern ist als inhaltliche Zäsur großflächig verglast und dient als Eingangs- und Durchgangshalle zum introvertierten Hof, der sich zur offenen, unverbaubaren Landschaft öffnet.

Das Erdgeschoss ist – auch hier das Scheunenmotiv – als Einraum konzipiert und hat mit seinen bewusst sichtbaren Stahlträgern den gewünschten Hallencharakter, wie ein vielfältig bespielbares Loft. In den offenen Luftraum zum Dachgeschoss ist eine Bibliothekswand eingestellt, hinter der eine einläufige Treppe in das Obergeschoss zu den Schlafräumen führt. Hier wechselt die Raumatmosphäre, der Privatheit entsprechend – niedrige Außenwände mit offenem Dachraum – in die emotional Schutz bietende Zeltform mit einem eher intimen Charakter.

Auch im Inneren erinnert die Materialwahl an das hierarchische Gefüge im Haus: die räumlich wichtigen Wände sind verklinkert, womit das bedeutungsreiche Material auch in den atmosphärisch hervorgehobenen Wohnräumen weitergeführt wird. Der Boden ist mit breiten, strukturierten Eichendielen belegt, deren Ausstrahlung zwar für ein naturnahes Bauen spricht, deren Haptik aber gleichzeitig auf ein Wohnen fern des landwirtschaftlichen Wirtschaftens verweist.

Es bedarf ja nicht immer der großen Gesten, um den Bezug zum Ländlichen herzustellen, es ist vielmehr das Wissen um die wesentlichen Inhalte einer Bauaufgabe auf dem Lande – und diese unterscheidet sich eben ganz grundsätzlich von der in der Stadt. Wer um diese Inhalte weiß, darf sie auch im Sinne der Auftraggeber um- und neu interpretieren, aber die formal-inhaltlichen Wurzeln sollten des Verständnisses wegen auch weiterhin ablesbar sein. Sonst kann keine glaubhaft sprechende Architektur entstehen – nur Disney-Land.

Zur architektonischen Wahrhaftigkeit gehört selbstverständlich auch die Wahl der Materialien, sichtbar wie unsichtbar: alle verwendeten Baustoffe erfül en die baubiologischen Kriterien mit Volldeklaration und den Anspruch an Dauerhaftigkeit: der strukturreiche Klinker, der aus Abbruchbeständen stammt (!), die sägerauen Schalungsbretter, die gelaugten und geseiften Eichendielen sowie der Natursteinboden aus Juramarmor können mit den Jahren altern und Patina ansetzen. Darüber hinaus ist der Aspekt der Nachhaltigkeit auch durch die Gebäudekubatur gegeben: ähnlich

BuB architekten, Poppenhausen

gewerblichen Altbauten, die dank großzügiger Raumhöhen und neutraler Grundrisse heute gern als Wohnung oder Büro dienen, so könnte dieses Gebäude in Zukunft auch einmal gewerblich genutzt werden. Die Teilbarkeit der Grundrisse ermöglicht ein solches architektonisches Konzept.

Bauen auf dem Lande – es kann so wohltuend überzeugend sein, wenn die Architekten denn eben gerade dieses Wissen und genau diese Sorgfalt an den Tag legen, die hier so überzeugt.

Nicht nachbauen, aber aus dem Selbstverständnis dieser Architektur dazulernen – damit wäre für das ländliche Bauen viel gewonnen.

Oben und links Die durchgängige Erdgeschosszone erstreckt sich fast über die gesamte Gebäudelänge. In der offenen Küche erscheint noch einmal das Motiv der Ziegelwand. Die sichtbaren Stahlträger und Stützen bieten einen formal interessanten Gegenpol zu den strengen Formen des Innenausbaus.

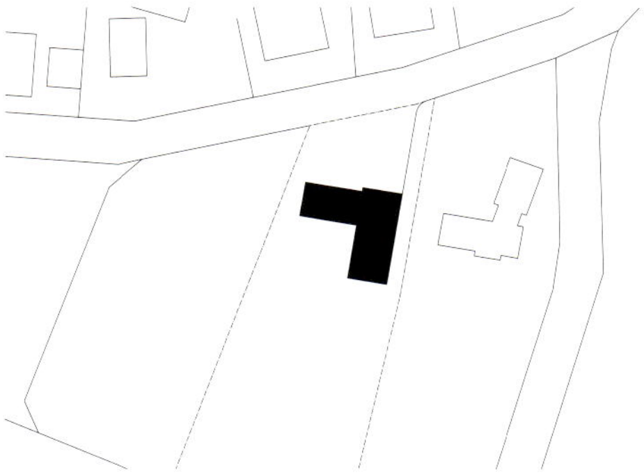

Lageplan

BuB architekten, Poppenhausen

Oben In einem so großzügigen Bad verführt die Innenarchitektur zu Ordnung und Disziplin – eine Freude für das Ordnung liebende Auge.

Unten und links unten Das Ambiente des Gäste-WCs gleicht einer Willkommensgeste für die Besucher – überzeugend in Form und Funktion.

1 Luftraum
2 Kinderzimmer
3 Schlafzimmer
4 Badezimmer
5 Schrankzimmer
6 Gästezimmer
7 Meditationsraum
8 Badezimmer

Dachgeschoss

1 Flur
2 WC
3 Büro
4 Arbeitsraum
5 Küche
6 Esszimmer
7 Wohnzimmer
8 Bank
9 Kiesgarten
10 Garage
11 Kräutergarten

Erdgeschoss

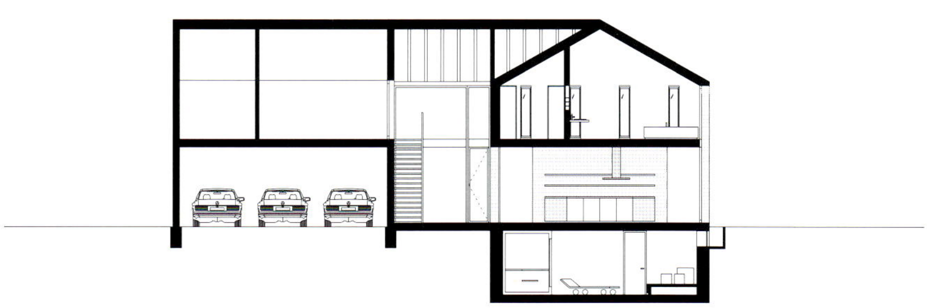

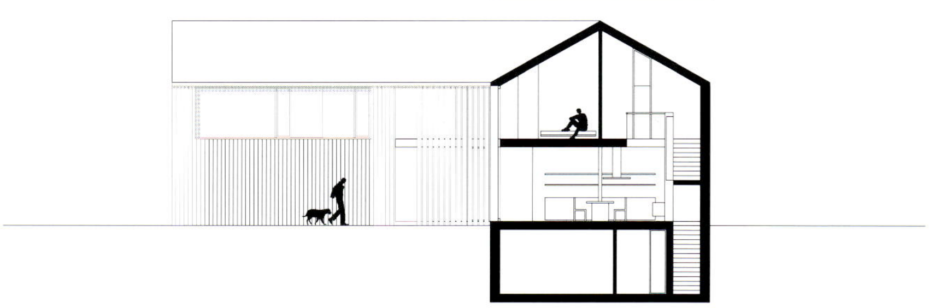

Büro
BuB architekten
Alexandra Bub, Marion Bub
Alte Landschule - Rodholz 13
36163 Poppenhausen
www.bub-architekten.de
office@bub-architekten.de

Projektdaten

Baujahr:	2007
Grundstückgröße:	2.628 m²
Wohnfläche:	331 m²
Bruttorauminhalt:	1.950 m³
Zusätzliche Nutzfläche: Keller mit Fitnessraum und Sauna, Garage für 3 Pkw	137 m²
Primärenergiebedarf:	30,8 kWh/m²a
Heizwärmebedarf:	67 kWh/m²a
Anzahl der Bewohner:	4

Fotos
Archiv Architekten

Sommerhaus in der Provence

Die Schönheit und das angenehme Klima haben seit dem 19. Jahrhundert viele Menschen aus ganz Europa angezogen, hier in der Provence ihre Sommerhäuser und Villen zu bauen. Die luxuriösen Anwesen liegen auch in diesem Ort entlang der malerischen Küste in leicht hügeliger Landschaft – abseits der Touristen und doch unmittelbar am Meer. Die Liste der Namen von Künstlern, Schauspielern und Connaisseuren, die diesen wunderbaren Landstrich als Wohnsitz gewählt haben, ist lang und eindrucksvoll.

Anders als die vielen Bauten der Gegend, die in provenzalischem Stil als Landhäuser errichtet wurden, sollte der Neubau für dieses einmalig schöne Grundstück eine besondere und zeitgenössische Architektur ausweisen. Das Bauland liegt an einem recht steilen Hügel auf dem zweiten Ring von Häusern oberhalb einer Bucht. Der atemberaubende Blick war natürlich das entscheidende Planungskriterium, aber gleichrangig war der Wunsch der Auftraggeber, auch außerhalb des Hauses, also inmitten der Landschaft mit seinen Düften und dem Lichtspiel, ein möglichst komfortables Leben führen zu können, schließlich ist die Sonne in der Provence nicht in jedem Fall ein Freund des Menschen. Es galt also, angenehme schattige Plätze zu schaffen, die in den heißen, trockenen Sommern Schutz bieten.

Für den Architekten stellte sich die Aufgabe, die funktionalen Anforderungen in die Architektur zu integrieren, und ebenso, dass diese sowohl maßstäblich als auch formal sensibel in die Landschaft eingepasst würde. Allerdings erwartet man als Auftraggeber, der einen sehr bekannten und weltweit planenden Architekten für eine solche Aufgabe wählt, dass die Basisforderungen nicht lange dikutiert werden müssen, sondern dass ein besonderes Haus, ein Meisterwerk entstehen soll, das nicht nur über eine hohe ästhetische und künstlerische Qualität verfügt, sondern trotz seiner dezidiert eigenen Architektursprache dennoch »Freundschaft« mit der umgebenden Landschaft schließt. Dazu dienen hier gleichsam als Fond die Verwendung der lokal üblichen und ehrlichen Materialien und ihre traditionell handwerkliche Verarbeitung – vor allem aber auch der Respekt vor der malerischen Landschaft.

Der Entwurfsprozess für das Sommerhaus dauerte länger als erwartet, da die zuständigen Behörden nicht an eine moderne Architektursprache gewöhnt waren. Darüber hinaus hatte der örtliche Architekt große Schwierigkeiten, einigermaßen klare Voraussetzungen bei den sich widersprechenden örtlichen Gesetzen und Bauvorschriften herzustellen. In der Zwischenzeit veränderten sich dann auch noch die Anforderungen der Auftraggeber, die Anzahl der Familienmitglieder war gewachsen,

Der Entwurf dieses Hauses folgt einer faszinierenden Logik – von der großen Geste bis ins kleinste Detail.

Jo Coenen & Co., Amsterdam

sowie die Erkenntnis, dass es jetzt nicht mehr nur um eine Sommerbleibe gehen würde, sondern dass es ein Landhaus »in Vollausstattung« werden sollte. Dieser neue Anspruch führte dazu, dass erheblich mehr Quadratmeter Wohnfläche geplant und gebaut werden mussten. Das Projekt wurde also über die Zeit viel komplexer und erforderte neben den Absprachen mit dem Architekten vor Ort eine stärkere Einbeziehung des in Holland ansässigen Architekturbüros. Am Ende wäre das gebaute Resultat nicht möglich gewesen, ohne die enge Zusammenarbeit mit dem Bauherrn ebenso wie das Einbeziehen der örtlichen politischen Ebene und der Behörden. Es war ein langwieriger Prozess mit viel Überzeugungsarbeit auf allen Seiten. Aber auf das heutige Resultat ist die Gemeinde jetzt stolz, weil sie eine ganz besondere Architektur vorweisen kann – und nicht die bekannte Mischung aus der Requisitenkiste einer falsch verstandenen Moderne.

Zum Thema Architekturform: Der Entwurf ist nur zu verstehen, wenn man den Zusammenklang von Wegführung und Gebäudeform betrachtet – sie bilden eine zwingende Einheit. Der Erschließungsweg ist in der gleichen geschwungenen Form entworfen wie der Baukörper und schließt symbolisch gleichwertig den Hanggarten mit den alten Olivenbäumen ein – gleichsam als gebautes Haus für die Natur. Die begleitenden Mauern, die in die Morphologie der Landschaft integriert sind, setzen sich in den Stützmauern fort, in die das Haus selbst eingebettet ist. Durch diese schützende Umarmungsgeste bleiben die privaten Areale der Villa für Einblicke verborgen und sind so ungestört direkt mit den äußeren Wohn- und Lebensbereichen verbunden: Terrassen, Wasserfall, Loggien und Patios. All dies sind Räume, die in ihrem Ambiente und Charakter einer vertrauten, mediterranen Typologie folgen.

Der Zugang zum Haus erfolgt von der Seeseite aus. Die Garagen liegen auf einem etwas tieferen Geländeniveau und bieten eine eigene innere Treppe als Zugang zum Erdgeschoss. Etwas aus dem Gelände herausgehoben eröffnet die Front des Gebäudes mit den Wohnräumen und den Terrassen einen einzigartigen Blick auf die vorgelagerte Landschaft und das Meer.

Die »öffentliche« Erschließung des Hauses erfolgt einer raffiniert inszenierten Dramaturgie: Der Weg führt von der eigentlichen Gebäudeplattform zuerst an dem

Oben alle Von der Skizze bis zur Realisierung – von der Vision bis zum endgültigen Bauwerk inmitten des angelegten Gartens.

Rechts und ganz rechts Ein faszinierendes Zusammenspiel der Formen und Materialien, die überall den Anspruch eines begehbaren Kunstwerks vermitteln – einfach überzeugend! Das linke Bild zeigt den Nebenaufgang, das rechte die elegante Haupttreppe zum oberen Eingang.

Rechts und unten Die Panoramaterrasse im Hauptgeschoss und darunter der lange elegante Steg, der als Sprungbrett dient – auch hier eingefasst von der typischen Bruchsteinmauer.

Swimmingpool vorbei. Von diesem erhöhten Niveau aus öffnet sich dann der weite Ausblick auf das Meer. Der Aussicht abgewandt führt der elegante Treppenlauf aus Natursteinen und ohne Geländer (!) dann von einem Wasserfall begleitet zum Haupteingang im Wohntrakt des Obergeschosses. Die leichte, heitere und doch so prägnant elegante Form ist ein Erlebnisraum für sich – als erwartungsvoller Zugang zur oberen Terrasse und ebenso »bühnenreif« als Treppe zurück auf die Ebene der Loggia und der Poolbar. Hier endet der in jeder Hinsicht faszinierende Rundgang – dort, wo er in seiner Dramaturgie begonnen hat.

Baukörper und Grundrissformation sind zuerst einmal intern ganz selbstverständlich funktionsgerecht an den praktischen Platzbedürfnissen wie Garage, Stauraum, Bäder und der inneren vertikalen Verbindung ausgerichtet, aber als Lebensbühne auch von einer überzeugenden Raffinesse. Die Schlafräume, Küche und Wohntrakt öffnen sich zum Außenraum der Terrassen, wobei jedes »Appartement« im Erdgeschoss über eigenes Bad und geschützten Freisitz verfügt. Hier ist es die subtile Abstufung in der Fassade, die den jeweils individuellen Außenraum formt. Damit ist auf der einen Seite die Großzügigkeit gegeben, aber gleichzeitig gibt es die Individualsphäre. Die Regie des Ambientes sieht auch vor, dass jeder Innenraum zum Außenraum wird und der Außenraum in seiner abgrenzbaren Aura auch zum individuellen Innenraum werden kann, ebenso wie zur großen gemeinschaftlichen Bühne.

Der skulptural so interessante Baukörper findet seinen oberen Abschluss in einem Bris soleil (Sonnenschutz als festes Bauteil), der der äußeren Großform folgt und so – in der Funktion begründet – ein dominantes architektonisches Element darstellt. Man fühlt sich an das berühmte Foto erinnert, auf dem Picasoo einen großen schützenden Sonnenschirm für seine Geliebte trägt.

Die innere Organisation und das Raumprogramm dieser Sommerresidenz folgen einem sehr individuellen Ansatz: das Wohnareal, die Küche und der formelle Speiseraum sind im Obergeschoss angeordnet und werden außen von Treppen und Terrassen eingefasst. Eine innere Treppe verbindet diese Ebene mit dem Erdgeschoss, wo die Schlafräume angeordnet sind. Der Grund ist naheliegend: nur hier, vom Obergeschoss aus, kann man das beeindruckende Panorama vom Sonnenaufgang bis zum

Sonnenuntergang in seiner ganzen Schönheit genießen. Im Erdgeschoss dagegen konzentriert sich das Leben auf den Erlebnisraum Swimmingpool und den angenehmen Schatten an den heißen Stunden des Tages im Sommer. Hier gibt es eine kleine Küche mit integrierter Bar: das einladende Ambiente auf der Loggia für die Siestastunden. Auf die Rückseite des Hauses bezogen, liegt am Hang ein kleiner Patio, der in seiner räumlichen Wirkung durch das einfallende Tageslicht von Norden eine ganz eigene Qualität aufweist: Nordlicht in der Provence!

Materialien: Die äußeren Stützwände, die das Gebäude einfassen, sind aus dem lokalen Naturstein gefertigt, so wie es die vertraute Verarbeitung der historischen Mauern in dieser Gegend vorgab. Innen prägt ein gesandstrahlter Naturstein (unmittelbare Barfußhaptik!) der Gegend das elegante Erscheinungsbild der Böden. In diesem Haus sollen sich innere und äußere Welt bedingen und ergänzen – das macht ja die ganz besondere Lebensqualität aus, die die Provence so direkt am Meer bietet.

Glas als großflächiges Fassadenmaterial lässt das Haus schwerelos erscheinen. Es ist gleichsam in seiner statischen Wirkung auf filigrane Stützen und schwebende Decken reduziert, während die Hülle in ihrer Bauform allein den ausnahmslos schönen Blickbeziehungen zur Natur und dem Meer gewidmet ist.

Nur das Tor zur Straße und der Baukörper der Garage wurden mit vertikalen Holzpaneelen aus Afromosia-Holz verkleidet – als Schutz signalisierende Bildsprache. Allein die Terrasse auf der Garage als privates Sonnendeck ist aus Teakholz. Auch hier dient das Material in seiner Wirkung als subtile Abgrenzung und als Botschaft einer anderen, der privaten Welt.

Oben und linke Seite beide Das Erdgeschoss dient der Privatheit mit den eleganten Schlafräumen, die sich zum Schwimmbad und in der Fortsetzung des Blicks auf die unendliche Weite des Meeres ausrichten. Der kreisförmige Wohnraum im Obergeschoss wendet sich gestisch bewusst von den Ausblicken ab, während der angrenzende Esstrakt mit der offen eingestellten Küche die herrliche Aussicht als Kulisse nutzt.

Die Tragstruktur besteht aus Beton, ist aber vollkommen mit Naturstein und wetterfestem Aluminium verkleidet. Der Innenausbau nimmt das Materialmotiv Holz in den Afromosia-Oberflächen auf: für die Türen und die Einbauten, die formal-ästhetisch in ihrer minimal grafisch strukturierten Oberfläche das elegante Gesamtkonzept abrunden – nein, das ist zusätzlich der Beleuchtungsdramaturgie vorbehalten, die sorgfältigst in die Architektur integriert, auch eine einzigartige Atmosphäre bei Nacht bietet.

Von einem großen Architekten darf der Auftraggeber auch ein großes Werk erwarten – hier hat Jo Coenen den Anspruch wieder einmal einzigartig erfüllt. Ein Haus, eine Architektur, die die Gegner der zeitgenössischen Moderne, besser: der Avantgarde, eines Besseren belehrt. Diese zu Architektur gewordene Anspruchshaltung ist Vorbild und Programm zugleich – Architektur in zeitgemäß höchst komplexer Vollendung. Großartig!

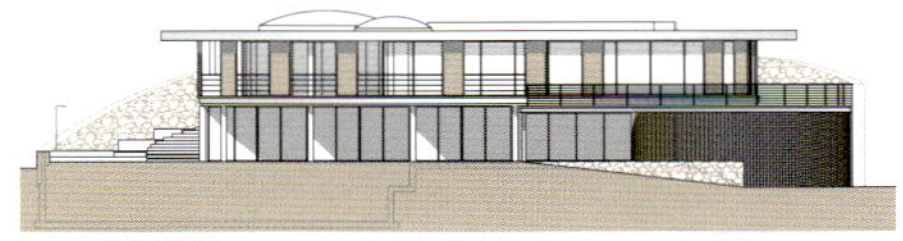

Ansicht Süden

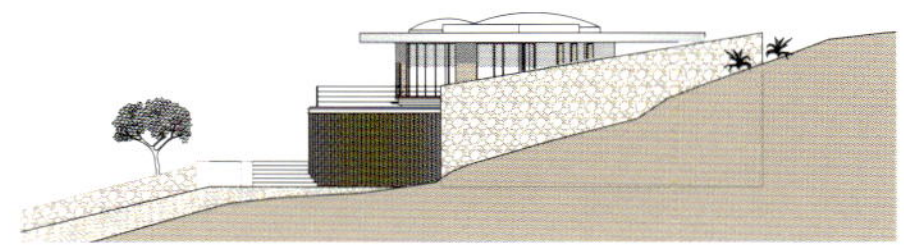

Ansicht Osten

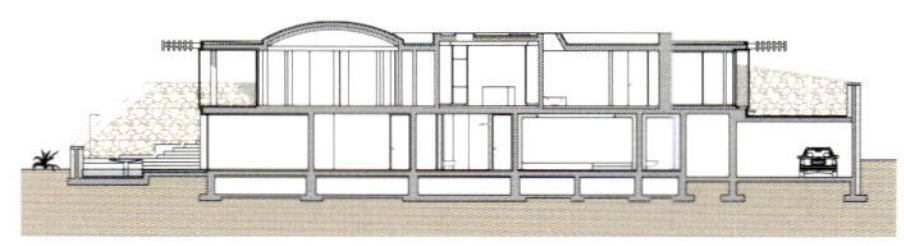

Schnitt AA

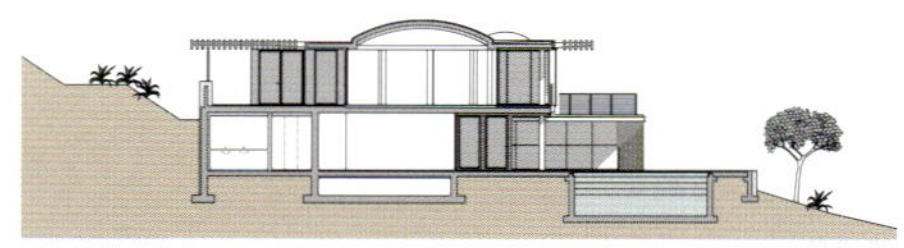

Schnitt BB

Links und links oben Der Aufgang zum Obergeschoss stellt sowohl eine einladende Geste dar, ist aber auch eleganter Hintergrund für die Außendusche am Schwimmbad – die Grenzen zwischen Privatheit und Gastlichkeit bleiben dennoch eindeutig – das Meisterstück einer dezidiert sprechenden Architektur. Wunderbar!

1 Eingang
2 Duschen
3 Schlafen
4 Patio
5 Weinkeller
6 Poolbar
7 Garage
8 Swimmingpool
9 Haupteingang
10 Wohnen
11 Kochen
12 Essen
13 Bad
14 Schlafen
15 Terrasse
16 Sonnendeck

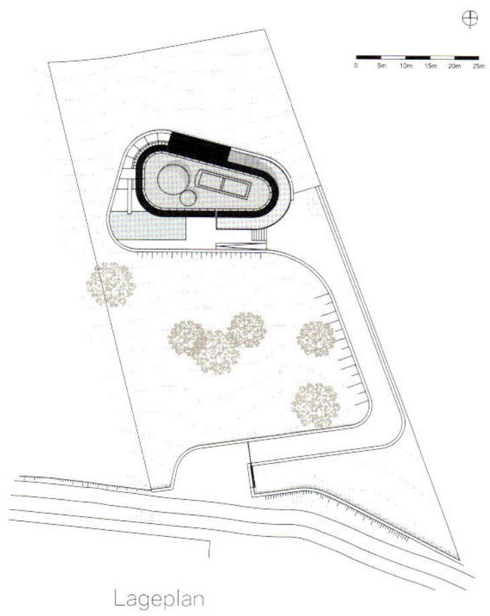

Lageplan

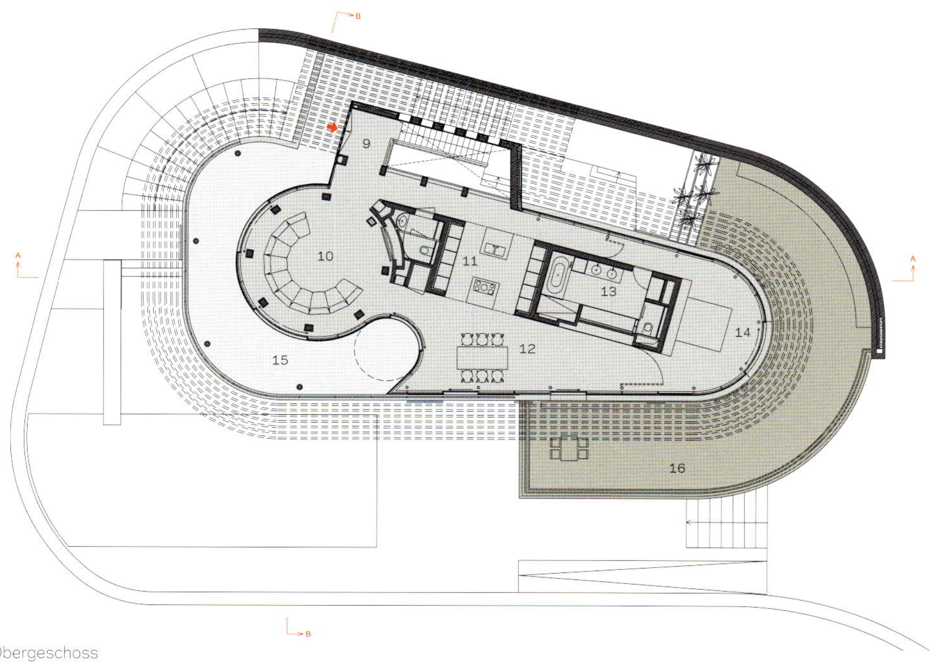

Obergeschoss

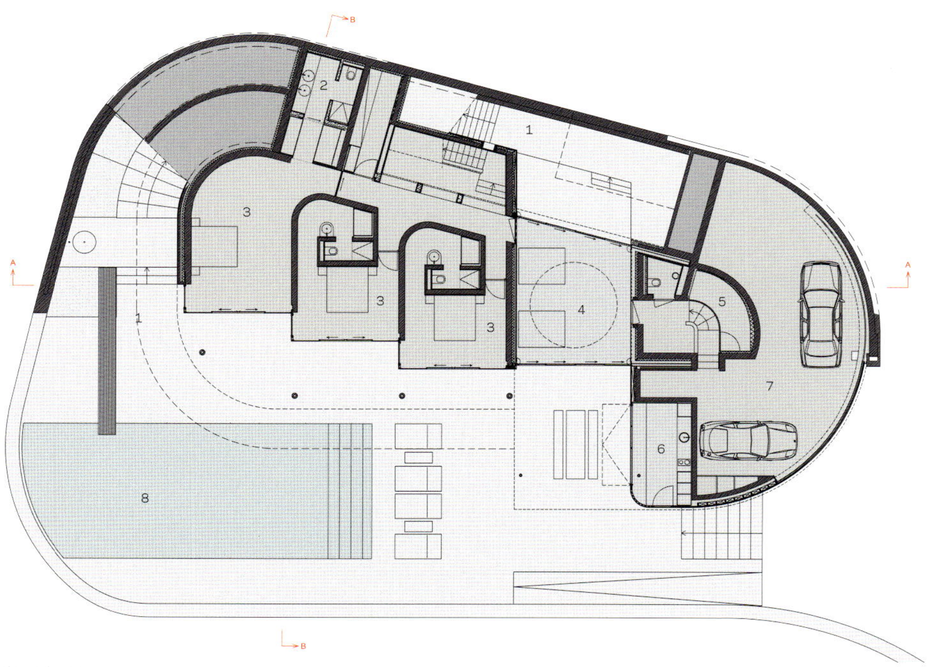

Erdgeschoss

Büro

Jo Coenen & Co.
Keizersgracht 126
1015 CW Amsterdam
www.jocoenen.com
jcca@jocoenen.com

Projektdaten

Planungsbeginn:	2003
Fertigstellung:	2009
Grundstücksgröße:	5.000 m²
Wohnfläche:	
EG	148 m²
OG	172 m²
Zusätzliche Flächen	146 m²
(EG: verschließbarer Patio, Garage, Weinkeller, Poolbar)	
EG	486 m²
OG	168 m²
Baubeginn:	2003
Fertigstellung:	2009

Fotos

Iva König, Amsterdam

Dibelius Architekten, Hamburg

Villenarchitektur heute: zeitlose Eleganz

Auch wenn ein Haus auf einem nahezu 2.000 Quadratmeter großen Grundstück immer zuerst als Solitär wahrgenommen wird, so besteht natürlich dennoch eine planerische Verantwortung gegenüber der nahen und weiteren Nachbarschaft. Entsprechend bildet der Neubau dieser Villa im Norden Düsseldorfs den Kopf einer linearen Kette von Einzelhäusern entlang einer privaten Erschließungsstraße. Er steht leicht erhöht auf dem Kamm eines kleinen Deichs, der das Wohngebiet zum Rheinufervorland abschließt. Der Neubau ergänzt damit ein für die Bebauung dieses Uferabschnitts typisches städtebauliches Erschließungs- und Ordnungsprinzip.

Das architektonische Konzept: Das WEISSE HAUS ist das Gestalt gewordene Ergebnis der Auseinandersetzung mit der faszinierenden Grundstückssituation am Rhein – am Fluss, an der Wasserstraße und der vom Wasser geprägten Umgebung mit all den dazugehörigen herausragenden Sicht- und Erlebensbezügen. Darauf reagiert ein quaderförmiger Baukörper, der durch Aushöhlungen, großflächige Verglasungen, Balkone und Terrassen sowie plastisch frei herausgearbeitete Gesimse in Balkenform und stilprägend das Entwurfskonzept von Leichtigkeit und Offenheit – auch im übertragenen Sinne – baulich manifestiert.

Der Rhein, das Vorland und die eigene Gartenlandschaft sind architektonischer Bezugspunkt auf der einen Seite, und auf der anderen für das Leben und Erleben im Inneren des Hauses sind sie ereignisreiche Kulisse. So ist entsprechend die innere Organisation des Hauses auf die Topografie des Ortes, die spektakulären Blickbezüge und die fließenden Raumübergänge von innen nach außen ausgelegt. Gleichzeitig schafft das architektonische Konzept eine wohnliche Geborgenheit und technisch-atmosphärisch den gesicherten Schutz für die Familie.

Raumprogramm und Grundriss: Klassische Organisation als Wohnhaus für eine fünfköpfige Familie. Die Wohn- und Arbeitsräume befinden sich im Erdgeschoss, der Kinder- und Elterntrakt bildet die Beletage.

Im Sockelgeschoss wird das Raumprogramm ergänzt durch eine Gästesuite, eine zusätzliche separate Gästewohnung mit eigenem Zugang von außen sowie einen eleganten Wellnessbereich – die Schwimmhalle mit Blick auf den Rhein, eine Sauna, Geräte- und Fitnesszone, Ruhebereich mit Liegen und eine Bar. Und die Kinder haben einen eigenen Toberaum – auch formal unabhängig von der Erwachsenenwelt.

Ausblicke – Einblicke: Die innere Organisation und Erschließung des Hauses ist auf eine größtmögliche Öffnung zum Außenraum ausgelegt: die eindrucksvollen und szenenreichen Blickbezüge nach Westen zum Rhein und nach Süden auf den optisch

Zeitgenössische Architektur ist immer dann faszinierend, wenn die eingesetzten Mittel auch der Bauaufgabe entsprechen.

Dibelius Architekten, Hamburg

Oben Die Südansicht des Hauses mit den differenziert angeordneten Terrassen, deren untere über eine breite Treppenanlage in den Garten führt.

Rechte Seite Der zweigeschossig angelegte Wohnraum, der auf den Garten ausgerichtet ist.

Unten Die Eingangsfassade, deren große U-Form den Blick in das Treppenhaus freigibt.

weit ausladenden Garten. Die Nord- und Ostseite sind geschlossen und bilden baulich den »starken« Rücken für Geborgenheit und den optischen Schutz der Privatsphäre.

Die Abschrägung der südlichen Gebäudefront ist wichtiges skulpturales Element der Villa – die inhaltliche Entwurfsbegründung aber liegt folgerichtig in den in jeder Hinsicht eindrucksvollen Aussichten in beiden Geschossen auf den Rhein. Die Höhensprünge im Erdgeschoss nehmen innen und außen die zum Fluss abfallende Topo-grafie des Geländes auf und verstärken damit den »Weitwinkeleffekt« auf das Szenario der faszinierenden Umgebung. Der Sonnen- und Farbverlauf des Tageslichts kann in allen Wohn- und Arbeitsräumen im Erdgeschoss, im Obergeschoss sowie auch in der zweigeschossigen nördlichen Eingangshalle über die Oberlichter wahrgenommen werden: Das Panorama der Natur wird zu einem erweiterten komplexen Architekturerlebnis der im Wortsinne fließenden Erlebnisübergänge.

Konstruktion, Material, Ausbau: Aufgrund der großen Lufträume, der Spannweiten und der geringen Zahl von Stützen ist das Gebäude als Stahlbetonkonstruktion konzipiert. Die Glasfassaden bieten einen wirksamen Schallschutz wegen des nahe gelegenen Flughafens und einen hohen Sicherheitsstandard. Der Innenausbau zeichnet sich durch ein einheitliches Materialkonzept für alle Geschosse aus – in bestechender handwerklicher Ausführung.

Energie und Ökologie: Energieeffizientes Bauen ist kein Aushängeschild einer plakativen und meist etwas missionarisch penetrant erscheinenden Bauweise, sie zeigt sich heute sehr viel intelligenter und formal subtiler: Die Warmwasserversorgung erfolgt im Wesentlichen durch horizontal eingebaute Solarthermiepaneele auf dem Flachdach, während die Wärme über geothermische Bohrsonden ins Grundwasser in Verbindung mit einer Wärmepumpe erzeugt wird. Im Winter wird das Gebäude vollflächig mit einer Fußbodenheizung erwärmt, im Sommer dagegen kann das System zur Kühlung mit kaltem Grundwasser genutzt werden. Eine Zu- und Abluftanlage mit Wärmerückgewinnung, ein Regenwassernutzungs- und Versickerungssystem in

der Gartenanlage, ein Sonnenschutz über die gesamte Glasfassade in Verbindung mit der hochgedämmten Außenhülle bilden ein schlüssiges und werthaltiges ökologisches Gesamtkonzept – das optisch so wohltuend im Hintergrund bleibt.

Besonderheiten: Raum- und Wandhöhen bis zu 8 Metern, die Galerie des Obergeschosses bietet die optische Bipolarität von Landschaftsbezug und Kunstbetrachtung an den angrenzenden Wänden. In der Eingangshalle dominiert ein Wasser-Licht-Objekt – ein Brunnen im Haus, dessen Wasserkaskade über eine transluzente und rückwärtig von LED-Lichtpunkten durchleuchtete Glasscheibe in ein im Boden eingelassenes Becken mündet. Die Glasscheibe ist 4,5 Meter breit und 2,3 Meter hoch. Das sprudelnde Wasser befeuchtet zum einen die Luft, bietet als Hintergrund ein leises, meditatives Rauschen und kann bei Bedarf als stimmungsvoller Leuchtkörper auch mehrfarbig eingesetzt werden.

Für die erhöht liegende große Terrasse der Gartenanlage wurde ein offener Pavillon aus Stahl entworfen – mit einem schwebenden Glasdach. Von hier aus eröffnet sich ein großartiger Panoramablick auf den Rhein, ein in seiner Symbolik herausgehobener Ort für viele Aktivitäten zwischen Besinnlichkeit und Gastlichkeit, der auch bei unerwartetem Regen wohltuend Schutz bietet.

Oben, links und rechte Seite Das Faszinierende des Entwurfs ist das äußerst komplexe Raumgefüge, das auf definierte Grenzen verzichten kann, weil es das Flächenangebot zulässt. Gleichzeitig bietet der Grundriss aber eine Vielzahl von Rauminseln, die sich den Einblicken entziehen.

Ansicht Ost

Ansicht West

Die Villa als komplexer Ort – Wohnen, Leben, Arbeiten, Gastlichkeit. Die Villa aber auch als gebaute gesellschaftliche Haltung und Eleganz als architektonische Botschaft. Ist nicht jeder gebaute Glanzpunkt willkommen, sehnen wir uns nicht nach Architektur mit Format – unabhängig vom Budget? Eleganz gibt es nirgendwo zum Nulltarif, aber wenn Budget und Ergebnis eine so überzeugende Einheit bilden, dann hat die individuell entworfene Architektur ihre unbedingte Berechtigung, ja, sie ist unverzichtbarer Bannerträger von Kultur überhaupt.

Ein Sehnsuchtsmodell? Nein – ein Menschheitsbedürfnis.

Dibelius Architekten, Hamburg

Oben Der großzügige Küchentrakt lässt sich durch eine Schiebetür optisch abschließen, in geöffnetem Zustand bietet er einen weiten Blick bis in den Wohnraum und den Garten.

Links Ein eingelassenes Regal als Blickpunkt auf der Galerie.

Rechts und unten Die obere Galerie in ganzer Hauslänge mit Blick auf den Rhein, unten die Halle, die über dieselben Ausmaße verfügt – einfach höchst elegant.

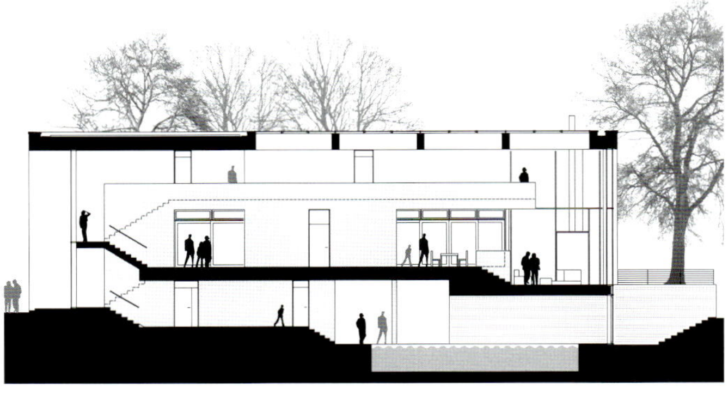

Schnitt

Oben und links Das große Bad im Elterntrakt, links das Schwimmbad im Sockelgeschoss mit angrenzendem Fitnessbereich und kleiner Bar.

1 Galerie
2 Balkon
3 Schlafzimmer
4 Ankleide
5 Badezimmer
6 Kinderzimmer
7 Flur
8 Aufzug
9 Badezimmer
10 Vordach v. Eingang
11 Balkon
12 Luftraum

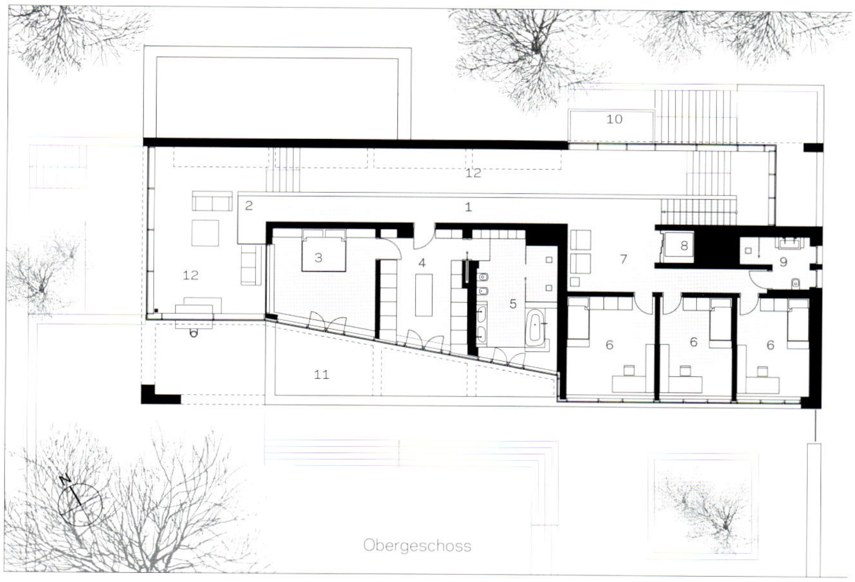

1 Eingang
2 Halle
3 Vorrat / Abstell
4 Wasserlichtobjekt
5 Küche
6 Esszimmer
7 Überdachte Terrasse
8 Wohnzimmer
9 Bibliothek / Multimedia
0 Flur
1 Aufzug
2 WC
3 Garderobe
4 Kinder-Garderobe
5 Arbeiten
6 Pflanzbeet
7 Terrasse

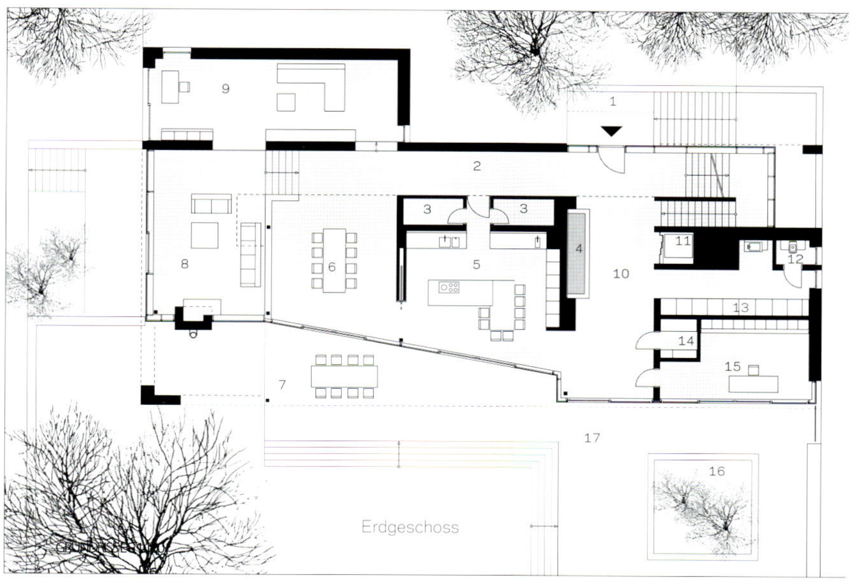

Maßstab 1:350

1 Eingangspodest
2 Flur
3 Weinkeller
4 Abstellkammer
5 Aufzug
6 Hauswirtschaftsraum
7 Hobbyraum
8 Kellerräume
9 WC
0 Schwimmbecken
1 Bar
2 Fitness
3 Sauna
4 Terrasse

Büro

Dibelius Architekten
Prof. Thomas Dibelius
Friedensallee 26
22765 Hamburg
www.dibelius-architekten.de
info@dibelius-architekten

Projektdaten

Bauzeit:	2007-2009
Grundstücksfläche:	1.824 m²
Wohnfläche:	754 m²
Nutzfläche zusätzlich:	294 m²
BRI:	4.850 m³
Primärenergiebedarf:	45,62 kWh/m²a
Heizwärmebedarf:	47,81 kWh/m²a
Bewohner:	4-6

Fotos

Klaus Frahm, Berlin

Landhausarchitektur, die Maßstäbe setzt

Wenn man fragt, was dieses großzügige Wohnhaus zu einem zeitgenössischen »Landhaus« macht, dann sind es zuerst einmal die drei klassischen Merkmale: die Funktion als Rückzugsort für die Familie und ihre Gäste, seine Lage in einer ländlichen Gemeinde und der architektonische Bezug auf die umliegenden Naturschönheiten, den alten Baumbestand des Grundstücks und den nahe gelegenen See. Das sind gleichsam zuerst einmal die inhaltlichen Komponenten des Entwurfs, die die äußere Form bedingen. Sie ist in der Wirkung mit einem Diorama vergleichbar, deren wechselnde Szenen sowohl die Eindrücke zu den verschiedenen Tageszeiten darstellen, als auch in größerem zeitlichem Bogen die Jahreszeiten in ihrem Farbenspiel von Wolkenhimmel und Vegetation, von üppigem Grün bis zum alles bedeckenden Weiß im Winter.

Die planerische Lösung für dieses architektonische Programm inszeniert Eleganz aus zwei aufeinander gestapelten Kuben, deren Wirkung in der Form, der ausgewogenen Plastizität und einer fast unerklärlichen Leichtigkeit besticht. Ja, die filigrane Erscheinung der Elemente in Raum und Fläche imaginiert eine Leichtigkeit, die eigentlich ihrer Größe und der gewählten Konstruktion widerspricht: der in der Assoziation stets als schwer empfundene Sichtbeton irritiert geradezu in seinen überaus schlanken Dimensionen – diese kalkulierte Spannung zwischen dem Bild des Hauses und dem davon ausgelösten Erfahrungswissen um seine »Unmöglichkeit« erzeugt die Faszination, die dieses Haus in seiner Ausstrahlung so besonders macht.

Das Spiel, das hier die Baukörperplastik in ihrer Abstraktion mit unseren Sinnen in der Außenwirkung treibt, setzt sich im inneren Ausbau fort. Es sind die Wahrnehmungsebenen der zwei dominanten Oberflächen: ein immaterielles, flirrendes Weiß an Decken und Wänden, das die Raumgrenzen aufzuheben scheint, und der volldunkle Holzton der Räuchereiche, der als Wahrnehmungsgegensatz den Boden in stabiler Verlässlichkeit bildet. Er setzt sich in Material und Farbe in den vom Boden aufstrebenden Fensterrahmen und Türen fort – welch zurückhaltend gestaltete Rahmen für die kraftvollen Sinneseindrücke, die das Grundstück und seine Umgebung bieten.

Die Raumanordnung des Gebäudes erschließt sich dem Eintretenden sofort, indem sie die Figur nachvollzieht, die der Baukörper im Äußeren vorzeigt. Ausgehend vom Zugang am Überschneidungspunkt von Erdgeschoss und quer darüber liegendem Obergeschoss entwickelt sich ein kreuzförmiger Korridorgrundriss auf zwei Ebenen.

Die ebenerdig zum Garten liegende Raumfolge der Wohnräume ist durch das Esszimmer akzentuiert, das darüber auskragende Obergeschoss bildet den Abschluss der Raumfolge von Eingangsbereich, Esstrakt und Terrasse in folgerichtiger

Wer so leicht und gekonnt mit dem Werkstoff Beton umgehen kann, versteht es, diesem nicht nur beliebten Material eine Seele zu verleihen – großartig in der Wirkung.

Dietrich | Untertrifaller Architekten, Bregenz

Oben und rechte Seite Die übereck angeordneten Wohn- und Essbereiche.

Links Die lange Eingangsfront, am Ende mit dem auskragenden Obergeschoss, das den Haupteingang überdacht.

funktionaler Selbstverständlichkeit, aber auch als unverzichtbar architektonisches Element. Der eingeschnittene Lichthof neben dem Wohnraum dient als Schwelle zum Arbeitszimmer und zur Einliegerwohnung. Im oberen, quer angeordneten Raumkörper befinden sich der Elterntrakt, der wegen seiner horstartigen Lage und der rechtwinkligen Verdrehung zum Erdgeschoss einen fantastischen Panoramablick auf den nahen See bietet.

Die Skeptiker sagen immer wieder, dass sich die Moderne überlebt habe, sie sei ohne Visionen und wüsste keine schlüssige Antworten auf das Hier und Jetzt. In 99 von 100 Fällen ist das leider richtig und zeugt für den Niedergang unserer Baukultur - besonders auf dem Lande, wo nur zu oft zugezogene Städter meinen, ihre geschmacklichen Duftnoten hinterlassen zu müssen - entweder in übertriebener Gemütlichkeitsarchitektur oder in schrillem Design einer vermeintlichen Überlegenheit.

Gute Architektur ist etwas ganz anderes - sie ist immer auch Ausdruck einer künstlerischen Botschaft, eines Mysteriums, das wohl am besten mit dem Begriff Aura zu umschreiben ist. Warum begnügen sich so viele Menschen - es sind immerhin 250.000 jedes Jahr - mit weniger zum selben Preis? Natürlich erfordert das individuelle Bauen Begeisterung, Mitarbeit, Geduld und das gemeinsame Ringen mit dem Architekten um das bestmögliche Ergebnis. Aber wenn es dann fertig ist, ist es eben nicht irgendein Haus, sondern gebauter Ausdruck der eigenen biografischen Vorstellungen - zur eigenen und zur Freude des Betrachters. Die Botschaft auch dieses Hauses ist: Die Gesellschaft ist ärmer ohne herausragende Architektur, viel ärmer.

Wer sich mit diesem Haus eingehend beschäftigt, wird sich seiner Ausstrahlung nicht entziehen können. Ja, auch die Architektur des Privaten kann faszinierend sein, wenn sie denn die entsprechende Komplexität in allen Fassetten des Entwurfs bietet - dieses Projekt ist dafür der beste Beleg.

Links Das Bad mit dem über das ganze Geschoss reichenden Balkon.

Ganz links Von der Halle aus führt hinter einer Wand die Treppe ins private Obergeschoss.

Lageplan

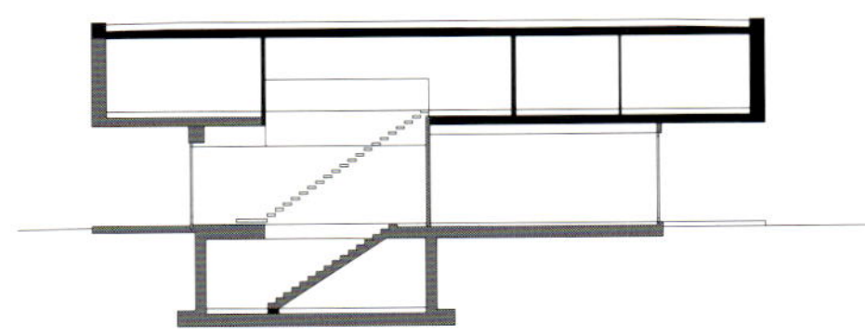

Schnitt

Links Die offen eingestellte Küche hinter der Halle mit dem anschließenden Essbereich, umgeben von einer überdachten Terrasse des auskragenden Obergeschosses.

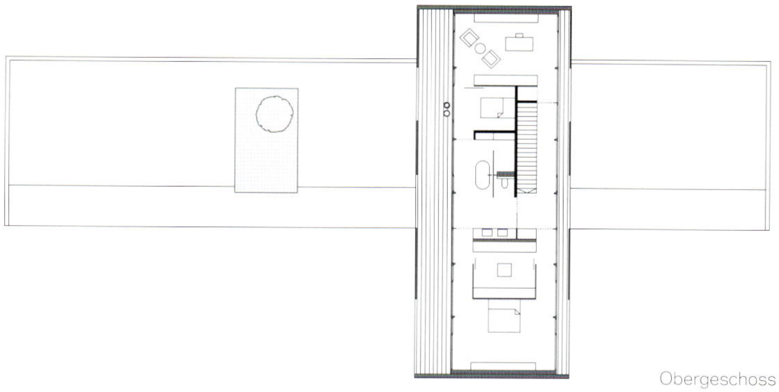

Obergeschoss

Erdgeschoss

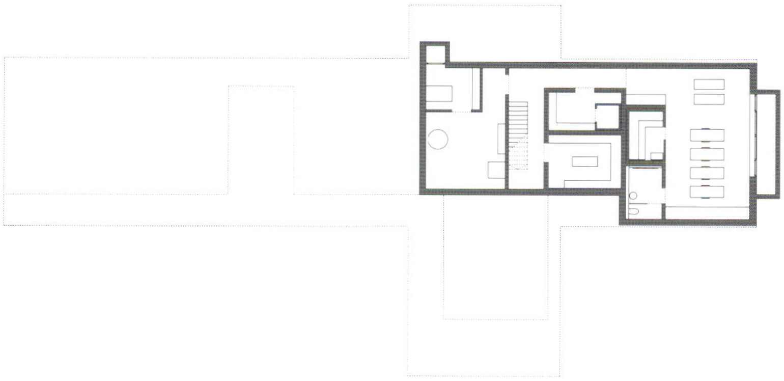

Untergeschoss

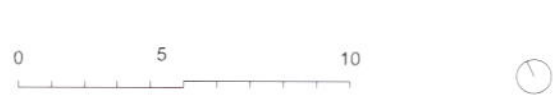

Büro
Dietrich | Untertrifaller
Architekten ZT GmbH
Arlbergstraße 117
6900 Bregenz
Flachgasse 35-37
1150 Wien
Höhenweg 33
9000 St. Gallen
www.dietrich.untertrifaller.com
arch@dietrich.untertrifaller.com

Projektdaten

Bauzeit:	März 2008-Juni 2009
Grundstücksgröße:	2.944 m²
Bebaute Fläche:	538 m²
Geschossfläche:	540 m²
Nutzfläche:	398 m² + 218 m²
Kubatur:	2.352 m³ (inkl. Ebene -1)
Bewohner:	3

Fotos
Bruno Klomfar, Wien
Porträt: Adolf Bereuter, Lauterach

gmp – Architekten von Gerkan, Marg und Partner, Hamburg

Formvollendete Gegenwartsarchitektur

Die Entwurfsfaszination herausragender Architekten beginnt erst dort, wo das Gros der Planer mit dem Entwerfen aufhört. Es ist wie beim Malen: der eine stellt etwas dar, der andere schafft Kunst. Große Kunst und große Architektur sind immer seelenverwandt – in ihrer Komplexität ebenso wie in ihren unergründlichen Geheimnissen. Das gilt für die Form und auch den Inhalt. Und: Große Kunst, große Architektur entziehen sich letztlich allen Erklärungsversuchen. In der Wissenschaft faszinieren uns die Ergebnisse von Studien, die, sollen sie den erwünschten Erkenntiswert haben, reproduzierbar sein müssen. Ein künstlerisches Meisterwerk kann man technisch seit Langem als Abbildung reproduzieren, aber schon jede handwerklich erstellte Kopie verrät sich selbst: ihr fehlt die Magie des originären Schöpfungsprozesses. In der Architektur ist es nicht anders.

Wer sich der hier vorgestellten Villa gedanklich oder physisch nähert, den überwältigt zuerst einmal die skulpturale Form, die behutsam zwischen die faszinierenden Bauten des umgebenden Kiefernwaldes eingesetzt, als eigenständiges Kunstwerk besticht, und darüber hinaus auch auf ein schon 2001 vom selben Architekten entworfenes Apartmenthaus reagiert – im Sinne eines ästhetischen Ensembles, das sich gegenseitig in der Wirkung als jeweils eigenständiger Solitär ergänzt.

Nehmen wir die Villa für sich, aber lassen wir die Floskel vom Dialog mit der Natur. Auch hier ist es wie in der Betrachtung eines Kunstwerks: Es kann nur ein stilles Zwiegespräch zwischen Werk und Betrachter geben, und je höher die Qualität der Kunst, der Architektur, umso inniger wird dieses Gespräch ausfallen. Und wenn das Flirren der Sinne beginnt, der Betrachter also hinter die äußere Bedeutungsschicht des Gesehenen vorstößt, dann antwortet das Werk auf seine Weise: sphinxhaft beredt und dennoch im Tiefsten unergründlich. Es geht nicht um die Fülle von Eindrücken, es geht vielmehr um einen gelehrten Manierismus, also das architektonische Eintauchen in eine formal-inhaltliche Welt, die sich sowohl der Erklärung als auch in der Überhöhung der letzten Deutung entzieht.

So stand – stimmt man den genannten Gedanken zu – bei dem Entwurf dieser Villa folgerichtig nicht die eigentliche Funktionalität im Vordergrund, sondern das gesamte Kompendium eines Schaffensprozesses, das erst im Zusammenklang alle uns geschenkten Sinne herausfordert. Form folgt eben nicht allein der Funktion, sie kann bestenfalls einer von vielen Parametern sein – hätten sonst Barock und Rokoko in ihrer ganzen »unsinnigen« Fülle entstehen können?

Jede Zeit schält ihren eigenen Formenkanon heraus – aber unserer Zeit fehlt es

So kann gebaute Kunst aussehen, wenn sich die Architektur von den Fesseln der Konventionen befreit.

ganz offensichtlich an den handwerklichen Meistern, die ihre Berufung als Architekt für sich selbst viel zu eng beschreiben. Architektur ohne künstlerischen Anspruch bleibt im unteren Mittelmaß des Entwurfsprozesses stecken – mit all den unübersehbaren Folgen bei langem Verfallsdatum. Diese Villa ein Kunstwerk von hohem Rang zu nennen kann nur selbstverständlich sein. Es erfüllt alle Kriterien, die wir mit dem Mythos Kunst verbinden – bis zur Unergründlichkeit. Zur architektonischen Struktur: Nach Süden bildet die Villa eine U-Form. Der Eingang liegt wettergeschützt unter einer Auskragung im Westteil, der ebenerdig als repräsentatives Entree gestaltet ist, gegenüber ist der Garagentrakt angeordnet. Die Obergeschosse sind den Schlaf-

Rechts und unten Es ist immer wieder beeindruckend, wenn Auftraggeber einen Architekten herausfordern – und nicht nur das Normale wollen. Die Abbildungen sprechen für sich, jeder Blick, jede Perspektive, jeder Raum verrät die künstlerische Hand. Architektur kann so faszinierend sein!

räumen mit Bade- und Ankleidezimmern vorbehalten – mit eigenem Trakt für die Gäste.

Die Wohnräume befinden sich auf den östlichen Geschossen, wobei die gesamte Villa als Split-Level-Typ mit versetzten Ebenen organisiert ist, die über eine mehrläufige Rampe als zentrales Element miteinander verbunden sind. Die angrenzenden Räume – so die Bibliothek – öffnen sich über diese Skulptur innerhalb des Hauses zur umgebenden Natur und bestechen darüber hinaus durch die Qualität eines einzigartigen Erlebnisraums und seiner formalen Dynamik.

Besonderes Augenmerk zieht in dem zweigeschossigen Wohnraum der Kamin auf sich, der in der Fassade ein formal wichtiges vertikales Element darstellt – und ikonologisch als Botschaft für Behaglichkeit steht. Eine schmale Treppe aus einfachen, in die Wand eingelassenen Holzstufen verbindet hier die Wohntrakte auf kurzem Wege. Eleganter Blickfang auf beiden Ebenen ist der S-förmige Schwung der weißen Galeriebrüstung.

In der Nordwestecke der Villa erhebt sich ein Turm bis auf eine Höhe von 15 Metern. Die Aussichtsplattform in den Baumkronen ergänzt nicht nur die vielfältig erfahrbaren Terrassen und Austritte, sondern ist die schlüssig dominante Geste der skulpturalen Anmutung der kubisch additiven Großform.

Der Begriff maritime Architektur – hier fasst er tatsächlich einmal all das zusammen, was wir unter dieser Bedeutung seit Aufkommen der Bäderarchitektur in der zweiten Hälfte des 19. Jahrhunderts verstehen: Das Weiß der Fassaden als Bühne und Fond zugleich für das Meer, den strahlend blauen Himmel als Sinnbild der Natur im Gegensatz zum breiten Farbspektrum vom Gelb des Sandes über das tiefe Grün der Bäume und der landseitigen Architektur mit ihrer ganz andersartigen Funktionalität.

Es ist aber auch das Weiß der gesamten Architekturformen – gestern wie heute – als Ausdruck dezidierter Eleganz und zugleich willkommenes Remedium für das Auge und die Sinne im Sommer, die dieses Strahlen nach den grauen Wintermonaten so sehnsüchtig genießen.

Von Architektur sollten wir überlegt und in Demut nur sprechen, wenn sie auch den Bewertungskriterien eines Kunstwerks standhält. Oder wie sagte Max Liebermann: »Wenn Kunst von Wollen käme, dann hieße sie Wunst.«

Dem ist nichts hinzuzufügen – außer allergrößte Anerkennung für dieses Meister-Werk.

Diese Seite alle und rechte Seite oben und rechts unten Dieses Kunstwerk soll man nicht akribisch beschreiben, sondern den Leser einladen, die Fülle der Raumeindrücke selbst nachzuvollziehen – bis in jedes Detail so wie den Treppenaufgang ohne Geländer. Bauvorschriften können so hinderlich sein, Kunst dagegen erlaubt die notwendigen Freiheiten.

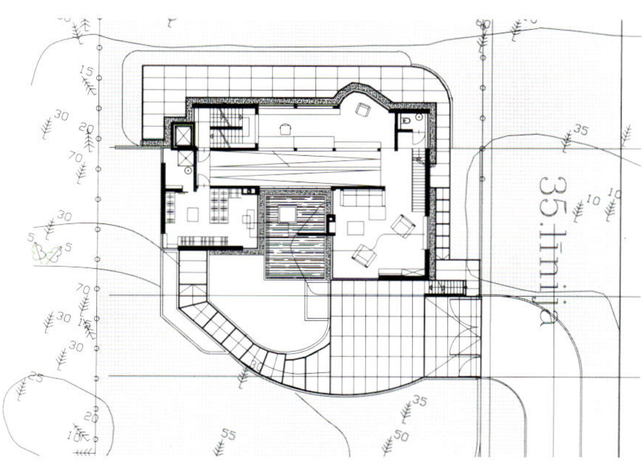

Lageplan

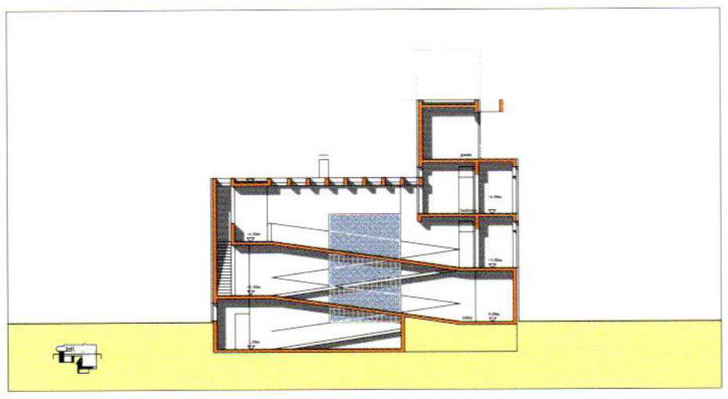

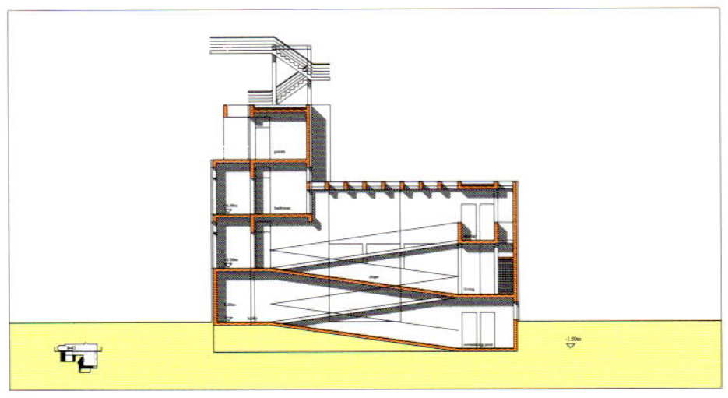

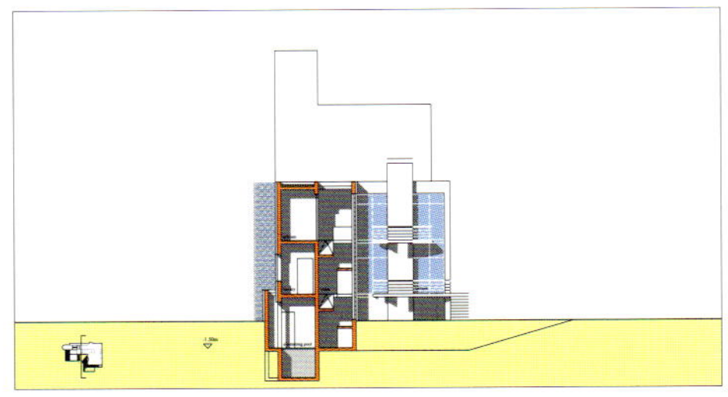

Links, ganz links und unten In Bad und Gäste-WC – wie in der Gesamtkomposition des Hauses – geht es um eine Formensprache, die die Nähe zum Wasser signalisiert, während der Schwimmbadbereich bewusst eine atmosphärische Wärme bietet, die auch im Winter zum Baden einlädt. Ein Gesamtkunstwerk von äußerster Qualität.

1 Schlafzimmer
2 WC
3 Treppe
4 Terrasse

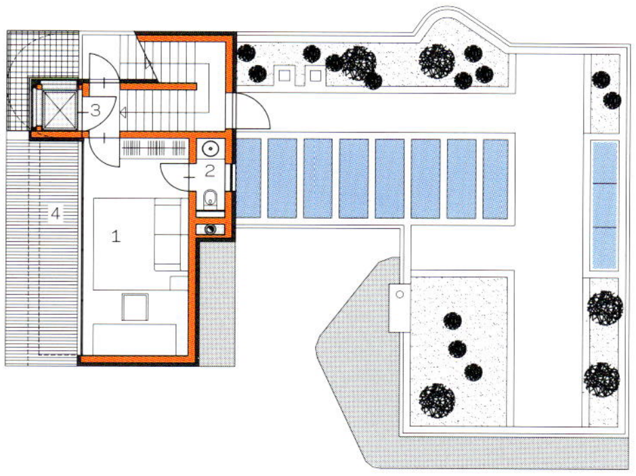

3. Obergeschoss

1 Schlafzimmer
2 Dusche, WC
3 Badezimmer
4 Küche
5 Wohnzimmer
6 Treppe
7 Terrasse

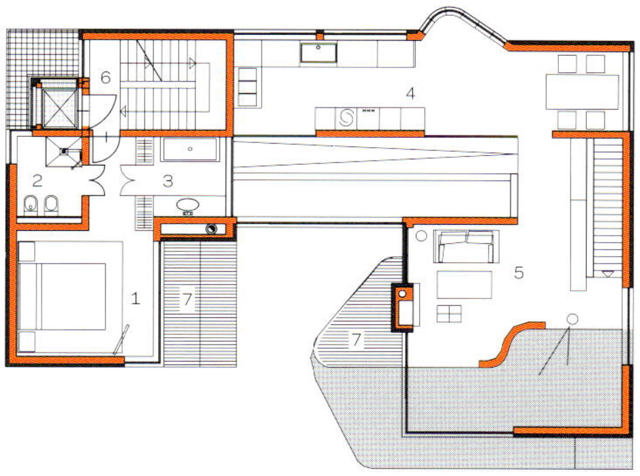

2. Obergeschoss

1 Garderobe
2 WC
3 Wohnzimmer
4 Treppe
5 Bibliothek
6 Terrasse

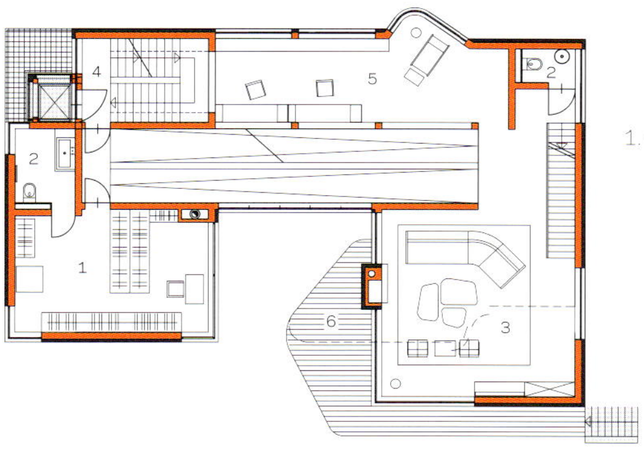

1. Obergeschoss

1 Flur
2 Swimming Pool
3 West
4 Technikraum
5 Garage

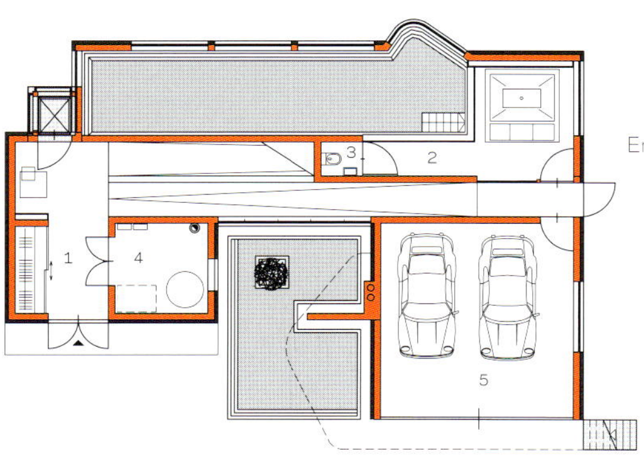

Erdgeschoss

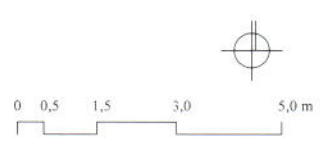

Büro

gmp – Architekten von Gerkan, Marg und Partner
Meinhard von Gerkan,
Mitarbeiter Entwurf: Hinrich Müller
Elbchaussee 139
22763 Hamburg
www.gmp-architekten.de

Projektdaten

Planungszeitraum:	2003/2004
Fertigstellung:	2007
Grundstücksgröße:	1.790 m²
Gesamtfläche des Hauses:	452 m²
Wohnfläche:	406 m²
Terrassenanteil:	76 m²
Anzahl der Bewohner:	4

Fotos

Klaus Frahm, Berlin

Johannes Götz und Guido Lohmann, Köln

Bekenntnis zur Tradition – ein Landhaus in der Eifel

Das Ortsbild der Dörfer in der Südeifel ist traditionell von der Landwirtschaft geprägt. Grundtyp der dortigen Bebauung ist der Winkelhof, manchmal seitlich offen oder durch eine Mauer zur Straße hin gefasst und so als Anlage baulich geschlossen. Aus dieser architektonischen, regional typischen Grundform wurde die Planung des Neubaus abgeleitet: Referenz an einen bewährten, klassischen Bautypus in zeitgenössischer Interpretation – ohne jedes modische Selbstdarstellungsanliegen.

Aus der Topografie des Grundstücks mit einer Höhendifferenz von 1,5 Metern und den Anforderungen an das Raumprogramm ergibt sich ein Versatz der Grundrissebenen um ein halbes Geschoss.

Die Erschließung des Hauses auf der unteren Ebene ist eine raffinierte, geschichtete Inszenierung, die über das Notwendige weit hinausreicht – und im Eindruck einmalig und faszinierend ist. Die Geste des Gebäudezutritts steigert sich von dem quadratischen Vorhof, der auf Straßenniveau kopfseitig vor dem kurzen Gebäudeflügel liegt, durch Hecken eingefasst und mit Blickbezügen zum höher gelegenen Garten und den gepflasterten Garagenhof, zum fast versteckt angeordneten Zugang des Hauses. Über diese in die Fassade eingeschnittene Nische führt der Treppenweg zum eigentlichen Eingang, ein halbes Geschoss höher. Der Materialwechsel von Außenpflasterung in Granit und dem Wechsel zum empfindlicheren Sandstein für ein geringeres Belastungsprofil schafft atmosphärisch den Übergang zum Zuhause hinter den Mauern. Sind die Stufen des Aufgangs – mit wunderbar zartem Geländer – überwunden, öffnet sich das Haus nach barockem Überraschungsmotiv in der zweigeschossigen Eingangshalle. Welch planerische Kennerschaft! Inszenierte Enge im Treppenaufgang trifft hier nicht nur auf das Motiv der Halle, sondern lässt als weiteren Eindruck, gleichsam als Zusatzeffekt, schon andeutungsweise die versetzten Grundrissebenen wahrnehmen.

Auf dieser erdgeschossigen Ebene im Hauptflügel bilden Halle, Ess- und Wohntrakt eine eindrucksvolle Raumfolge, die eine raffinierte optische Zäsur erfährt: eine niedrigere Raumschicht mit einem großen Kachelofen – dem energetischen Herz des Hauses. Danach öffnet sich der Wohnraum mit einer Höhe von 3,50 Metern und einer repräsentativ-klassischen Fensteranordnung. Auch dies ist ein gekonnt planerisch selbstbewusster Rückgriff auf historische Vorbilder: die formale Differenzierung zwischen Wohnhaus und Wirtschaftsgebäuden.

Das Obergeschoss: Von der Eingangshalle führt eine versteckt angeordnete Treppe gegenüber vom Gäste-WC auf die separierte Wohnebene der Kinder – über den

Auf den ersten Blick bietet die Fassade ein fast rätselhaftes Gesicht – aber man kann sich den Einzelelementen, die sich so wunderbar zu einem Ganzen fügen, nicht entziehen.

Oben alle Welch Dramaturgie eines Eingangs: Aus dem Gebäudesockel erhebt sich im selben Material die Türumrahmung, den oberen Abschluss aber bietet eine Maueröffnung, die für zusätzliche Belichtung sorgt. Oben angekommen, bietet diese Willkommensgeste dann auch noch einen ganz unerwarteten Blick auf die erhöhte Ebene des Gartens mit der eingefassten Terrasse.

Garagen – und von dort aus weiter, wieder ein halbes Geschoss höher, in den Elternbereich mit Arbeitszimmer, Ankleide und Bad. Der eigentliche Schlafraum, gleichsam vom Alltag entrückt, liegt noch einmal einige Stufen höher – mit baldachinartig erlebbarer Dachform: eine bildhaft sprechende Architektur.

Ein derart ausgefeiltes architektonisches Konzept – im Maßstab eines Einfamilienhauses! – bedingt folgerichtig eine orts- und regionaltypische Materialauswahl: Über einem Sockel aus rotem Sandstein strahlen die Außenwände in einem hellen Kratzputz und finden ihren Abschluss als fünfte Fassade im Dach mit einer Eindeckung in regionaltypisch langlebigem Naturschiefer. Die feinfühlige Selbstverständlichkeit des Gesamtkonzepts der Bebauung dieses eher unspektakulären, aber schönen Grundstücks prägt auch das Innere des Hauses: sorgsam aufwendig detaillierte Innenausbauten, von Tischlern individuell gefertigt, schaffen im Zusammenklang mit den Sandstein- und Eichenböden einen hochwertigen Dreiklang in den Wahrnehmungsebenen: Das kraftvoll Dominante des Baukörpers in seiner formalen Vielschichtigkeit findet die selbstverständliche Entsprechung im Inneren. Das Einfamilienhaus als Gesamtkunstwerk – gibt es das noch? Ja, und es setzt ein Zeichen der Hoffnung für den Landhausbau.

Erst wenn sich Architektur nicht auf den ersten, sondern den zweiten, den dritten und vierten Blick erschließt, wird sie dem Anspruch nach hoher, komplexer Qualität gerecht. Plakate haben einen anderen Anspruch, Mode auch – und genau da unterscheidet sich das Niveau. Wer als Architekt ein Zuhause planen soll, bedarf des intimen Dialogs mit den Auftraggebern. Hier ist diese Aufgabenverteilung kongenial gelungen – entstanden ist ein architektonisch großes Haus, unabhängig von den Dimensionen. Und darüber hinaus ein Haus, das in seinem unspektakulär gestalterischen Selbstbewusstsein auf die Unverzichtbarkeit des Architekten verweist.

Oben Das Arbeitszimmer, dessen Fensterfolge ein raffiniertes Fassadendetail darstellt – und schlüssig. So zeigt sich durchdachte, ganz individuelle Architektur.

Unten beide Ein einziges Element beweist die Könnerschaft der Architekten: Ein Schornstein darf nicht irgendwo die Dachhaut durchstoßen oder wie eine Abschussrampe an der Fassade kleben, er ist vielmehr ein wichtiges Entwurfsbestandteil, das die Harmonie des Ganzen nicht untergraben darf.

Links und unten alle Es lohnt, einmal den Grundriss nach diesen Räumen abzusuchen, um dann festzustellen, wie sich die Hierarchie der Innenausbauten darstellt – es geht hier nicht um Effekte, sondern um die klassischen Einbauten und Materialien, die ein Haus zum Wohlfühlen braucht.

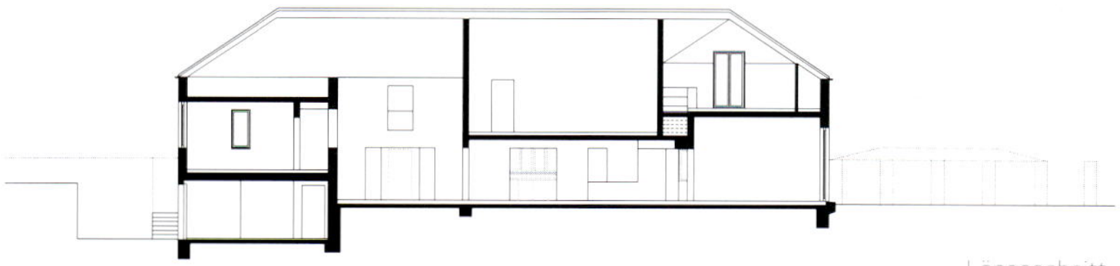

Längsschnitt

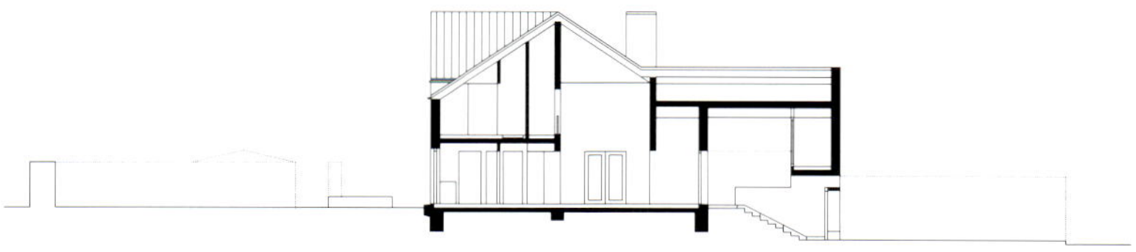

Querschnitt

Obergeschoss

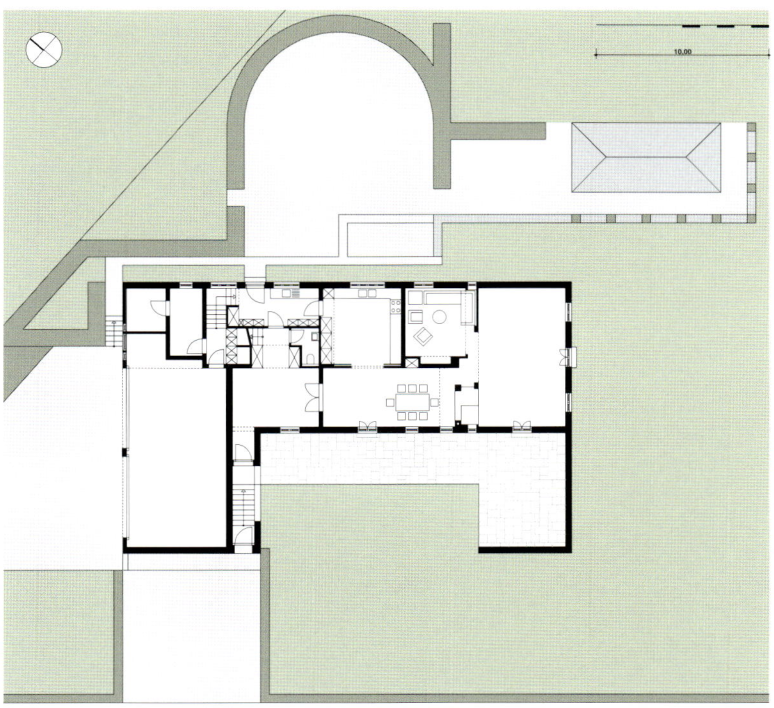

Erdgeschoss

v.l.n.r.: Michael Garçon, Johannes Götz, Guido Lohmann

Büro

Johannes Götz
Dipl.-Ing. Architekt
Hardtstraße 8
50939 Köln
und
Brodenheckstraße 14
54634 Bitburg
www.johannesgoetz.com
info@johannesgoetz.com

Projektdaten

Baubeginn:	April 2005
Fertigstellung:	Dezember 2006
Grundstücksfläche:	2.675 m²
Wohnfläche:	410 m²
Garagen und sonstige Nebennutzflächen:	110 m²
Projektleiter:	Michael Garçon

Fotos

Jan Kraege Fotografie, Köln

Raffiniert-kultiviertes Refugium im Oderbruch

Bei den wenigen Bildausschnitten, die den alten Baubestand zeigen, denkt man nicht zuerst an die in der Ausstrahlung stets grauen Relikte der DDR, sondern an längst vergangene Zeiten unter dem Stichwort: ländlich, einfach, abgeschieden von der Welt. Um diese einzigartige Naturlandschaft im Oderbruch zu erhalten und mit Leben zu füllen, ist besonders eine gute, beispielgebende Architektur gefragt.

Das Grundstück für diesen feinfühlig eingepassten Neubau liegt direkt hinter dem Deich im Außenbereich einer Ortschaft im Oderbruch, das mit einem Stall und einem ehemaligen, inzwischen verfallenen Fischerhaus bebaut war. Jenseits des Deiches eröffnet sich die verzweigte, unendlich weite Flusslandschaft der Oder – welch einmaliges Naturschauspiel. Anstelle des alten massiven Fischerhauses wurde innerhalb des vorgefundenen Volumens ein Neubau in Holzkonstruktion errichtet. Wegen einer unter Naturschutz stehenden knorrigen alten Ulme ist die Position des Baukörpers leicht verschoben, um den Bestand dieser wichtigen Landmarke nicht zu gefährden. Zur Bewilligung des Bauantrags wurde seitens der Gemeinde die Außenbereichssatzung geändert, ein häufig durchaus richtiges behördliches Instrument, um den baulichen Wildwuchs auf dem Lande zu unterbinden. Hier dagegen war es ein konstruktives Entgegenkommen – sonst hätte dieses beispielhafte Haus nicht oder nur mit Einschränkungen errichtet werden können.

Der Neubau folgt in seiner räumlichen Disposition und manchen Fassadendetails den lokalen Traditionen und bietet auf den alten Baukörpermaßen der vierköpfigen Familie und ihren Freunden ein helles, großzügiges und wohnlich-komfortables Feriendomizil. Der Grundriss bietet – gespiegelt – die beiden zweigeschossigen Randfelder im Erdgeschoss mit den Schlafbereichen und im mittleren Teil die offene Küche mit großzügigem Essbereich und der zur Natur hin gerichteten frei bespielbaren Fläche. Von hier aus führen zwei Treppen ins Obergeschoss auf eine Galerie und einen weiteren Raum für Gäste. Das mittlere Feld mit dem Wohn-/Essbereich reicht eindrucksvoll bis in den Giebel, ein Kamin mit angeschlossener Sitzbank bildet das Zentrum des Erdgeschosses – den klassisch gemütlich-warmen Sitzplatz. Wird die großzügige Blickachse im Haus selbst gewünscht, dann lässt sich der zentrale Wohnraum über raumhohe Schiebetüren optisch um Küche und Bad erweitern.

Die mit schwedischer Schlammfarbe anthrazitgrau gestrichene Holzfassade – große Tiefenwirkung (!) – korrespondiert mit den farblich abgestimmten Biberschwanzziegeln des Dachs und den Blechelementen aus vorbewittertem Kupfer. Die Fassade wird von vier gleich großen, raumhohen Glasfeldern unterbrochen:

Rechts und unten Hinter dem Deich der weiten Oderbruchlandschaft liegt dieses gekonnte Ensemble aus Neubau und Altbestand.

Links, Mitte und unten Manchmal bedarf es nur einiger weniger Details, wie hier der markanten Fensterläden und der Tore, um die landestypische Bauweise zu verweisen. So eindeutig sich der Neubau darbietet, so respektvoll geht er mit der Geschichte des Ortes um.

Rechts Der Erdgeschossgrundriss ist so geschickt angelegt, dass die beiden Treppen, die ins Obergeschoss führen, sowohl den großen Raum mit seinen Funktionen definieren, als auch im Dachgeschoss eine Galerie und einen abgeschlossenen Raum als Appartement erschließen.

an den Längswänden und auf den Dachflächen, die von grafisch interessant perforierten Rolltoren verschlossen werden können. Kleine Fenster, die mit fassadenbündigen Fensterläden versehen sind, belichten die abgeschlossenen Zimmer und die Nebenräume. Als Bodenbelag dient, der ländlichen Lebenssituation angemessen, in den »öffentlichen« Teilen des Hauses und im Bereich der Terrasse ein Belag aus Ziegeln. Die Böden der Schlafzimmer und der Räume im Obergeschoss sowie die Schränke, Schiebetüren und Elemente in Küche und Bad wurden in Eiche ausgeführt.

Die Konstruktion: Die Gründung des Gebäudes erfolgt flach über eine Bodenplatte. Der eingeschossige Neubau hat ein Satteldach, dessen Firstpunkt als zirka 2,20 Meter breites Flachdach ausgebildet wurde. Die Holzständerbauweise (Konstruktionsvollholz 6/14) wurde als hinterlüftete Holzfassade erstellt, wobei die Wände vorgefertigt und elementweise auf die Baustelle geliefert und innerhalb von drei Tagen aufgestellt wurden, während das Dach eine vor Ort erstellte Zimmermannskonstruktion ist. Die Fassade bildet eine Nut-und-Federschalung aus Fichte, deren sägeraue Außenseite zweifach gestrichen wurde.

Die großen Dachflächenfenster bestehen aus Brettschichtholzrahmen mit verstärkenden Stahlprofilen. Sie wurden zusammen mit der Dachkonstruktion vom Zimmerer erstellt. Die Dachdeckung im Bereich dieser Fenster besteht aus vorbewittertem Kupferblech, während die Hauptflächen, wie auch das Nebengebäude, mit Biberschwanzziegeln gedeckt sind. Sowohl die Hebeschiebefenster im Erdgeschoss als auch die Dachflächenfenster lassen sich jeweils über außenliegende Holzschiebeelemente als Sicht- und Sonnenschutz verschließen.

Bauen auf dem Lande ist immer eine heikle und verführerische Angelegenheit, wobei die Auftraggeber für ein Ferienhaus meist das Geld an der falschen Stelle ausgeben – vor allem meinen sie, auf einen Architekten verzichten zu können.

Nein, eine gute Planung und eine kompetente Baubetreuung haben natürlich ihren Preis und kosten Geld, aber es ist sehr gut angelegt: Ohne die Könnerschaft eines sensiblen Architekten, der in der Lage ist, für das jeweilige Grundstück den sprichwörtlich richtigen Ton zu finden, entsteht der unpassende Einheitsbrei, der weder werthaltig ist noch Freude macht.

Diese Architektur dagegen ist von hoher Qualität, sie ist beispielhaft gut – und wird hoffentlich als Maßstab für zukünftige Neubauten in der Gegend gewertet. Dann ist nicht nur individuell, sondern auch gesellschaftlich viel gewonnen.

HEIDE & VON BECKERATH **Architekten, Berlin**

Oben Von derart üppigen Lichtverhältnissen konnten die Vorfahren nur träumen. Rechts führt eine der beiden Treppen ins Dachgeschoss.

Links Das Behaglichkeitszentrum ist der Platz am offenen Kamin, darüber erhebt sich die offene Galerie.

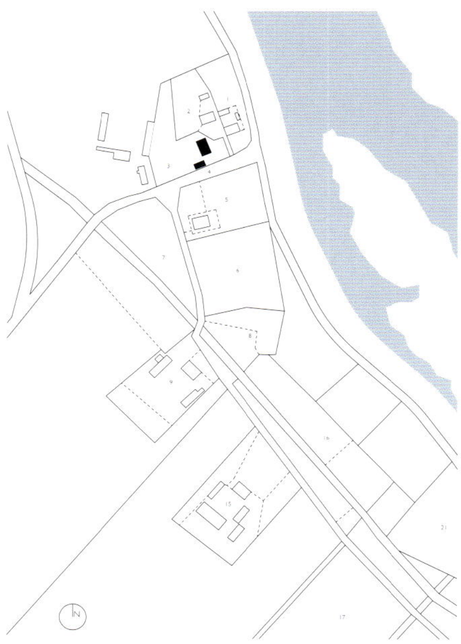

Lageplan

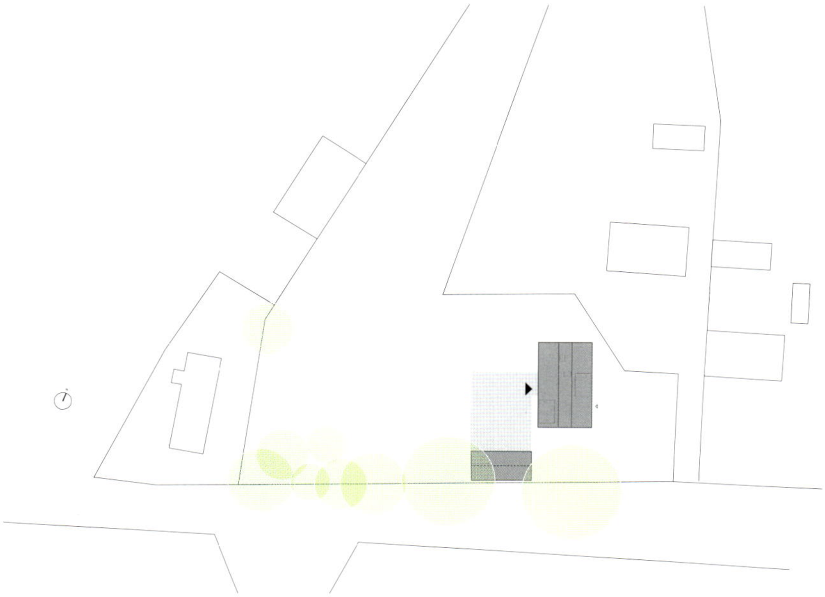

Lageplan

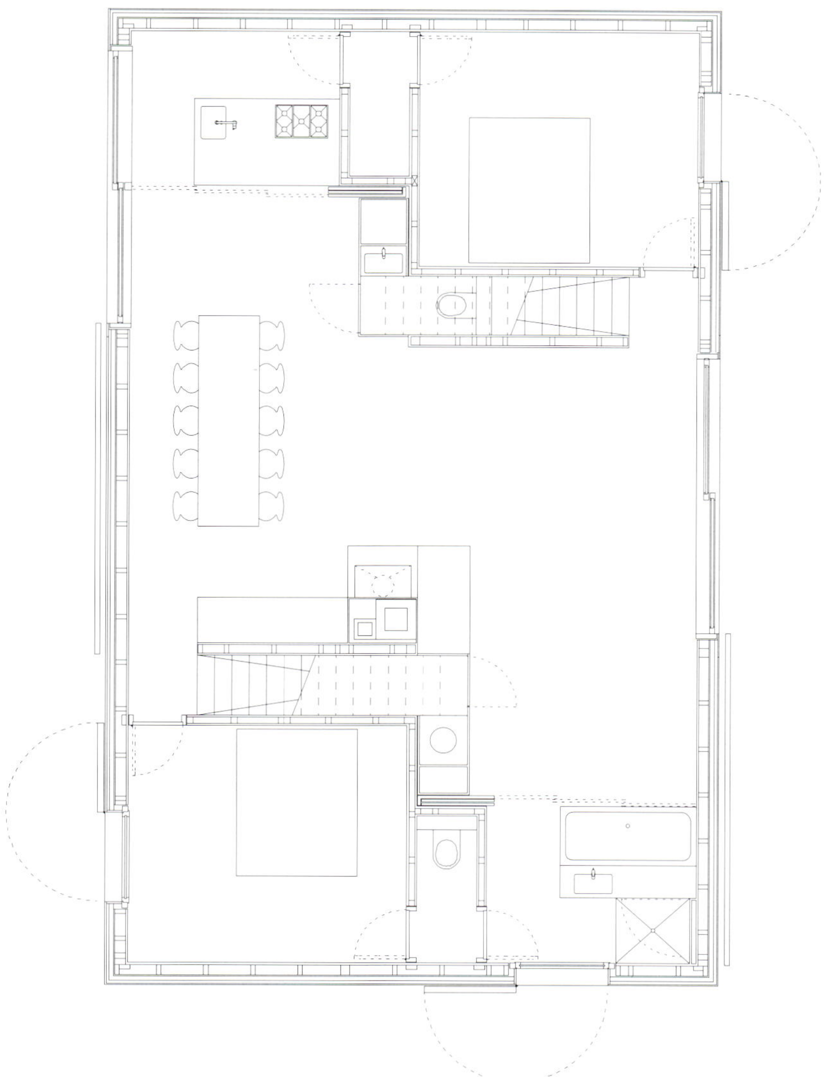

Grundriss

Maßstab 1:100

Büro

HEIDE & VON BECKERATH
Architekten
Kurfürstendamm 173
10707 Berlin
www.heidevonbeckerath.com
mail@heidevonbeckerath.com

Projektdaten

Entwurf:	2007
Planungsbeginn:	Februar 2007
Baubeginn:	August 2008
Fertigstellung:	Juni 2009
Grundstücksgröße:	2.600 m²
Wohnfläche:	115 m²
BGF:	183 m²
BRI:	568 m³
Grundfläche:	108 m²

Fotos

Maximilian Meisse, Berlin
Seite 127 oben: Heide & von Beckerath

ingenhoven architects, Düsseldorf

Architektonisches Glanzlicht – auch bauökologisch!

Ökologisch fundierte Architektur? Ja, muss sie denn wirklich noch immer in plakativer Gutmenschform daherkommen, als gebautes Bekenntnis bioaffin-fundamentalistischer Glaubenszugehörigkeit? Ein ökologisch fundierter Neubau bedarf nicht eines Labels, aber die Gesellschaft bedarf einer Architektur, die in ihrer formalen und technischen Komplexität besticht.

Und gilt nicht für jedes Design, für jede Kunst, dass der Schöpfungsprozess an genau dem Punkt abgeschlossen sein muss, an dem man dem Werk weder etwas hinzufügen noch etwas wegnehmen kann, ohne seine Ausdruckskraft zu schmälern? So manches Kunstwerk ist schon an einem Zuviel gescheitert, deshalb standen doch die großen, wissenden Kunsthändler immer wieder in den Ateliers ihrer Schützlinge, um diesen Arbeitsprozess des »Zuviel« behutsam zu verhindern.

Das hier vorgestellte Anwesen muss man als Betrachter zuerst einmal in seiner gestischen Form auf sich wirken lassen. Sie bedarf keiner großen Worte, das Stichwort Eleganz reicht vollkommen aus. Das gilt auch für den Grundriss, der in seiner klaren Struktur eindeutig ist und als Ausdruck eines dezidierten Familiengefühls die zwingende Struktur ausweist. So, wie Bernini die gestische Form einer Umarmung für seine Kolonnaden gewählt hat, so ist auch die Architekturform hier eine subtile ikonografische Botschaft, die dem Bewohner ebenso wie dem Gast als Betrachter ein breites, faszinierendes Bedeutungsspektrum liefert.

Zu den technischen Aspekten des Konzepts: Das Gebäude wurde konsequent nach ökologischen und baubiologischen Gesichtspunkten geplant – ausgeführt mit natürlichen, schadstoffarmen Materialien.

In Verbindung mit den technischen Systemen, der Vermeidung von Elektrosmog, der Reduzierung von Radonbelastung sowie einer Energieerzeugung, die weitgehend auf nachwachsenden Rohstoffen basiert und aus der Nutzung von Außenenergien gespeist wird, ist ein ökologisches, »gesundes« und in jeder Hinsicht wertvolles Gebäude entstanden.

Der Primärenergieverbrauch liegt erheblich unter den Grenzwerten der Energieeinsparverordnung. Die Wärmeenergieversorgung wird aus drei Komponenten gespeist, wobei zirka 85 Prozent des jährlichen Wärmeenergiebedarfs über eine thermische Solaranlage in Verbindung mit einer über Erdsonden gespeisten Wärmepumpe abgedeckt werden. Für den Spitzenbedarf sowie zur Realisierung einer Legionellenschaltung für die Warmwasserbereitung gibt es als drittes Primärheizsystem eine Holzpelletheizung. Die Beheizung der Räume erfolgt über ein Fußbodenheizsystem, das in

Welche Eleganz doch eine solche lange Stützenfolge über zwei Geschosse ausstrahlt, welche Leichtigkeit und Heiterkeit – und wie lange war das Motiv in diesem Land verpönt!

ingenhoven architects, Düsseldorf

Rechte Seite oben Rechts und links führen zwei Außentreppen in das weiträumige Untergeschoss mit Spiel- und Funktionsräumen.

Rechte Seite unten Ein eigerückter Patio ist überdachter Freisitz und teilt den langen Grundriss in den Wohn- und Esstrakt. Die Eingangshalle dahinter lässt sich durch Schiebetüren abtrennen.

Oben und ganz oben Einem Flügelschlag vergleichbar erhebt sich das filigrane Gebäude auf der kleinen Anhöhe. Im Garten vor dem Gebäude liegt mit dem weiten Blick in die Tiefe des bezaubernden Grundstücks der Pool.

der Sommerzeit durch die Nutzung der Erdkühle für behagliche Bedingungen in den Räumen sorgt. Zur Speisung der Gartenbewässerung stehen großzügig bemessene Zisternen zur Verfügung, die das vorhandene Regenwasser des Dachs auffangen und dem Bewässerungssystem zuführen. Diese Anlage ist bei Bedarf erweiterbar für eine Anbindung an die Hausversorgung, sodass zusammen mit einem Tiefbrunnen die Wasserversorgung des Gebäudes ebenfalls über vorhandene Außenenergien sichergestellt werden kann.

Das nicht verwendete Regenwasser wird über eine Versickerungsfläche im hinteren Teil des Parkgrundstücks dem Grundwasser zugeführt. Die Versorgung mit Elektroenergie wird zurzeit über sogenannten Ökostrom aus dem öffentlichen Netz sichergestellt, wobei die vorhandenen Dachflächen der Garage sowie des Wohngebäudes so vorgerichtet sind, dass bei Bedarf eine Solarstromerzeugung über Photovoltaikmodule nachinstalliert werden kann. Ein entsprechend programmiertes BUS-System steuert und überwacht alle technischen Funktionen in den Räumen. Es optimiert durch entsprechende Funktionsszenarien ein motorisch gesteuertes, natürliches Be- und Entlüftungssystem in der Fassade, die Steuerung der Sonnenschutzsysteme sowie die Verteilung der Energieströme im Sinne möglichst geringer Einzelenergiebilanzen des Gebäudes.

So beeindruckend und zukunftweisend die technischen Raffinessen des Hauses sind, so angenehm für das Auge versteckt wurden sie eingesetzt – wie die selbstverständlich notwendige Bühnentechnik in einem Theater. Jeder weiß um sie, aber das Auge des Zuschauers bleibt auf das Wesentliche konzentriert: das Geschehen auf der Bühne. Hier ist es die Bühne des familiären Lebens in all seinen Fassetten – in einem Haus, das selbst ein großer Auftritt ist.

Das architektonische Repertoire der Moderne – also der Zeit nach den beiden letzten, formal originären Epochen, dem Jugendstil und dem Art Déco – scheint weitestgehend erschöpft und verliert sich nur zu oft in Wiederholungen. In der

Querschnitt

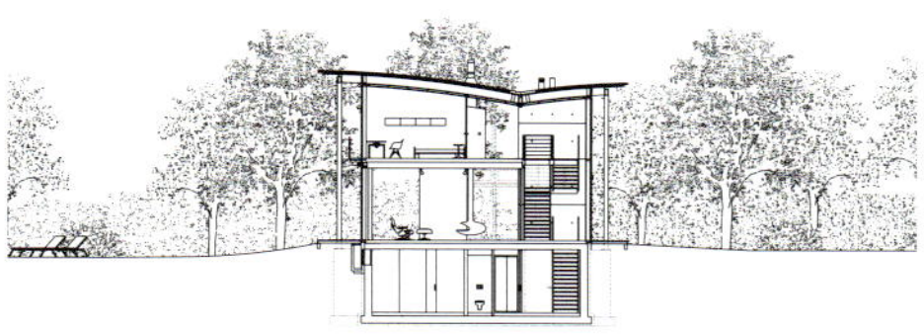

Links Der weite Blick vom Esstrakt über die Halle auf das innere filigrane Treppenhaus.

Architekturwahrnehmung sucht das Auge auf der einen Seite das Vertraute, das Stabile und das Deutbare – weshalb sich glücklicherweise modisch kurzweilige (sic!) Trends schnell entlarven und auch nicht lange eine wirkliche Wertschätzung erfahren. Es sucht aber im evolutionären Sinne nach der Weiterentwicklung, nach Perspektiven, ja, nach der symbiotischen Form gebauter Gegenwart – also nichts anderes, als nach wohltuend überzeugender Architektur, die all unsere Sinne im guten Falle als Selbstverständlichkeit wahrnehmen und im besten Falle als herausragend und dem Menschen verpflichtet. Dieses außergewöhnliche Haus weist den Weg in die richtige Richtung, die willkommene architektonische Zukunft! Großartig.

Oben Das Holzdeck erhebt sich nur wenige Zentimeter über dem Rasen – und schafft damit atmosphärisch ein Wohngefühl, auf dem Rasen ist es dann die haptische Naturerfahrung.

Links Das kommunikative Sitzrund mit dem bezaubernden Blick in die Tiefe des parkartigen Gartens.

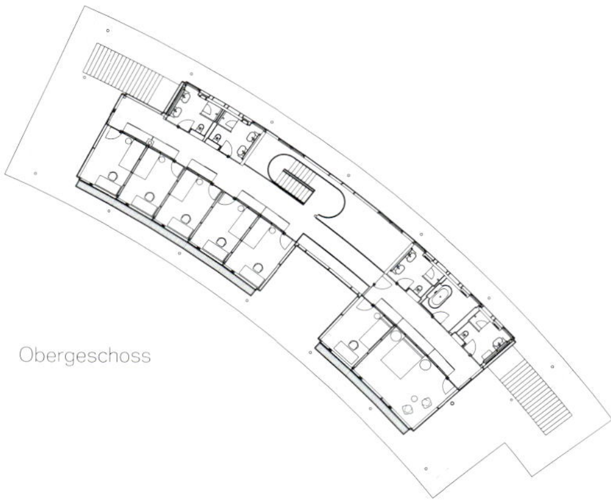

Obergeschoss

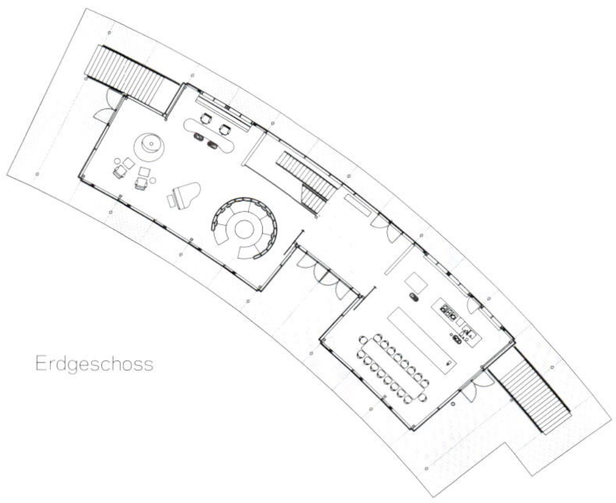

Erdgeschoss

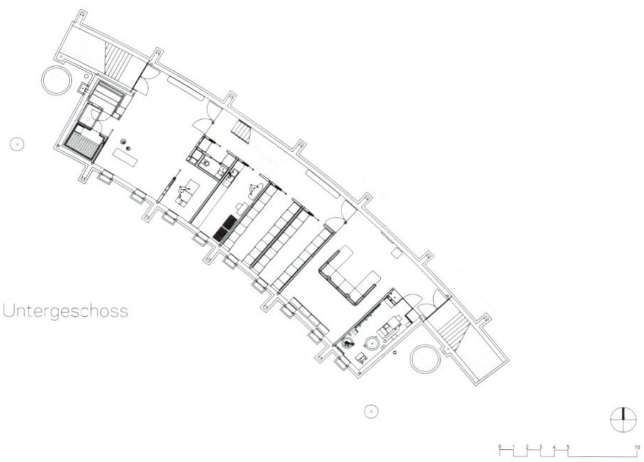

Untergeschoss

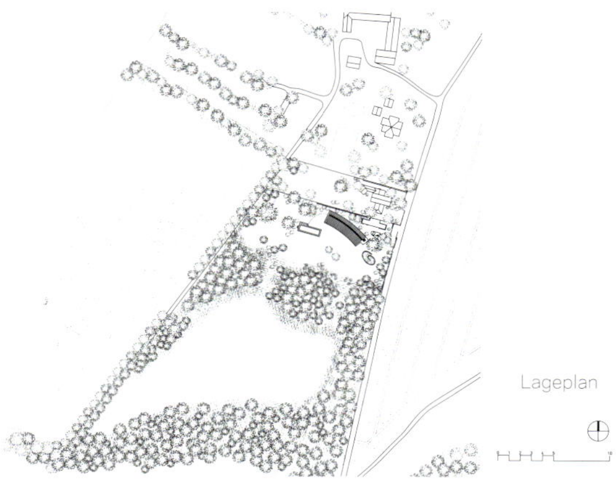

Lageplan

Büro

ingenhoven architects
Plange Mühle 1
40221 Düsseldorf
www.ingenhovenarchitects.de
info@ ingenhovenarchitects.de

Projektdaten

Bauzeit:	2003-2005
Wohnfläche:	550 m^2
BGF:	747 m^2

Fotos

H. G. Esch, Hennef

Kahlfeldt Architekten, Berlin

Besondere Auszeichnung: Baukunst als Baukultur

Die Loggia – ein vieldeutiges Bauelement

Der Wortinhalt von Refugium erschöpft sich ja nicht im klassischen »Zufluchtsort«, es hat vielmehr eine Bedeutungsspanne zwischen Laube und Loge – so der italienisch-französische Ursprung des Begriffs. Die bedeutungsvollste Loggia als Loge ist sicher die in der Fassade des Petersdoms, von wo aus der Papst seinen Segen urbi et orbi spricht und der Name des neu gewählten Pontifex verkündigt wird. Loggia bedeutet aber auch – wie man heute sagt – die Schnittstelle zwischen Innen- und Außenraum, die räumlich beide atmosphärische Qualitäten aufweist – ein Ort des Wohlbehagens zwischen den Welten. Die klassische private Loggia einer Villa vereinigt all diese Qualitäten, den Logenplatz des »Theaters« ebenso wie den geschützten Außenraum der »Laube«. Bauliches Merkmal der Loggia in der Architekturgeschichte ist die Verwendung der Säule als Trag- und Schmuckelement – die Säulenfolge einer Loggia ist gleichsam die Pathosformel, die auf das Besondere dieses Bauteils verweist – nicht die Stütze, nicht der Pfeiler, nicht die Wand.

Bis zu Beginn des 20. Jahrhunderts konnte der Architekt seine Auftraggeber in größter Selbstverständlichkeit fragen, in welchem Stile sie denn zu bauen gedenken. Schaut man sich allein das Werk des Architekten Martin Haller in Hamburg an (1835 bis 1925), dann wird die Unbefangenheit deutlich, mit der diese Frage gestellt wurde. Natürlich gab es einen Bedeutungscodex, in dessen weitem Rahmen fast jede Bauaufgabe einzuordnen war, aber die Grenzen waren fließend – eine Umspannstation konnte schon einmal die Form eines Tempels haben. Nicht nur von dieser Unbefangenheit sind wir heute weit entfernt, wir sind es auch, was das planerische Handwerkszeug betrifft. Und ist nicht die Säule noch immer ein Schmähwort, das jede Diskussion um die Frage nach der Legitimität historisierenden Bauens beenden soll?

Die intellektuellen Kreuzritter einer doktrinären »Moderne« lehnen auch weiterhin jede Form des formalen Rückgriffs auf die Baugeschichte ab und brandmarken ihn als Verrat an der Gegenwart. Dabei haben sich die Architekten, so lange es diesen Berufsstand gibt, schon immer auf die Tradition bezogen. Manchmal haben sie sich ihrer bedient, manchmal haben sie sie überwunden, um zu neuen formalen Ufern aufzubrechen. Eine solche Toleranz im Umgang mit der Geschichte gibt es erst, seitdem es auch Ideologien gibt – auch wenn wir diese zumindest politisch schon fast überwunden haben. Unter Architekten aber ist von dieser Form der »Aufklärung« häufig wenig zu spüren, im Gegenteil, die architektonischen Kreuzritter halten auch weiterhin an ihrem martialischen Auftritt im Verteufeln jeden historischen Rückgriffs fest. Aber es gibt glücklicherweise Ausnahmen in der Architektenschaft im deutsch-

So klein der Loggiavorbau in den Dimensionen auch ist, so prägnant und in Würde stellt sich die Villa jetzt dar.

Links, Mitte und unten Wer einen so delikaten Auftrag vergibt, verspricht sich viel von seinem Architekten und erwartet das ganz Besondere – auch wenn es »nur« eine Loggia ist. Gestus, Dramaturgie und die kunstvolle Detaillierung von der Form bis zur Farbgebung und der Materialien schaffen hier ein überzeugendes Arkadien, das einen in eine andere Welt versetzt. Das ist Baukunst.

Rechte Seite Wer vermag hier nach einigen Jahren noch zu sagen, dass es sich um einen Neubau handelt? Das ist dann ein besonderes Kompliment an Auftraggeber und Architekt zugleich – und es zeugt von dem unbedingten Willen nach der herausragenden formalen Qualität.

sprachigen Raum – wenn auch nur sehr wenige – die sich von dem Säbelrasseln ihrer Kollegen nicht beirren lassen und nicht nur klassische Villen, sondern auch klassische Loggien bauen.

Die Säule ist – allen Demontierungsversuchen zum Trotz – in der Wahrnehmung auch weiterhin das vornehmste Element in der Architektur. Als anthropomorphe tektonische Stütze verdeutlicht sie mit ihrer schlanken Aufgerichtetheit ganz unmittelbar die physische Kraft der Architektur, gegen die Wirkungen der Schwerkraft ein schützendes Dach zu halten. In dieser Hinsicht ist die Säule die architektonischste, also naheliegendste Lösung für die kleine Bauaufgabe des Anbaus einer Loggia an eine klassizistische Villa – wie hier in Berlin.

Doch was auf den ersten Blick hier so passend und klassisch vertraut aussieht, birgt bei genauerer Untersuchung einige Überraschungen. Und jeder planerische Handgriff hat natürlich hier seinen seinen Grund – Erscheinung und Wirkung folgen sowohl dem Rhythmus der Architektursprache des Altbaus als auch des würfelförmigen Anbaus eines Wintergartens, den Heinrich Tessenow in den 1920er Jahren hier errichtet hatte. Durch diese Übernahme der geometrischen Idealform des modernen Altbaus und des neuen Anbaus werden die beiden vorhandenen Teile erst eigentlich zusammengeführt, sodass die kleine Loggia eben keine historistische Totgeburt, sondern Frucht einer lebendigen Arbeit am Bestehenden ist. Da ist zunächst der weite Säulenabstand in ionischer Ordnung – der weit über Vitruvs Araeostylos hinausreicht und einen ungehinderten Ausblick aus den beiden bestehenden Fenstern ermöglicht. Doch die exakte Proportionierung von Jochbreite und -höhe im Verhältnis 1:1 findet eine weitere Begründung im quadratischen Fenster des Anbaus von Tessenow.

Um die für eine klassische Säulenordnung enorme Spannweite zu überbrücken, ist die Loggia tatsächlich nicht in Stein errichtet. Die Architekten haben die Säulenarchitektur einem weiteren Materialwechsel unterzogen, den sie angemessen verborgen haben. Tragend ist eine Stahlkonstruktion aus Stützen und Balken, die dann im Stützenbereich mit Beton umfasst und im lastenden Gebälk- und Dachbereich mit leichtem Holz umkleidet wurde.

Ökonomie und Haltbarkeit empfahlen die Stahllösung, Schönheit und Ausdrucksfähigkeit die Form der Bekleidung. Aus der versteckten realen Konstruktion erklären sich auch die weiteren Anomalien des Entwurfs. Die Blöcke des Frieses stellen die Balken der dahinterliegenden Deckenkonstruktion dar, die hier – wie von Vitruv für die Entstehung der Triglyphen der dorischen Ordnung aus der Holzkonstruktion

Kahlfeldt Architekten, Berlin

Hier ging es nicht, den ionischen Eckkonflikt zu lösen, sondern stimmig den Abschluss der Säulenordnung zu finden: Die Karyatide bietet dafür die perfekte Lösung.

Das Motiv des Deckenspiegels – Schinkel hat das Schneckenmotiv auch gern bei Geländern eingesetzt.

Grundriss, Deckenspiegel

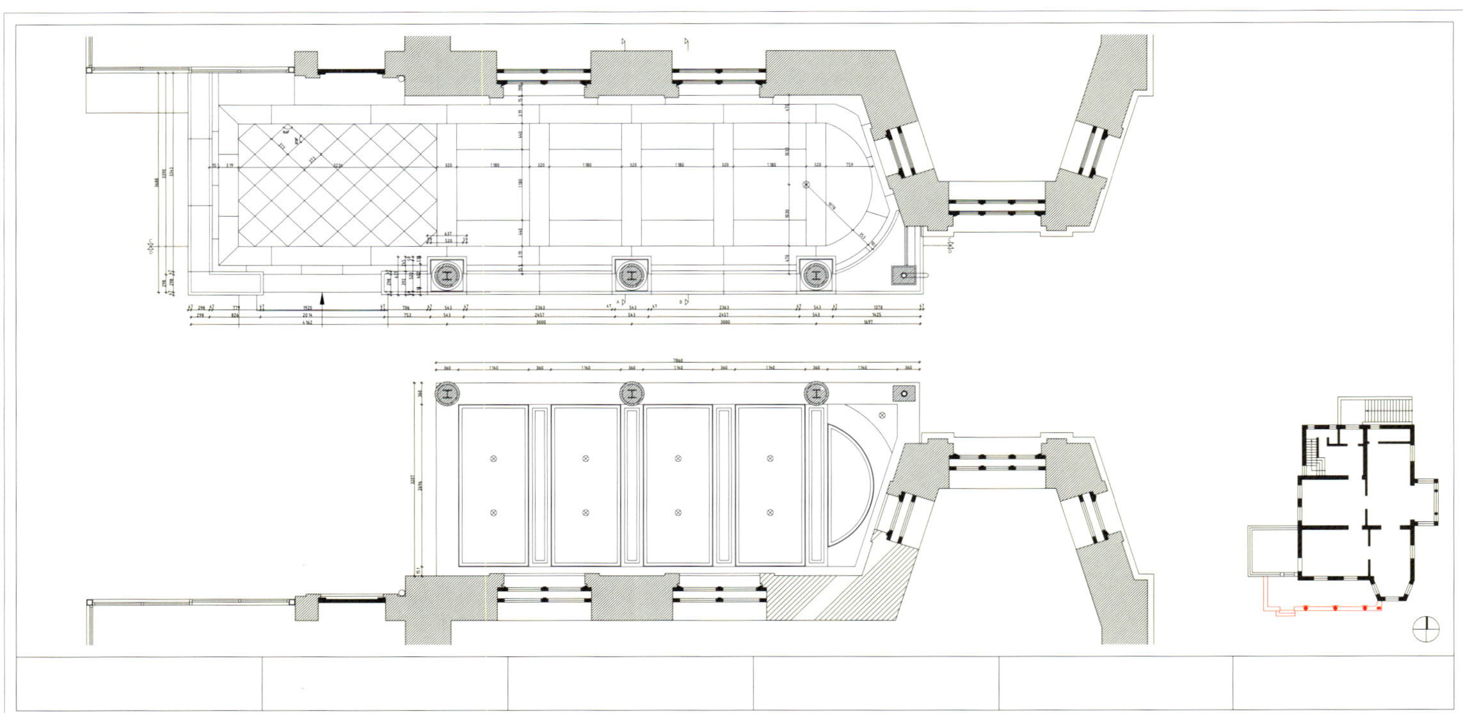

Ansicht Südwest

behauptet – tatsächlich auf der Höhe des Frieses auf dem Architrav aufliegen – ein Phänomen, das sich beim griechischen Tempelbau nicht findet und somit die Architekten zu einer Neuformulierung der Ordnung an diesem Punkt geradezu aufforderte. Auch die Karyatidherme an der Ecke der Loggia findet ihre Erklärung in der Konstruktion: Tragend sind nur die drei mit ionischen Säulen umkleideten Stahlstützen. Die Ecke kragt aus, und die eingestellte Figur hat keine tragende Funktion – warum auch? Funktionslos ist sie jedoch auch im praktischen Sinne nicht: sie verbirgt im Inneren die notwendige Regenrinne.

Die Eigenart dieser Loggia im Gefüge der Villa folgt ihren eigenen Regeln, das Gewöhnliche des Baus folgt den Regeln des Vorgefundenen. Heraus kommt ein Stück Architektur, das nicht nur harmonisch in den Kontext passt, sondern ihn überhaupt erst harmonisch macht – nicht als Anmaßung, sondern als Hommage an die Architektur, die zunehmend beim Betrachter an Akzeptanz verliert, weil sie allein und verbissen der Ideologie einer inzwischen häufig sinnentleerten »Moderne« folgt.

So wie große Gegenwartsregisseure im Theater eine Rückbesinnung auf die inhaltliche Substanz der Klassiker fordern, so sollte auch die Architektenschaft eine vergleichbare Rückbesinnung im Denken und Planen nicht länger kategorisch ausschließen. Jede architektonische Epoche hat irgendwann ihr Ende gefunden, erschöpft und voller Erwartung auf das Neue. Wie neu das Alte immer wieder einmal im Laufe der Zeiten war, belegt überzeugend die Baugeschichte. Der Blick zurück – manchmal weist gerade diese Blickrichtung den Weg in die Zukunft. Diese Loggia ist zumindest ein notwendiger architektonischer Schritt nach vorn – und ein kleines Meisterwerk.

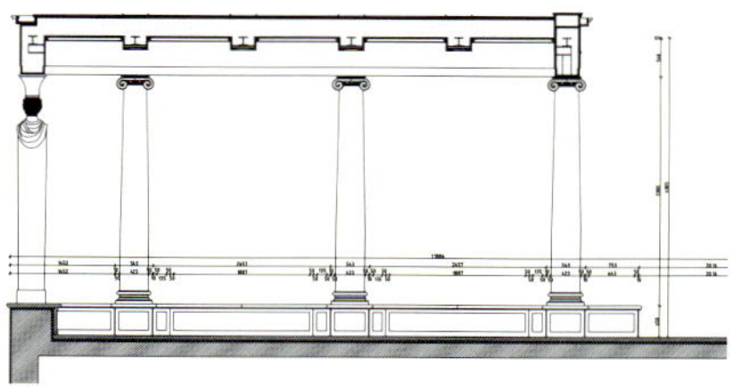

Schnitt C-C

Büro
Kahlfeldt Architekten
Petra Kahlfeldt
Paul Kahlfeldt
Kurfürstendamm 58
10707 Berlin
www.kahlfeldt-architekten.de
mail@kahlfeldt-architekten.de

Projektdaten
Neubau einer Loggia 2005–2006
Bestandsgebäude:
Uterwedde, Zaar & Vahl 1889–1891,
Umbau und Erweiterung:
Heinrich Tessenow 1928

Fotos
Projekt: Stefan Müller, Berlin
Porträt: Julia Zimmermann, Berlin

Neue Architektur – inmitten einer Obstbaumplantage

Es ist unverkennbar, dass wir unsere Vorstellungen einer »typisch bäuerlichen Architektur« aufgeben müssen. Das muss in der Erwartungshaltung ja nicht von Nachteil sein – Hauptsache ist doch, dass die gebaute Qualität für sich spricht und dass diese uns staunen lässt. Dass es auch für den privaten Rückzugsbereich auf dem Lande eine zeitgenössische Architektur gibt, belegt dieses Projekt, das in seiner Ausformung alle Wünsche nach einer »sprechenden« Architektur erfüllt – und eben nicht im Unverbindlichen steckenbleibt. Wenn wir heute die Beliebigkeit des Neuen Bauens auf dem Lande zu Recht anprangern, dann doch deswegen, weil diese normierte Gemütlichkeitsarchitektur sinnentleert ist und Form und Inhalt so weit auseinanderklaffen. Architektur ist ja nicht nur gebaute Hülle – zu welchem Zweck auch immer –, sie ist stets auch visuelle Botschaft für den Betrachter. Die Form muss sich inhaltlich erschließen, sonst bleibt Ratlosigkeit, und die schlägt schnell in Ablehnung um – das große Dilemma der häufig sinnentleerten Gegenwartsarchitektur.

Architektur ist immer Folge eines langen und vielseitigen Gedankenprozesses und nicht Ausdruck eines genialischen Spontaneinfalls – der ist der Konzeptidee vorbehalten. Wenn wir aber dann als Betrachter von dem fertigen Gebäude den Eindruck einer sprechenden Architektur haben, wie wir sie an alten Gebäuden auf dem Lande so schätzen, dann hat sie den Nerv unserer Sehnsüchte getroffen. Architektur muss sich nun einmal in den wichtigsten Dimensionen selbst erklären, damit sich der Betrachter nicht verloren fühlt. Gute Architektur ist immer sprechende Architektur, die sich in den wesentlichen Dimensionen selbst erklärt. Wenn darüber hinaus dann das Staunen – nicht das Fragen! – einsetzt, hat individuelle Architektur die Dimension, nach der wir uns so sehnen: dass sie uns mit ihrer Gegenwart bereichert, erfreut und im besten Falle staunen lässt. Nur eine sprechende Architektur schafft es, den Betrachter in den Bann zu ziehen – je leiser und zurückhaltend die Stimme, je überzeugender ist sie auch.

Zum Hintergrund: Im Zuge der Verlegung einer landwirtschaftlichen Hofstelle aus dem engen Dorfzentrum heraus, wurde neben dem Wirtschaftsgebäude des Obstbaubetriebs für die Familie des Landwirts auch ein neues Wohnhaus geplant und gebaut: ein Refugium inmitten der eigenen Obstanbauflächen – eine formale Gegenwelt, die sich in großer Selbstverständlichkeit als »sprechende Architektur« erschließt. Welche formale Qualität – von der großen Geste bis zum Detail, vom Umgang mit dem Baugrund, der Materialwahl und -kombination bis zur Präzisierung in der Ausführung. Ein lang gezogener, eleganter Baukörper »schwebt« leicht angehoben respektvoll

Die Form des Hauses ist so naheliegend – aber niemand sonst kommt darauf, Funktion und Form derart präzise in faszinierende Architektur umzusetzen.

Links, Mitte und unten Die Eingangstreppe braucht wegen der Breite natürlich kein Geländer – welch großzügige Geste mit so einfachen Mitteln! Unten: Natürlich kann man heute auch beständige Flachdächer bauen, aber gerade die leichte Schräge schafft gleich eine einfache, unkomplizierte Entwässerung über die altbewährten Speier.

über der Wiese, gleichsam als Referenz an die wirtschaftliche Grundlage des Betriebs. Das sich nach Süden wie ein Augenaufschlag öffnende Pultdach, die Bodenplatte und die mit wenigen Öffnungen und dem Zugang versehene Nordfassade sind in präziser Detaillierung kupferverkleidet. In schützend großzügiger Geste spannt sich das auskragende Dach über die nach Osten, Westen und Süden raumhoch verglasten Wohnräume. Durch die großen Glasflächen und das zur Sonne geöffnete Pultdach werden alle Räume ideal belichtet und besonnt – und die passive Sonnenenergie kann in den Übergangszeiten perfekt ihren energetischen Zusatzbeitrag leisten. Die großen Dachvorsprünge schützen vor sommerlicher Überhitzung. Erschlossen wird das Gebäude über einen nordseitig eingeschnittenen überdachten Eingang. Es gibt daneben einen zweiten als Schmutzschleuse – Landwirtschaft!

Zum Grundriss: Der raumhoch verglaste Eingangsbereich mit Garderobe und angrenzendem WC geht direkt über in den süd- und westseitig orientierten, offenen Koch-, Ess- und Wohnbereich und ermöglicht von der Kochstelle aus den Blick in den rückwärtigen Hofbereich. An die Garderobe anschließend und durch eine Schiebetüre abtrennbar, erschließt ein langer Flur ein südorientiertes Arbeitszimmer, die Schlafzimmer der Kinder und kopfseitig im Osten den Elterntrakt mit Ankleide und Bad. Ein schmales durchgehendes Lichtband unter der Decke trennt effektvoll die Wand von der Decke, um die Morgensonne einzufangen. Im rückwärtigen Bereich des als Zweispänner ausgelegten Grundrisses sind Schmutzschleuse, ein Gästezimmer sowie ein Kinderbad/Gästebad untergebracht.

Die dreiseitig vorgelagerte und überdachte Terrasse verbindet übergangslos den Innen- mit dem Außenraum, erweitert optisch die Räume und fügt mit der umlaufend raumhohen Glasfassade alles zu einer einheitlichen und zurückhaltend ruhigen Architektur zusammen. Durch das leichte Anheben der Bodenplatte blickt man bei guter Sicht bis in die Alpen – und kann von jedem Zimmer aus die umliegenden eigenen Obstplantagen beim Wuchs, der Blüte oder bei der Ernte beobachten. Im Gegenzug ist aus der Entfernung betrachtet vom Wohnhaus nur die Dachkante über den Bäumen zu erkennen.

Beheizt wird das Gebäude über eine Holz-Fernwärmeheizung, die im benachbarten Wirtschaftsgebäude untergebracht, mit dem anfallenden Holz gerodeter Plantagenbäume befeuert wird. Ergänzt wird das Energiekonzept mit einer Photovoltaikanlage auf dem Dach des Wirtschaftsgebäudes. Der Holzofen im Wohngebäude kann in der Übergangszeit oder bei Spitzentiefstwerten zusätzlich zum Heizen genutzt werden.

Wer eine ehrliche sprechende Architektur will, muss sich auf neue Sehgewohnheiten einstellen, sollte sich ihr öffnen und sich mit der Subtilität dieser ernsthaften

Oben und unten Obstbäume rechts und links des Hauses wirken wie zusätzliche Fassaden. Sie rahmen das Haus ein und lenken den Blick auf die Tiefe der Plantage.

und verantwortungsvollen Architektur auseinandersetzen. Kitschig formales Esperanto hat keine Zukunft – es ist vielmehr die Sprache der hier vorgestellten Architektur, die in ihrer formalen, intellektuellen und umweltgerechten Ausbildung ihre auch ethische Berechtigung hat. Es ist eine Architektur, die sich in ihrer Komplexität nicht sofort erschließt, deren Repertoire an Metaphern aber eine große Selbstverständlichkeit offeriert – eine beispielhaft zukunftsorientierte Architektur, formal und intellektuell.

Unten alle und rechte Seite Der Grundriss gliedert sich in drei Bereiche: den großen offenen Wohn-/Essbereich, der sich über eine Schiebetür vom privaten Teil mit den Schlafräumen abtrennen lässt und die Eingangszone mit einem Gästezimmer.

k_m architektur, Bregenz

Links und links unten Das ist wirklich eine ungewohnte ländliche Architektur, die für Kennerschaft auch auf Seiten der Auftraggeber spricht und für ihre Begeisterung, in dem wirtschaftlich geprägten Umfeld einer Obstplantage nicht auf ein architektonisches Kunstwerk verzichten zu wollen. Großartig!

Lageplan

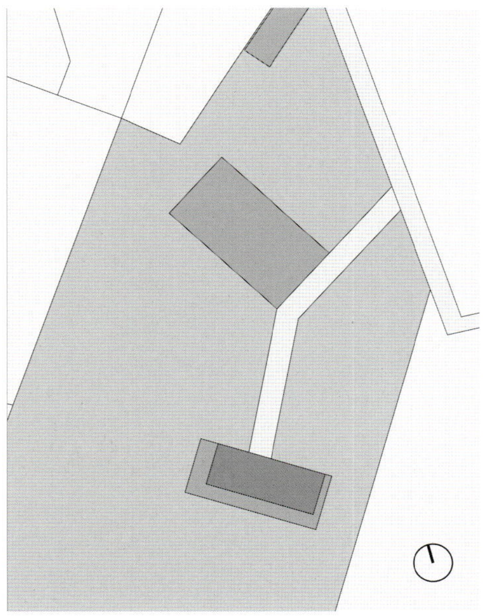

Ansicht Norden

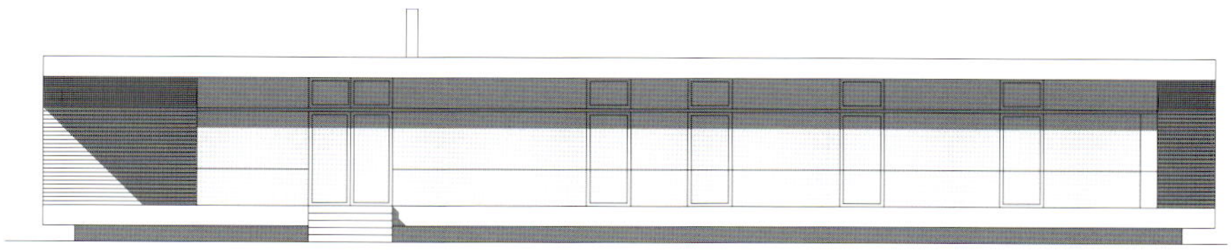

Ansicht Süden

Grundriss

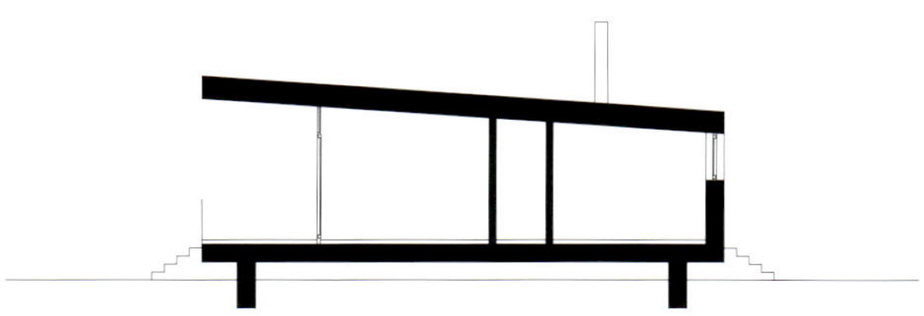

Querschnitt

Büro

k_m architektur

Büro Bregenz (Österreich):

Arch. DI Daniel Sauter
Glockengieße 2
6900 Bregenz
www.k-m-architektur.com
info@k-m-architektur.com

Büro Lindau (Deutschland):

Arch. DI Daniel Sauter
Hochbucherweg 58
88131 Lindau
www.k-m-architektur.com
info@k-m-architektur.com

Projektdaten

Planungszeit:	8 Monate
Bauzeit:	2008-2010
Grundstücksgröße:	1.134 m²
Wohnnutzfläche:	174 m²
Bewohner:	4

Fotos

Archiv Architekten

Stephan Maria Lang, München

Eine architektonisch eindrucksvolle Bildsprache für ein Sommerhaus

Prachtvolle Anwesen stehen für den Nimbus eleganten Wohnens am Starnberger See – und ebenso für eine lange Geschichte einer regionaltypischen Bootshausarchitektur. Es bedarf nicht nur eines besonderen Befähigungsprofils, sondern auch einer entsprechenden Anspruchshaltung, hier am See eine Architektur zu realisieren, die auf der einen Seite Geschichte fortschreibt, aber auf der anderen auch eine zeitgenössische Form findet, die gebauter Beleg unserer Zeit ist.

Die Vorgabe für den Architekten war ein längliches 6.000 Quadratmeter großes Badegrundstück am Starnberger See und der Wunsch der Auftraggeber nach einem originären Sommerhaus, bei dem analog zur japanischen Kultur die Verschmelzung zwischen Bauwerk und Natur im Vordergrund stehen sollte. In dem ländlich anmutenden Rahmen sollte eine Kultur der Verfeinerung entstehen, der Perfektion im Detail, des organisch offenen, dynamischen Raumflusses und des ständigen Wechselspiels subtiler Veränderungen im Ablauf der Jahreszeiten – von Tag zu Tag ebenso wie im Kontinuum der unterschiedlichen Sinneseindrücke Sommer, Winter und den ebenso faszinierenden Übergangszeiten, die es am Starnberger See stets als großes Schauspiel zu erleben gibt. Es galt in der Erwartung der Auftraggeber ein Gesamtkunstwerk zu schaffen, bei dem die Architektur, das Mobiliar und der Garten neben der direkten Anbindung zum Wasser auch die Stimmung der angrenzenden Osterseen mit ihren charakteristischen Feuchtwiesen einfängt. Gartenarchitektonisch war es deshalb nötig, einen Teil der ursprünglichen Uferlandschaft wiederherzustellen und diese durch behutsame Eingriffe poetisch zu überhöhen.

Der entworfene Gebäudetypus folgt rechtlich den Vorgaben des Bebauungsplans: Haus mit Satteldach und den üblichen Auflagen. Werden diese 1:1 erfüllt, dann ist meist das architektonische Mittelmaß, besser: das Elend vorgezeichnet.

Die Transformation der vorgegebenen Rahmenbedingungen ist daher ein Entwurf, der wohltuend vertraut die Bilder eines Bootshauses oder Werftgebäudes am See assoziiert – eine Pathosformel typisch feinregionaler Prägung: Ein L-förmiger Baukörper ist in Nord-Süd-Richtung auf einem Holzsteg situiert – in Anlehnung an die Slipanlagen von Bootswerften –, auf diese Weise konnte der Wunsch der Auftraggeberin nach einer Sichtachse mit Blickfokussierung von der Zuwegung über den Eintritt in das Haus bis zum See und zum Horizont planerisch verwirklicht werden. Das gebaute Ergebnis ist ein innerer Sichtbetonkubus über den sich origamiartig ein gefaltetes Holzschindeldach aus kanadischer Zeder legt – in der Raffinesse japanischer Verpackungskultur.

Die Nähe zur traditionellen Bootshausarchitektur am Starnberger See ist augenfällig und könnte auf einem solchen Grundstück passender nicht sein.

Diese Seite alle Impressionen am See: Ein beglückender Zusammenklang der einzelnen architektonischen Elemente: Die Loggia im Obergeschoss mit dem weiten Blick auf den See, daneben der Außenkamin auf der großen Terrasse und darunter der Eingang zum Saunahaus – eine poetisch-haptische Erfahrung für die Sinne.

Rechte Seite Die Hauptfassade stellt eine überaus gelungene Umformung eines typischen Bootshauses dar und ist gleichzeitig, eingerahmt von der Architektur der Bäume gleichsam die Momentaufnahme eines malerischen Tafelbildes. Darunter das Bootshaus mit dem Gattertor zum See mit dem perfekten Detail – wie im Haupthaus – des Dachabschlusses. Das ist gekonnter Umgang mit dem Werkstoff Holz!

Die 50 Zentimeter starke Schindelhaut der Fassade – architektonisch prägend in der Wirkung als Hülle – wird auch im Innenraum dialektisch wahrgenommen: als weiß gekalkte Eichen-Auskleidung an Boden, Wand und Decke. Welch formales und atmosphärisches Spektrum lässt sich mit dem natürlichen Werkstoff Holz erreichen!

Ungewöhnlich und raffiniert ist die Ausbildung der großzügigen Veranda im Schlafbereich des Obergeschosses – eine räumlich intime Situation, trotz größtmöglicher Offenheit der über Eck zu öffnenden Fensterflächen, die sich hinter der senkrechten Holzstruktur verbergen und dem Konzept einer typischen Bootshaus- oder Werftfassade unterordnen. Die andere Assoziation als Zitat ist der überdachte Bereich mit Holzuntersicht, der sich gleichsam verneigt vor den Qualitäten des oberbayerischen Geranienbalkons, und suggeriert so nach außen den regionaltypisch geschlossenen Baukörper.

Innenräumlich war die Intention des Entwurfs, sich bis ins kleinste Detail in die Atmosphäre eines jeden Raums zu vertiefen, also den jeweils unterschiedlichen Lichteindrücken Rechnung zu tragen. So wird über eine Lichtquelle im Obergeschoss gerichtetes Südlicht über einen Luftraum bis in die Tiefe des Erdgeschosses geführt, ein zweigeschossiges Atelierfenster fängt das durch den Baumbestand mystisch gefilterte Ostlicht ein und große Glasflächen nach Süden und zum See schaffen die feinsinnig erlebbare Beziehung vom Innen- zum Außenraum, von geformter Architektur zur Unmittelbarkeit der gewachsenen Natur. Die vorüberziehenden Wolken spiegeln sich im flächig eingeschliffenen weißen Naturstein, die ein vertrautes Grau ansetzende Patina der Schindeln lässt das Gebäude mit seiner Umgebung verschmelzen und findet sein Pendant im patinierten Sichtbeton, der die Wirkung von Licht und Schatten hervorhebt. Der Einzigartigkeit des Ortes einen Ausdruck zu geben, die sinnliche Kraft von Raum und Material, eine sublime Lichtgestaltung, die räumliche Komposition von Intimität und Weite, das waren die Ziele der organisch gedachten Architekturhaltung, die diesem Projekt unterliegt.

Stephan Maria Lang, München

Oben und rechte Seite oben Die Fotos illustrieren den atemberaubenden Blick über die gesamte Grundrisstiefe vom Eingang über den See bis zum Horizont auf die Berge.

Unten, unten rechts und rechte Seite unten Die Treppe als illuminierte Plastik mit der gestisch elegant vorgezogenen ersten Stufe. Anders als der offene Kamin sorgt der »Bollerofen« für eine winterlich angenehme Strahlungswärme, und Holz fällt das ganze Jahr über auf dem Grundstück genug an.

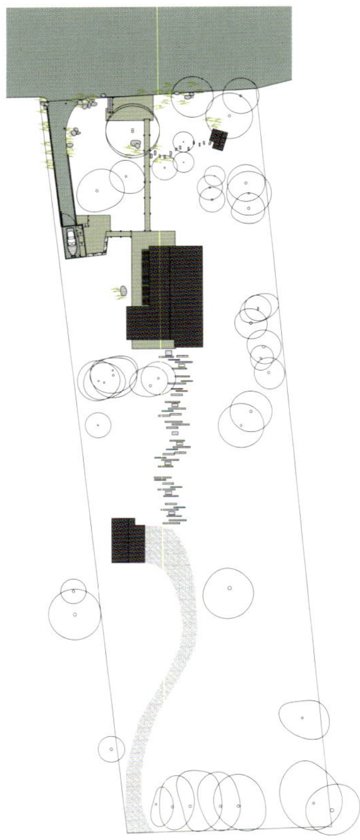

Lageplan

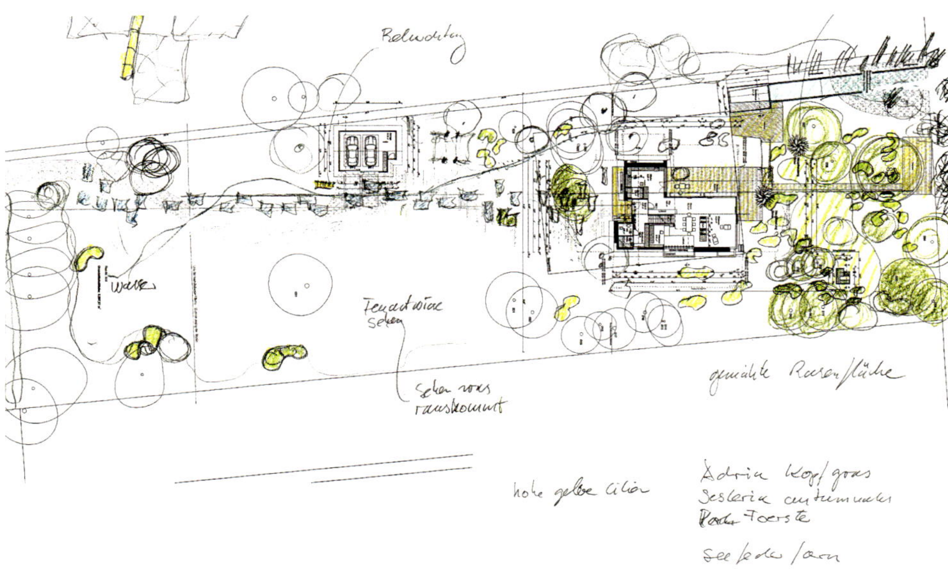

Links und oben Ein Grundstück ist ja nicht nur Bauland, es bedarf immer einer architektonischen Gesamtbetrachtung und dabei sind die Gebäude nur ein Teil – wie wichtig das Zusammenspiel zwischen Bauwerken und Gartenarchitektur ist, zeigt dieses Projekt. In Amerika werden auf solchen Grundstücken die Gartenanlagen sogar vor Baubeginn angelegt und bilden dann bereits beim Einzug ein stimmiges Gesamtkonzept.

Zusammengefasst ist das Credo des Architekten: »Ich möchte bewohnbare Raumplastiken schaffen, bequem und gelassen wie ein Maßanzug.«

Ja, dazu bedarf es einer komplexen Persönlichkeit als Architekt – von der Ausbildung über die herausfordernden beruflichen Stationen bis zur ausgeformten sozialen Kompetenz, ohne die sich ein in allen Dimensionen wirklich anspruchsvoller architektonischer Entwurf nicht erarbeiten lässt.

Beeindruckend – von der Konzeption bis zum Ergebnis, von der Detaillierung bis zur architektonischen Botschaft. Also Botschaft und Aufforderung zugleich: Es geht nicht nur um das Bauen, es geht darum, Architektur zu schaffen – auf faszinierend schönen Grundstücken ebenso wie an jedem anderen Ort. Engagierte Architekten widmen sich jeder Bauaufgabe, das ist auch die Botschaft dieses Projekts und seines Verfassers und ein baukünstlerisches Geschenk für die Bewohner wie für die Gesellschaft als Betrachter. Beispielhaft!

Stephan Maria Lang, München

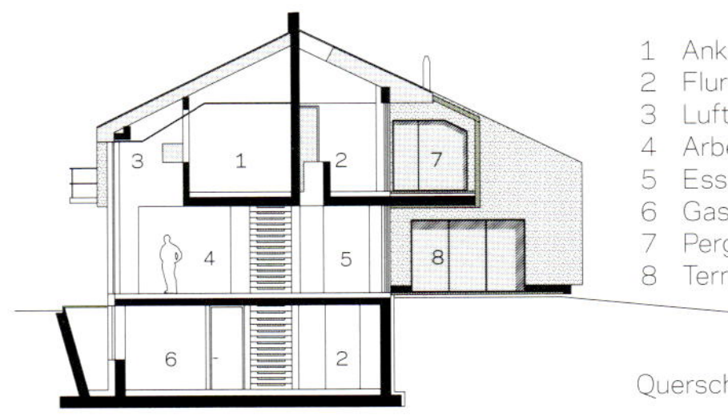

1 Ankleide
2 Flur
3 Luftraum
4 Arbeiten
5 Essen
6 Gast
7 Pergola
8 Terrasse

Querschnitt

Diese Seite alle Wer bauen will, wer sich für Architektur nicht nur als große Geste interessiert, wird Freude daran haben, einmal auf Raum und Detail, auf Funktion und optische Wirkung zu achten und vor allem: wo welches architektonisches Element eingesetzt wurde. Hier beeindrucken die Stärken – und darauf kommt es.

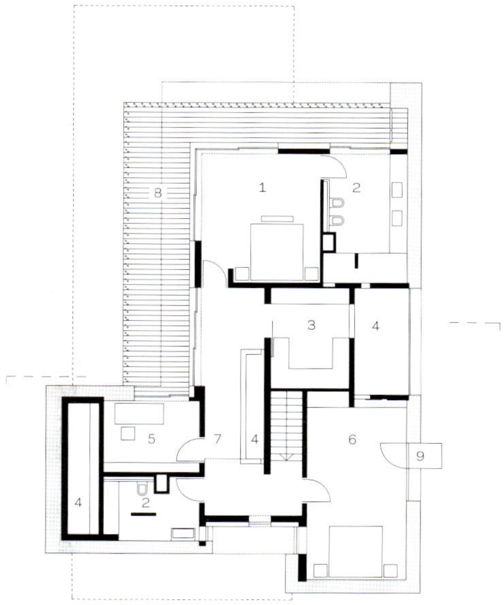

1 Schlafzimmer
2 Bad
3 Ankleide
4 Luftraum
5 Arbeiten
6 Gästezimmer
7 Flur
8 Loggia
9 Austritt

Obergeschoss

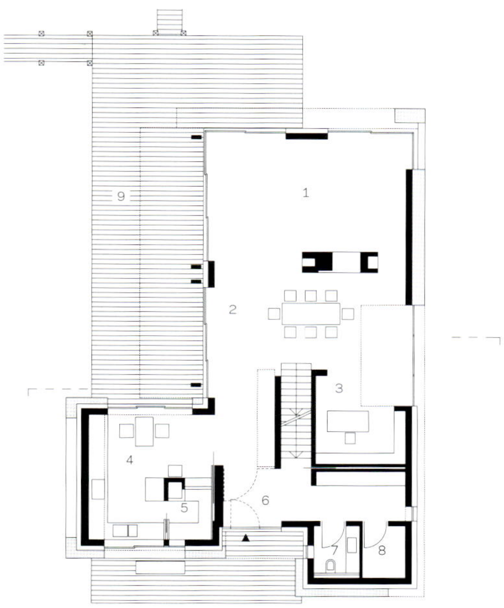

1 Wohnzimmer
2 Esszimmer
3 Arbeitszimmer
4 Küche
5 Speisekammer
6 Entree
7 WC
8 Abstellraum
9 Terrasse

Erdgeschoss

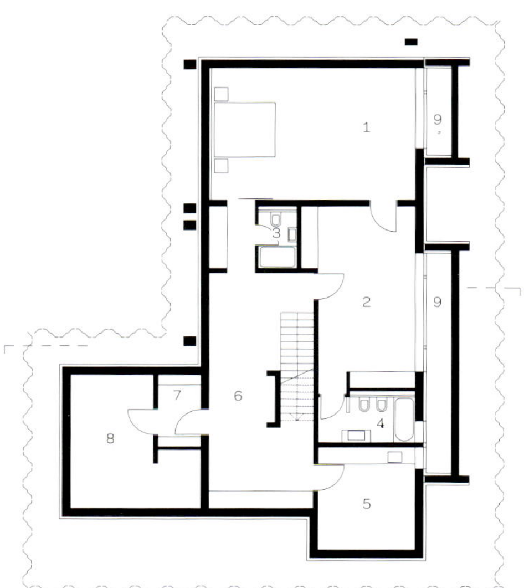

Maßstab 1:300

1 Schlafen Gast
2 Gästezimmer
3 Dusche / WC
4 Bad
5 Wäsche
6 Flur
7 Weinkeller
8 Technik
9 Lichtschacht

Untergeschoss

Büro

Design Associates
Dipl.-Ing. Stephan Maria Lang
Architekt
Winterstraße 4/Rgb.
81543 München
www.design-associates.de
mail@design-associates.de

Projektdaten

Baujahr:	2009–2010
Grundstück:	6.000 m²
Seegrundstück	
Wohnfläche:	265 m²
Nutzfläche:	95 m²

Fotos

Archiv Architekt
Walter Kirchner, Schatten Planer Group, München

Gläsernes Refugium am Stausee

Welches Naturszenario: Ein großer Stausee, abfallende Hänge und dichter Wald bilden den Erlebnisfond dieses Refugiums in exponierter, horstartiger Lage oberhalb eines Rur-Stausees in der Eifel. Bestechend ist der 180-Grad-Panoramablick weit oberhalb des Sees, und ein direkter Zugang zum See führt zum Bootshaus und lädt ebenso zum Baden ein.

Die über die Jahre ganz unterschiedlich gewachsene Wochenendhaus-Struktur der Umgebung hat ihren Ursprung in den 1960er Jahren. Die typische Architektursprache dieser Zeit – damals unter amerikanischem Einfluss als formaler Befreiungsschlag empfunden – greift der Entwurf auf. Allerdings schaffen die heutigen Materialien – Glas! – und baulichen Möglichkeiten eine sehr viel elegantere Architektursprache. So schreibt der Neubau auf der einen Seite die hiesige noch junge Baugeschichte fort und setzt auf der anderen ganz neue Maßstäbe an die architektonische Qualität, die der einmaligen Grundstückssituation auch gerecht wird.

Während des gesamten Zugangswegs zum Haus, das nur über einen 100 Meter langen serpentinenartigen Fußweg hangabwärts erreichbar ist, fällt der Blick fortwährend auf die fünfte Fassade des Gebäudes, das abwechslungsreich begrünte Dach, das schützend über die Fassade hinausreicht und den Blick auf das umliegende bewaldete Ufer und den See lenkt. Von den Bestandsmauern eingefasst, schützt es schirmartig den Sitzplatz im Freien sowohl an regnerischen Tagen als auch im Sommer bei hochstehender Sonne.

Der Vorgängerbau an dieser Stelle wurde bis auf zwei senkrecht zueinander stehende, 3 Meter hohe Mauern abgebrochen. Gegen das Abrutschen des Felsens, der teilweise für den Neubau abgetragen werden musste, sichert das Gelände eine 4 Meter hohe Gabionenwand, die mit den abgebrochenen Grauwacke-Steinen verfüllt wurde – ein durch das Stahlgefecht und die Unregelmäßigkeit der Steine formalgrafisch interessanter Hintergrund. Die massive, schützende Wand öffnet sich zum See und dient als Rücken des vorhandenen und erweiterten Plateaus.

Die Mauern des ehemaligen Bestands geben die Kubatur des Neubaus vor, der in zwei Funktionsspangen räumlich getrennt werden sollte. Über die gesamte Länge des Hauses und durch die Ganzglas-Übereck-Fassade besteht ein unmittelbarer Sicht- und Erlebnisbezug zum tiefer liegenden See. Der terrassierte Außenbereich als halböffentlicher Raum ist die erweiterte architektonische Bühne für den großzügig dimensionierten offenen Grundriss mit den baulich fein definierten Bereichen Wohnen, Essen und Kochen. Von diesen Logenplätzen reicht der Blick weit auf den See und

Uneinsehbar liegt das Haus horstartig oberhalb des Stausees und bietet höchste Lebensqualität – in der Eifel!

Oben Nach 100 Metern Abstieg mündet die Treppe auf dem Eingangs- und Terrassendeck – eingefasst durch die massive Bruchsteinmauer.

Ganz oben In der Verlängerung der Terrasse führt eine Treppe hinunter zum See – inmitten üppigsten Baumbestands.

die dicht bewaldeten Hänge. Der private Trakt – Schlafen, Ankleide und Bad – liegt im hangseitigen, hinteren Teil des Gebäudes, lässt sich aber durch Schiebetüren atmosphärisch großzügig zum Wohnbereich zuschalten.

Dem Wunsch der Auftraggeber entsprechend ist das bauliche Konzept auf eine weitgehende Autarkie ausgerichtet: mit eigener Kläranlage, die Heiz- und Warmwasserversorgung wird durch eine ressourcensparende Wärmepumpe, welche mit dem Seewasser gespeist wird, gedeckt – das Brauchwasser wird ebenfalls dem See entnommen. Der Heizenergiebedarf ist durch die Fassaden- und Dachausbildung sehr niedrig. Die großflächig verglaste Fassade nutzt in den Übergangszeiten und im Winter die Sonne als passive Solarenergie. Zusammen mit dem stark gedämmten Gründach wird diese »eingefangene Wärme« so effektiv gespeichert, dass selbst im Winter nur wenig geheizt werden muss. Der sommerliche Wärmeschutz ist konstruktiv durch das auskragende Dach und eine Sonnenschutzverglasung gelöst.

Der kostbaren, szenischen Situation des Grundstücks und des Neubaus trägt auch das individuell entworfene Mobiliar Rechnung – der Großteil der Möbel, von den Architekten entworfen, ist handwerklich gefertigt. Sorgfältig wurden dafür Bäume ausgesucht, aus denen die Furniere handgeschnitten wurden, auch die Lampen der Lichtkuppeln sind eigene Entwürfe, die nach Architektenvorlage von einem Leuchtenhersteller als Unikate produziert wurden.

Die Materialwahl – Grauwacke, Glas, Sichtbeton, Kirschbaumholz, eloxiertes Aluminium, verzinkter Stahl, geschliffener und gewachster Sichtestrich und glatt verputzte weiße Wände – folgt dem Wunsch nach Reduzierung der Formensprache: feinsinnig architektonischer Gegenpol zur Vielfalt der umgebenden Natureindrücke. Ein Haus zum Wohlfühlen – eine gelungene Kombination aus Eleganz, ökologischer Verantwortung und Naturverbundenheit. Überzeugend.

Rechte Seite oben Das Zentrum des Hauses bietet fantastische Ausblicke und ist gleichzeitig Empfangsebene, Aussichtsplattform und Zugang zum See.
Rechte Seite unten Die in die Decke eingelassenen Oberlichter dienen zwar zur Belichtung des rückwärtigen Schlaftrakts, sind aber auch raffinierte optische Verbindung in die Baumkronen am Hang.

Oben, rechts und unten Das innenarchitektonische Konzept vermeidet bewusst die formale Rivalität mit dem Außenraum der Natur: große, ruhige Flächen und präzise Details sowie sorgfältig konzipierte Innenausbauten bilden die Bühne für ein Leben inmitten der Natur.

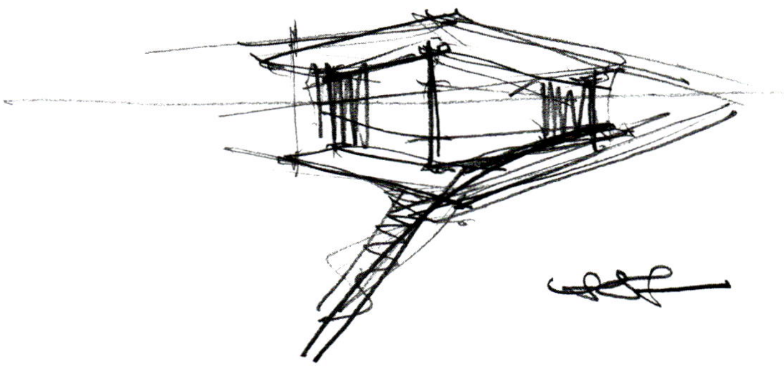

Querschnitt

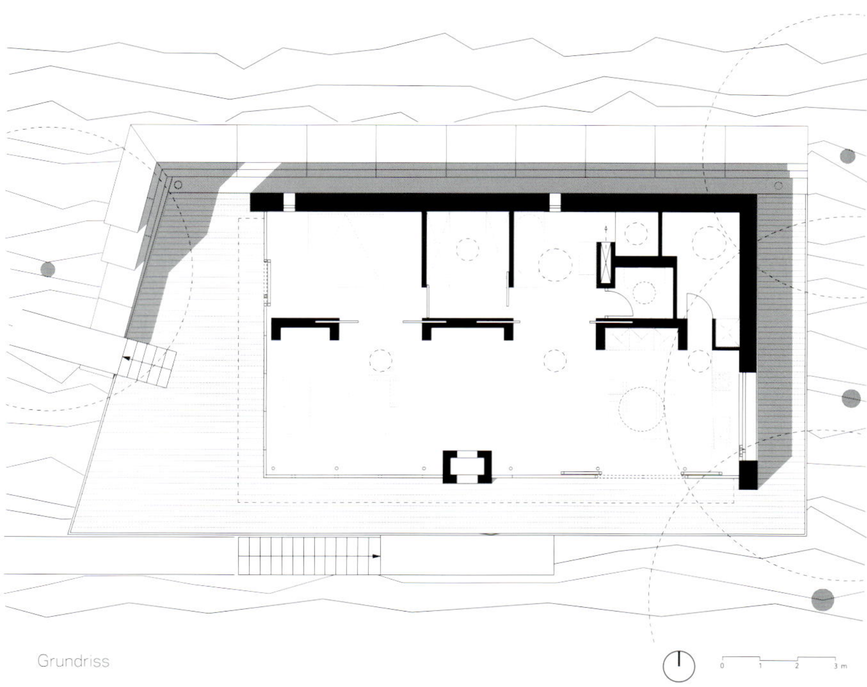

Grundriss

Büro

LHVH Architekten
Heinrich-Rohlmann-Straße 10
50829 Köln
www.lhvh.de
info@lhvh.de

Projektdaten

Fertigstellung :	Juli 2010
Grundstücksfläche:	2.500 m²
Wohnfläche:	85 m²
Terrasse:	50 m²
Nutzfläche:	5 m²
Bootshaus:	20 m²
Bewohner:	2

Projektleitung:
Dipl.-Ing. Architekt Heiko Sasse

Fotos

Lukas Roth, Köln

Stefan Ludes Architekten, Berlin

Verpflichtung zur Verantwortung, Verpflichtung zur Rekonstruktion

Die Debatte um die Legitimität einer architektonischen Rekonstruktion hält nicht nur an, sie wird auch weiterhin mit großer Härte geführt. Gegner und Befürworter sind in zwei geradezu verfeindete Lager gespalten, wobei sich die Puristen unter den zeitgenössischen Architekten den Vorwurf der Intoleranz, ja, der Borniertheit gefallen lassen müssen.

Wenn der damalige Bundeskanzler Helmut Kohl eine Käthe-Kollwitz-Plastik ohne großen Widerspruch als Mahnmal in der Neuen Wache mal so eben vergrößern lässt, damit sie in den Proportionen besser in den sakralen Raum von Schinkel passt, dann ist das ein Akt kultureller Barberei. Michelangelos *Pietà* verliert sich geradezu an ihrem Standort im Petersdom, aber niemand würde es wagen, den Gedanken an eine Vergrößerung zu äußern – in Bronze oder gar als Betonguss!

Rekonstruktion ist etwas ganz anderes. Sie bedarf des historischen Interesses und einer Könnerschaft – es muss einfach gesagt werden –, über die nur ganz wenige Architekten überhaupt noch verfügen. Eine schlüssige Rekonstruktion ist häufig eine sehr viel anspruchsvollere Aufgabe als der tausendste Aufguss eines Entwurfs, der sich mit dem Verweis auf das Bauhaus schmückt. Es gibt die hochkarätige Gegenwartsarchitektur einiger weniger herausragender Architekten und es gibt die unbedingte Meisterschaft, die sich auch auf das Handwerk der Rekonstruktion und des Entwerfens in einem klassischen Formenkanon verstehen. Diese besondere Kennerschaft einer stilsicheren Hand wird ihnen geneidet – und das ist ein Zeichen von Kleinmut, nicht aber von vorgespielter intellektueller Schärfe.

Das 19. Jahrhundert hat unsere großen Städte architektonisch ganz wesentlich geprägt, ebenso die Villenbauten in den Außenbezirken. Ihre Volumina, ihr Formenreichtum und ihre Gartenanlagen empfinden wir heute als kostbar, wichtig und erhaltenswert. Das war bis in die 1980er Jahre noch keine Selbstverständlichkeit, wie die Abstuckaktionen auch in Berlin in ihrer ganzen kulturellen Barberei belegen.

Was bedeutet das für die Villa Jacobs – zwanghafte Moderne oder die mutige Verantwortung zur Rekonstruktion? Das gebaute Ergebnis wird nur bei den unbeirrbaren ideologischen Hardlinern auf Ablehnung stoßen – aber damit sind sie einsame und unerwünschte Rufer.

Der 4,5 Hektar große Park wurde mit dem Bau der Villa Jacobs ab 1835 angelegt und liegt am Hochufer des Jungfernsees nahe der historischen Parkanlage des Neuen Gartens mit dem Schloss Cecilienhof und dem Marmorpalais. 1835 von Friedrich Ludwig Persius im toskanischen Landhausstil als Turmvilla für den Zuckersiede-

Die Neuinterpretation der Villa nach einem ursprünglichen Entwurf von dem Architekten Friedrich Ludwig Persius im Jahre 1835

fabrikanten Ludwig F. O. Jacobs erbaut, war sie die erste ihrer Art und Vorbild für sämtliche Turmvillen in Potsdam. Sie gehörte zu einer Kette romantischer Bauten am Havelufer. Über den Turm als weithin sichtbaren baulichen Akzent gibt es zahlreiche Sichtbeziehungen in der Potsdamer Parklandschaft auf die Villa selbst und von hier aus auf die Bauten und Parks des Jungfernsees.

Aufgrund der Grenznähe zu West-Berlin wurde die Villa 1980–81 auf damaligem DDR-Gebiet bis auf den Gewölbekeller völlig zerstört.

Nach dem Kauf der Ruine erfolgte eine penible Bauaufnahme durch den beauftragten Architekten ohne klaren Ausgang dieses Abenteuers. Der Wiederaufbau war nicht von vornherein klar. Baurechtlich wäre auch eine Neuplanung möglich gewesen.

Nach gründlichem Durchkämmen des Trümmerhaufens wurden ein gut erhaltenes Kellergewölbe, aber auch viele Teile des plastischen Schmucks des Altbaus gefunden. Damit kristallisierte sich immer mehr die einzig denkbare Lösung heraus: der

Unten Die Entwurfsskizze von Friedrich Ludwig Persius kann mit jedem heutigen Computer-Rendering in der Vorstellungskraft mithalten.

Rechte Seite beide Die Abbildungen können die überaus großzügigen und eleganten Raummaße und Proportionen nur ungenügend wiedergeben. Blickpunkte in dem großen Wohnraum sind die achsial angeordneten Fenster und der symmetrische Bezug zum Kamin.

Oben Die neu gepflanzten Alleebäume werden später den großartigen Gesamteindruck entscheidend mitprägen.

Ganz oben Englische Parklandschaft und formaler Garten prägen den Außenraum des weitläufigen Anwesens. Die Entwürfe der Gartenanlage gehen auf Peter Joseph Lenné zurück.

Unten Den Lageplan von 1835 bezeichnete der Königliche Hofgärtner K. Nietner als Verschönerungsprojekt zur Villa – übrigens mit einem ausgedehnten Weingarten. Jetzt wurde der Garten im Zuge der Baumaßnahmen neu angelegt und ist wieder eine Zierde für jeden Betrachter – natürlich auch vom Wasser aus.

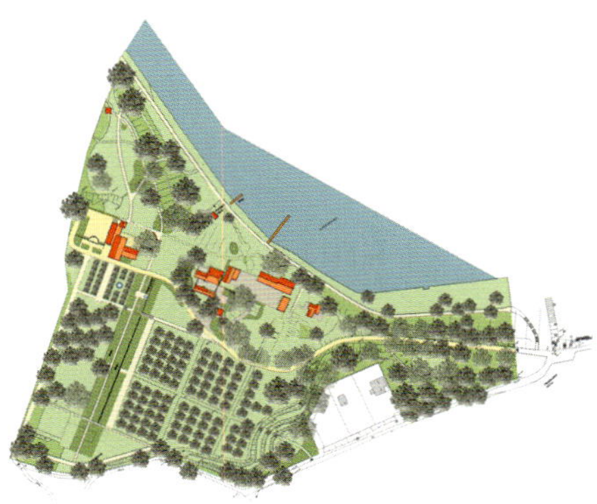

Wiederaufbau in der originalen Kubatur. Als Grundlage diente die Bauaufnahme sowie das reichlich vorhandene historische Bildmaterial.

Es wurde aber bewusst nicht jedes Relief und jede Schmuckform aufgegriffen – und die Giebelfelder wurden verglast, das Entree neu gestaltet, der Grundriss überarbeitet und all das unter der Priorität der Ausblicke auf See, Park und Natur.

Die Bezüge zur Potsdamer Kulturlandschaft eröffnen sich besonders eindrucksvoll im Obergeschoss und dem Belvedere. Hier sind die Blickachsen zu den großen Landmarken, wie Karl Friedrich Schinkels Casino von Schloss Glienicke oder zum Sacrower Ufer und Persius' Heilandskirche zu erleben. Diese Blickbeziehungen gehen auf den Gartengestalter Peter Joseph Lenné zurück, von dem auch der Park der Villa Jacobs stammt. Die heutige Gartenanlage bildet den historischen Kern eines ursprünglich 10 Hektar großen Areals und ist der einzige Park, den Lenné für einen privaten Auftraggeber geplant hat. Er gehört seit 1991 zum Weltkulturerbe der UNESCO. Weitere Gebäude wie Gärtnerhaus, ehemalige Stallungen, Verwaltergebäude und Maschinenhaus sind Bestandteil der Anlage.

Eine künstlerische Bedeutung begründet sich aus der Kombination unterschiedlicher Gestaltungsweisen zu einem Gesamtkunstwerk. Als Symbiose aus landschaftlicher Gestaltung, römisch-antikem Villengarten und Nutzgarten bildet der Garten ein harmonisches Ganzes. Aufgrund der Lage kommt ihm auch eine herausragende städtebauliche Bedeutung zu, vor allem durch die angelegten Sichtachsen aus dem Garten in die umgebende Landschaft sowie die Blickbezüge zum und vom Turm der Villa.

Natürlich ist die Romantik Vergangenheit, aber ihre architektonischen Zeitzeugen sind und bleiben die Ankerpunkte, die uns noch als Eindruckssplitter geblieben sind. Es kann ohne ein klares Bekenntnis zum Erhalt unserer gebauten Kulturgeschichte keine originäre Zukunft der Gegenwartsarchitektur geben – auch wenn LeCorbusier noch immer als Schutzheiliger einer radikalen, aber eben auch zerstörerischen Moderne gefeiert wird.

Die Rekonstruktion hat immer dann ihre unbedingte Berechtigung, wenn die Pathosformeln einer ganzen Epoche nicht verloren gehen sollen. Auf einem Anwesen wie dem der Villa Jacobs war sie eine überaus mutige Entscheidung – von den Auftraggebern ebenso wie vom Architekten. Bauwerk und Kulturlandschaft bilden wieder eine Einheit dank kongenialer Kennerschaft – großartig!

Stefan Ludes Architekten, Berlin

Die Durchsicht von der Terrasse auf das Speisezimmer, das auch über einen achsial angeordneten Kamin verfügt. Die ursprüngliche Gliederung der Fassade wurde mit neuen geometrischen Formen aufgenommen und verleiht so den Mauervorlagen die notwendige Struktur.

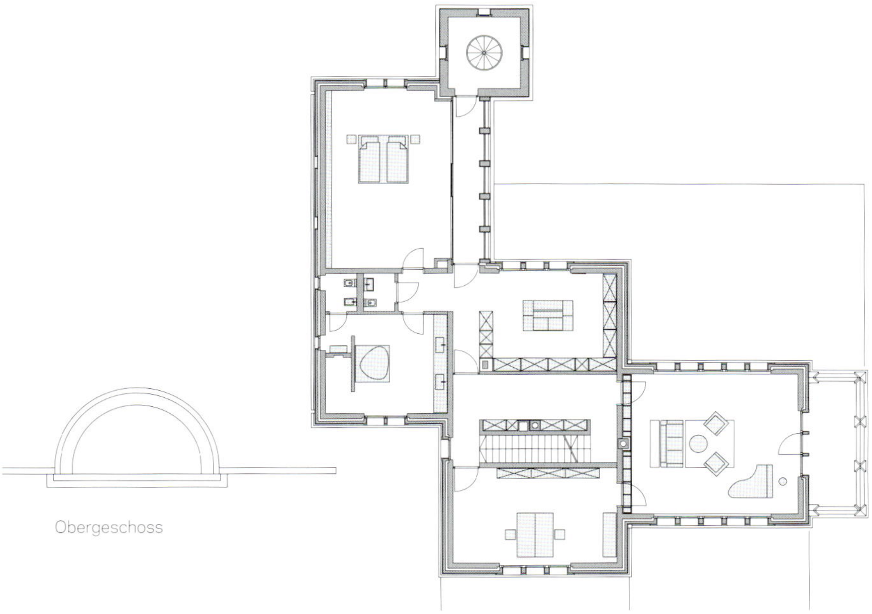

Obergeschoss

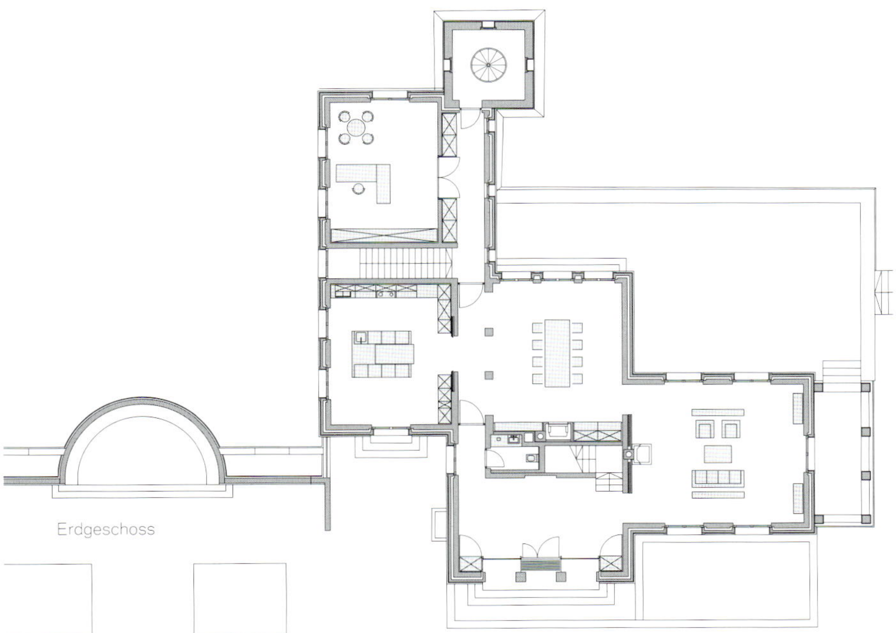

Erdgeschoss

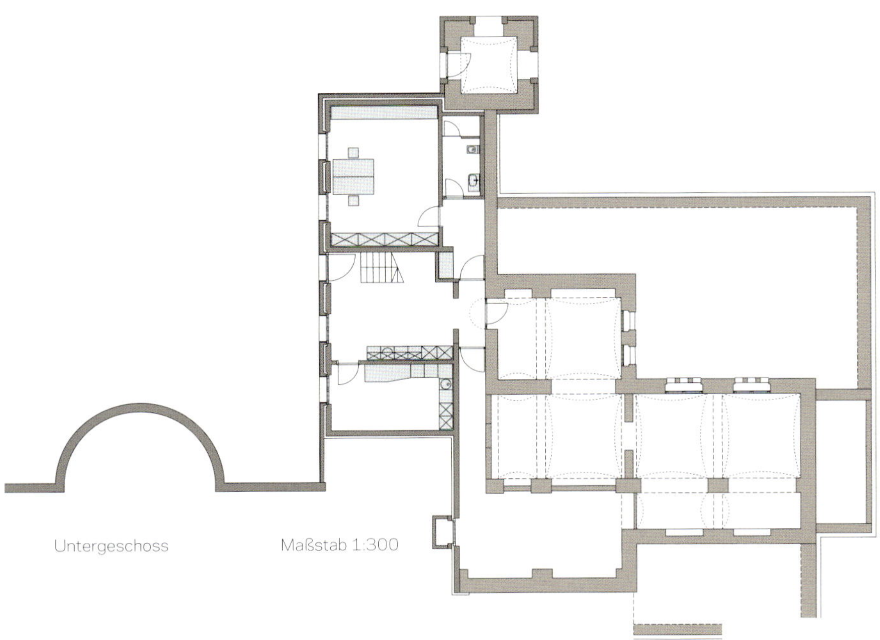

Untergeschoss

Maßstab 1:300

Büro

Stefan Ludes Architekten
Kurfürstendamm 177
10707 Berlin
www.ludes-architekten.de
info@ludes-architekten.de

Projektdaten

Ersterrichtung:	1835
Wiederaufbau:	2008
Art und Umfang der Bauaufgabe: Wiederaufbau der historischen Kubatur einer Persius-Villa auf originalen Fundamenten	
Grundstücksgröße:	4,5 ha
Wohnfläche:	582 m²

Fotos

Werner Huthmacher, Berlin

meck architekten, München

Ein skulpturales Refugium in den Bergen

Das Faszinierende an großer skulpturaler Kunst ist, dass sie sich zwar häufig schon auf den ersten Blick zu erschließen scheint – Henry Moore! –, dass sich aber ihre wirkliche Größe erst darin zeigt, dass sie das mystisch Verborgene auch bei unendlich langem Betrachten nicht preisgibt. Die Seele eines bedeutenden Kunstwerks bleibt stets unergründlich, trotz aller Interpretationsversuche. Manchmal ist auch nach Jahrhunderten noch nicht einmal die Identität des Künstlers eindeutig nachzuweisen, wie die vielen Zu- und Abschreibungen der Urheberschaft in der Kunst belegen – auch wenn die Qualität unstrittig ist.

Von der Architektur als Mutter aller Künste erwarten wir nichts anderes, nur: Wie selten wird es eingelöst? Wie selten verdient zeitgenössische Architektur noch das Prädikat Skulptur? Wie selten gar birgt sie das Unergründbare, ja, das Genialische, das sich der Beschreibung entzieht?

Eine Skulptur braucht Raum, sie muss umschritten werden können, um sich in ihrer ganzen Plastizität entfalten zu können – ein Relief hat eben eine andere Funktion. Auch dieses Haus sollte man bei der Lektüre des Textes gedanklich von allen Seiten erfassen – außen wie innen. Erst dann wird es sich ganz erschließen, in seiner Skulpturalität ebenso wie in der grafischen Raffinesse der Fassaden. Und so wie der Bildhauer mit präzisen Schlägen die Form freilegt, so skizziert auch der Architekt selbst sein Entwurfskonzept mit verbaler Prägnanz:

»Ein kleines Haus am Berg. Ein steiler Hang. Räume für einen Sonnenmenschen. Der Blick nach Süden auf Gletscher und in zwei Täler. Kein Firlefanz. Eine Mauer aus Stahlbeton weist den Weg ins Haus. Die Wände folgen den Höhenlinien. Ein Sockel entsteht, der einen Holzbau trägt. Leicht und weit auskragend öffnet er sich zur Sonne. Der Kamin als Mittelpunkt des Hauses. Zwei Wohnungen: Die eine introvertiert, den Blick gerahmt wie ein Bild an der Wand, ein Patio, ein Alkoven ausgekleidet mit grauem Loden. Die andere, extrovertiert, offen, mit Rundumblick von Osten nach Westen, die Terrasse frei schwebend in luftiger Höhe. 1.113 Meter über Normalnull.

Die introvertierte Wohnung, sich anlehnend an den steilen Hang. Der Boden steinern und roh: Gneis, polygonal verlegt. Wer barfuß geht, spürt den Felsen, auf dem das Haus steht. Die Wände weiß, tief eingeschnitten die Fensteröffnungen – wie Landschaftsrahmen, in denen man sitzen kann. Auch im Patio. Rückzug mit Ausblick. Vom Alkoven ins gemeinsame Wohnen. Vom Wohnen in den Patio. Von innen nach außen. In die gewaltige Landschaft. Die obere Wohnung. Ein Vogelnest. Leicht anmutendes Material, offen der Blick. Sibirische Lärchenbohlen am Boden, die Fassade zum

Auf den Minimalismus darf sich nur berufen, wer auch damit umgehen kann. Hier spielt ein formaler Aufbau mit den Reizen der Proportion, der Fensteröffnungen und der skulpturalen Gliederung. Jedes Mehr wäre hier zu viel.

meck architekten, München

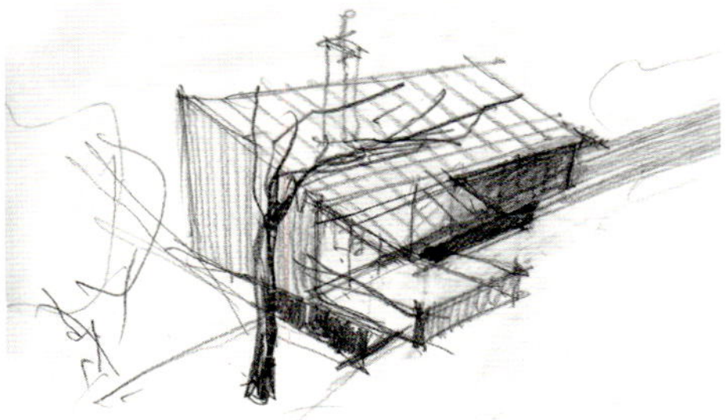

Links Eine erste Skizze lässt den späteren Baukörper schon erahnen, aber bis zur planerischen Endfassung waren noch viele Detailschritte zu erarbeiten – die Skizze kann immer nur der Anfang sein.

Rechte Seite beide Die Raumfolge auf der oberen Wohnebene in reduzierter Formensprache, aber in der zurückgenommenen Wirkung ebenso eindrucksvoll wie die äußere Form.

Oben und ganz oben Nicht nur bildet jede Wohnebene ganz unterschiedliche Blickbezüge in die faszinierende Bergwelt, es sind auch die in Beton eingefassten Bilder, die je nach Standort einen neuen und überraschenden Rahmen erfahren.

Balkon und der auskragenden Terrasse großzügig zu öffnen. Der Raum beginnt im Inneren und endet im Freien, schwellenlos. Und dennoch Entsprechungen zwischen den beiden Wohnungen. Die Raumschale weiß. Die Küchen weiß, mit einer Arbeitsplatte aus Beton. Die Bäder als Wellnessbereich – mit Blick nach außen. Unten das Badezimmer sich öffnend zum Patio. Oben das Badezimmer mit Blick in den Himmel, die frei stehende Badewanne mit Aussicht ins Tal. Der frei stehende Kamin. Raumprägend und von allen Seiten erlebbar.

Die Konstruktion: Eisenbetonwände als Grundstock – die Struktur ein Holzrelief. Kreuzlagen gewährleisten die Auskragungen, darauf der Holzbau, vorgefertigt. Elementbauweise, dampfdiffusionsoffen. Kanthölzer, beidseitig beplankt, mit Dämmung gefüllt. Lärchenholzbretter, hinterlüftet, schwarz gestrichen – die Hülle zum Schutz. Die Fassade. Pfosten als Grundgerüst, öffenbare Schiebeelemente, eine gläserne Füllung trennt innen und außen.

Energie: Erdsonden nutzen die Tiefen des Berges. Pumpen fördern Energie ans Tageslicht. Wärmetauscher speisen den Kreislauf der Wand- und Bodenheizung. Die Temperaturen hierfür sind ideal. Kamine sorgen für Behaglichkeit und Glückshormone. Die Anforderungen der Salzburger Wärmeschutzverordnung sind erfüllt.«

Ja, so wie eine gute Plastik im Freien sich über die Jahre in der Oberfläche langsam verändert, so ist auch bei diesem Bauwerk ein würdiges Altern erwünscht: Dinge, die in Würde altern, sind menschlich, begreifbar und auch gebauter Beleg der Nachhaltigkeit.

Die dominanten Materialien – Lärchenholz und Beton – können sich dem Altern stellen. Eine Forderung, die nur zu viele Architekten beim Abfassen ihres Entwurfs vernachlässigen. Das Botox der gängigen Fassadenarchitektur in Elementbauweise heißt: Austauschen. Aber dieser Prozess wird dann so lange hinausgeschoben, bis es nicht länger technisch zu verantworten ist. An den Negativeffekt für den Betrachter denkt dabei niemand. Ja, herausragende Architektur ist ein äußerst komplexes Geschehen, das auch Auftraggeber gern unterschätzen, und: Gute Architektur braucht Zeit. Auch darauf müssen sich Auftraggeber einstellen, erst dann werden sie mit der stetigen Dividende der von ihnen beauftragten Architektur belohnt. Nur wer es selbst erlebt hat, weiß den Satz »Per aspera ad astra«, dass es also ein steiniger Weg zu den Sternen ist, zu schätzen.

Links Der extrovertierte Bezug zur gewaltigen Bergwelt mit der großen Sonnenterrasse.

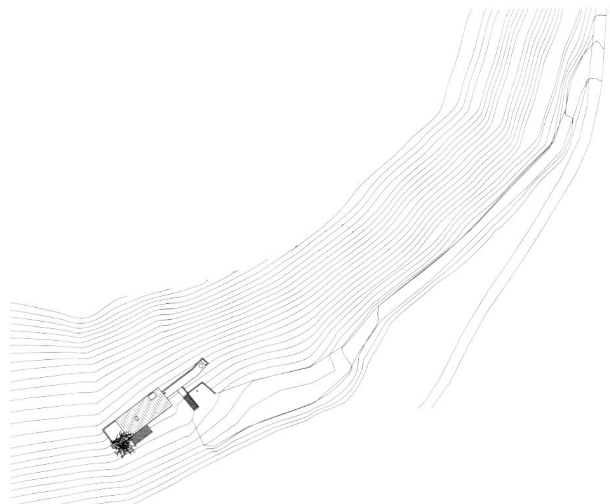

Lageplan

Links und Mitte Die introvertiert angelegte Ebene als geschützter Raum in der rauen Natur interpretiert – der Alkoven als Abbild der Entwurfsidee.

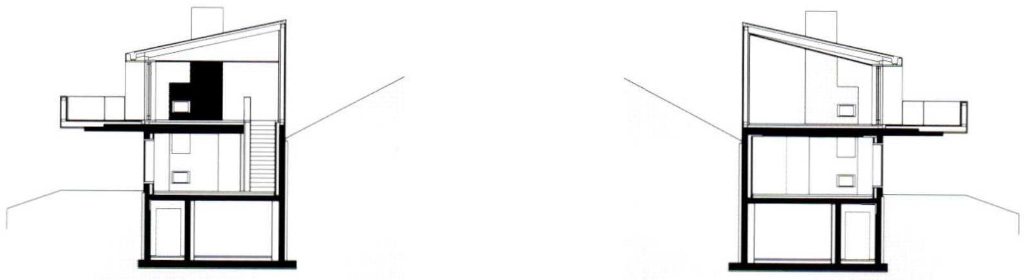

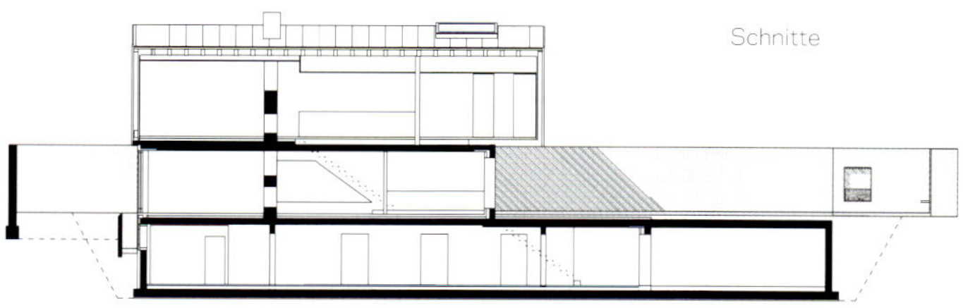

Schnitte

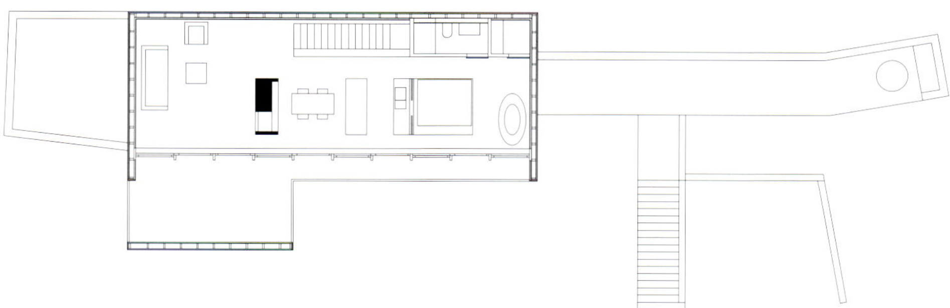

Obergeschoss

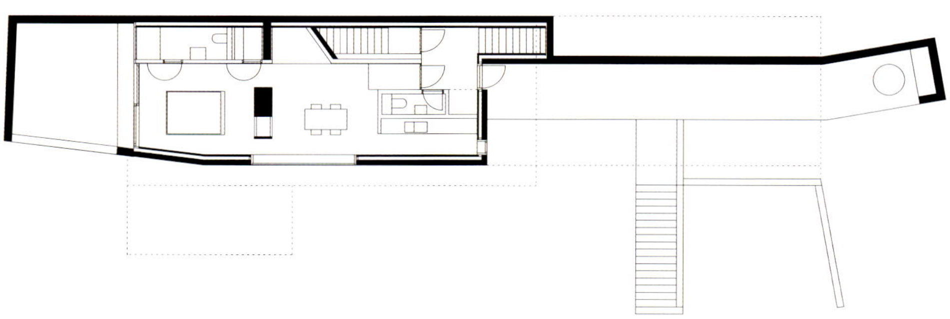

Maßstab 1:200

Erdgeschoss

Büro
meck architekten
Andreas Meck
Kellerstraße 39
81667 München
www.meck-architekten.de
office@meck-architekten.de

Projektdaten

Baujahr:	2008
Grundstücksgröße:	793 m²
Wohnfläche:	121,49 m²
Zusätzliche Nutzfläche:	66,10 m²

Mitarbeit: Andy Westner,
Erwin J. Steiner

Fotos
Michael Heinrich, München
Porträt: Florian Holzherr, München

Nuno Graça Moura Arquitecto, Porto

Refugium bei Porto

Die Handschrift der großen portugiesischen Architekten folgt einer ganz eigenständigen Grafologie, und man muss einmal im Land gewesen sein, um diese Architektur in ihrer Magie hautnah zu erfahren. Bei uns sind die großen Namen – beispielhaft sei Alvaro Siza genannt – nahezu unbekannt. Das ist gänzlich unverständlich, weil die portugiesischen Architekten nicht nur auf eine singuläre Architekturgeschichte zurückblicken können, sondern es auch geschafft haben, diesen großartigen künstlerischen Geist in der Gegenwart zu bewahren. Baukunst ist dort kein Fremdwort, sondern entsteht im Geiste einer gelebten Verantwortung – entsprechend beeindruckend sind die Bauten.

Der junge Architekt Moura ist dabei, sich in diese Riege hineinzuarbeiten. Sein Projekt eines Refugiums verrät eine geniale Handschrift als Architekt ebenso wie als Künstler und ökologisch orientierter Planer – eine seltene Kombination der Talente.

Natürlich ist das Grundstück in seiner Größe und Lage einmalig und faszinierend, aber es verfügt nicht über die allgemeingültigen Attraktionen, wie Meerblick oder Alpenpanorama. Das 5 Hektar große Gesamtgelände besteht vielmehr aus mehreren Plattformen, wie man sie überall der Natur abgetrotzt hat, um auf den ebenen Flächen Landwirtschaft zu betreiben. Das Areal besteht aus vielen Ebenen, das sich mit Stützmauern aus Granit über eine Höhe von 90 Metern aufbaut. Im Westen wird es von dem Fluss Tâmega eingefasst.

Das Haus – ein Haus nach langläufigen Vorstellungen? – ist Teil einer Naturformation, ist rätselhafter Monolith und gebaute Avantgarde zugleich. Es ist ein Haus, ein Refugium inmitten der Natur, das architektonisch überzeugend die Aufgabe löst, eine subtile Symbiose mit seinem »Fundament« einzugehen – den gewaltigen Stützmauern aus steinernen Quadern, die sich der Handhabe der Menschenkraft zu entziehen scheinen.

Das Geheimnis der weißen Fassadenfläche inmitten der Erd- und Grüntöne als gebaute Botschaft wird noch weiter rätselhaft durch die Eingangssituation gesteigert, weil man sie vergeblich als Ansicht sucht: ein gleichsam in den Fels geschlagener Zugang, auf Niveau des Dachs, das eine Erweiterung einer schon existierenden Plattform in der Geländeformation ist. Welche Inszenierung, welch Respekt vor dem Terroir! Und dann die Treppe ins obere Wohngeschoss: Als hätten Giganten selbst die Stufen verlegt und die einfassenden Wände geformt!

Im Obergeschoss – unter der Erde auf dem Gründach – breitet sich großzügig der Schlaftrakt aus: vier eigenständige Appartements, die über einen langen Flur zugäng-

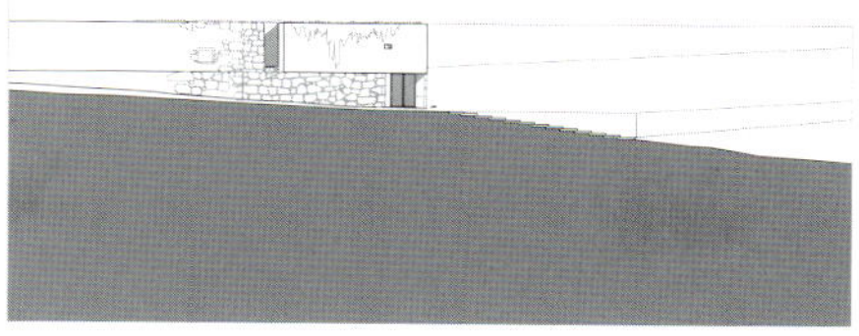

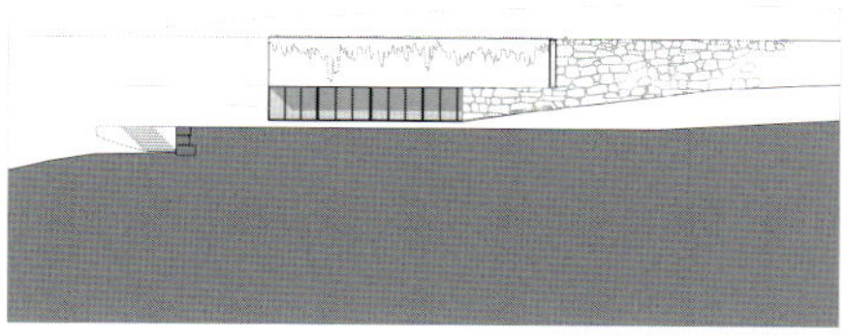

Unten Wie aus einem Steinbruch herausgetrennt wirkt das Obergeschoss des in die Landschaft eingelassenen Baukörpers.

Links Die Steinterrassen mit ihren riesigen Blöcken muten archaisch an.

Mitte Der Treppenaufgang lebt auch von der mystischen Wirkung dieses großartigen Materials, das altersunabhängig in der Wirkung einzigartig ist.

Unten Drei Ebenen unterhalb des Wohntrakts liegt abseits der offene Pool.

Rechte Seite oben Einen besonderen Reiz bei diesem Projekt stellen die so unterschiedlichen Freisitzqualitäten dar: die geschützte Terrasse mit weitem Blick in die Landschaft und als Gegenpol der mit den großen Naturbruchsteinen eingefasste Patio vor dem Schlaftrakt.

lich sind – für die Bewohner und ihre Gäste. Als weiteres Merkmal einer gekonnten architektonischen Handschrift wendet sich das Obergeschoss nicht der Landschaft zu – was naheliegend gewesen wäre! –, sondern auf einen rückwärtigen intimen Innenhof mit Orientierung nach Osten, der Morgensonne entgegen. Auch hier wieder die faszinierende Konfrontation auf engem Raum mit der Natur und den altehrwürdigen Stützmauern und dem nahen Wald, der schützend für den Bodenbewuchs ein reiches Kleinklima schafft.

Das Erdgeschoss eröffnet eine ganz andere Inszenierung: Essen, Kochen, Wohnen. Aber in welchen Dimensionen, in welch raffiniertem Arrangement! Man muss den Grundriss lesen, um die intellektuelle und räumliche Opulenz des Hauses würdigen

zu können. Es geht nicht um vordergründigen Luxus, sondern um gebautes Lebensgefühl und Lebensanspruch. Die Bühne für all das sollte ganz offenbar das Selbstverständliche des Zusammenklangs sein: ein Lebens- und Wohnumfeld sowohl als Teil, aber auch als kulturelles Additiv. Und der einmalig schöne Blick – fokussiert auf eine Außenterrasse mit allen Sinnesreizen – nicht nur mit dem Blick auf den Garten, den Fluss und die Berge, nein, gleichsam wie in einem Klaustrum auch demütig dem Geschenk der Natur gegenüber.

Zur Sachinformation: Das Haus ist teilweise mit dem Granit aus den im Gelände früher existierenden Mauern gebaut. Die statische Struktur ist aus Beton. Die technisch notwendigen Elemente – Küche, Bäder, Einbauten – verweisen selbstbewusst auf das Zeitgenössische, aber kontrastieren feinsinnig mit alten handwerklich bearbeiteten Materialien wie Granit (Mauern), dunkelbraunem Schiefer (Böden) und den traditionellen portugiesischen Fliesen (Badezimmer), und bilden so einen dem kulturellen Erbe verpflichteten Gestaltungskanon.

Raumklima und Energieaspekte: Doppelwände mit Kork im Inneren und das bepflanzte Dach sorgen im Zusammenklang mit dem komplexen architektonischen Konzept für eine angenehme Atmosphäre, ein gutes Innenklima und dienen auch zur Reduzierung der Energiekosten. Aber das sind die eher nüchternen Daten.

Die Hommage geht an die Architektur – und die ist einfach in ihrem Wahrnehmungskosmos faszinierend. Ein junges Meisterwerk.

Oben und unten Der große Pool auf der unteren Terrasse, der ganz bewusst der Sonne ausgesetzt ist, während das Haupthaus auch der Sonne zu trotzen weiß.

Links und Mitte Der Grundriss zeigt, dass es sich hier um ein einladendes, geselliges Haus handelt – mit zwei großen Wohnbereichen, einem Billardzimmer und einer abgetrennten Küche, deren Dimensionen alle logistischen Anforderungen erfüllen.

Links Die gazeförmigen Vorhänge dienen nicht nur als Fliegenschutz, sondern auch dazu, das gleißende Sonnenlicht etwas abzumildern.

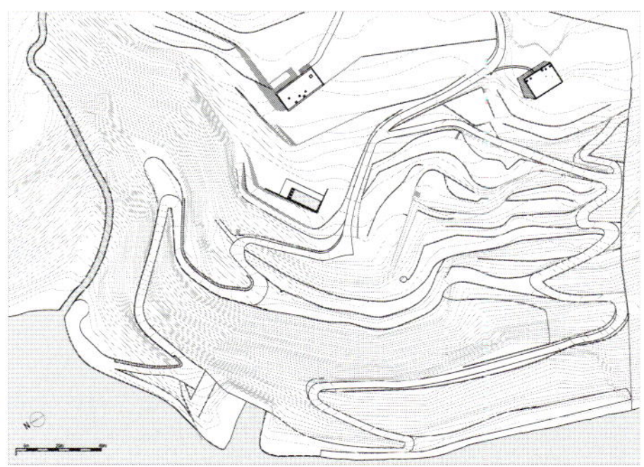

Lageplan

Schnitt

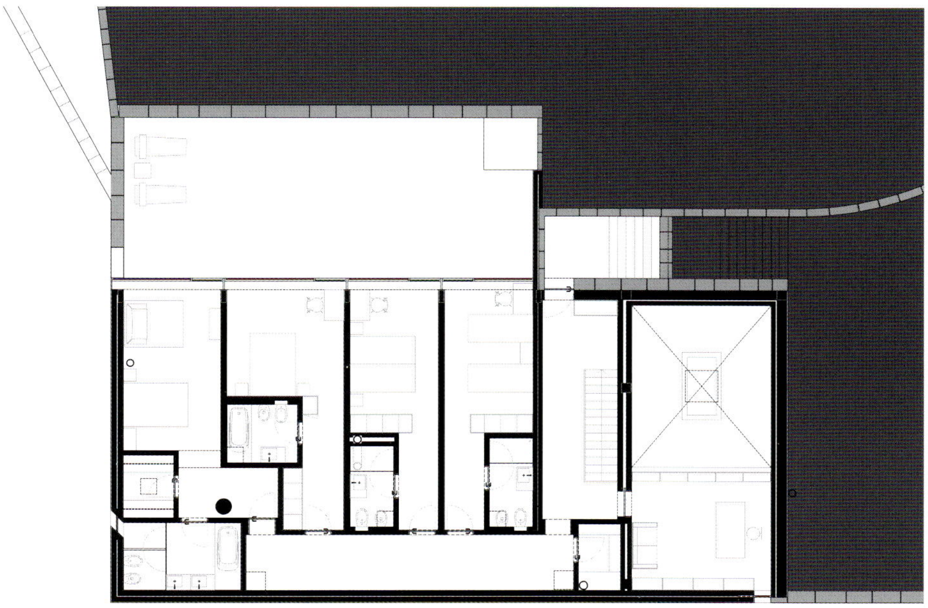

Obergeschoss

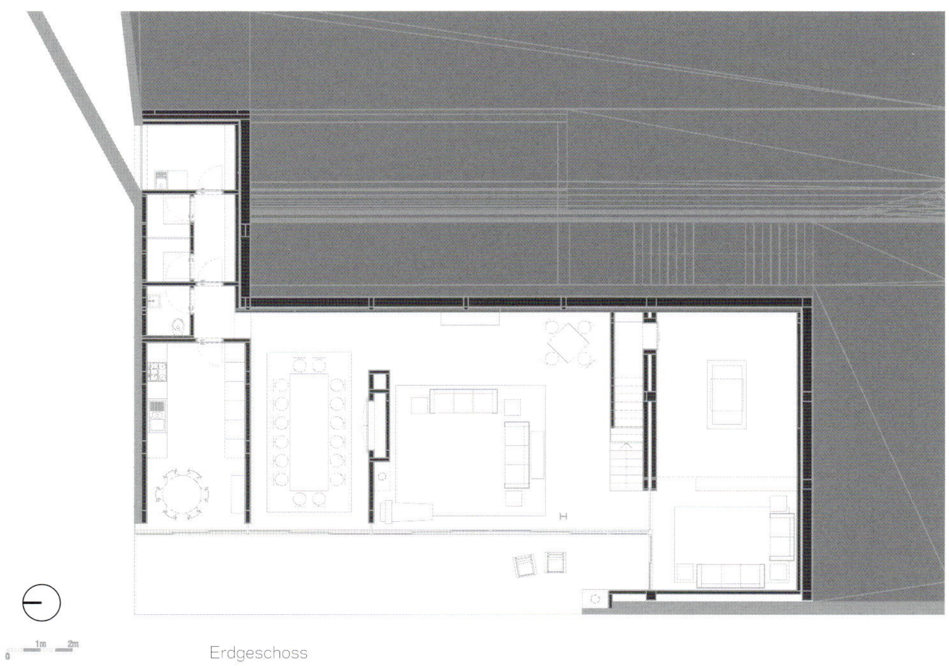

Erdgeschoss

Büro

Nuno Graça Moura
Arquitecto Lda.
Rua Eugénio de Castro, nº300, S.119
4100-225 Porto
www.nunogracamoura.com
nunogracamoura@net.novis.pt

Projektdaten

Baujahr:	2005–2008
Grundstücksgröße:	5 ha
Wohnfläche:	ca. 370 m²
Zusätzliche Nutzfläche:	
Keller	ca. 50 m²
Veranda	40 m²
Anzahl der Bewohner:	4 + Gäste

Fotos

Archiv Architekt

Pfeiffer Architekten, Berlin

Besondere Auszeichnung: Regionale Baukultur

Vater und Sohn – auch ein architektonischer Generationenwechsel

Über architektonische Qualität lässt sich trefflich diskutieren, wobei es – wie in der Kunstgeschichte – ein Gebot der Fairness ist, die Rahmenbedingungen, unter denen ein Werk entstanden ist, in die Beurteilung mit einzubeziehen. Was vor 80 Jahren baulich richtig und angemessen war, mag uns heute nachdenklich machen und die Frage aufkommen lassen, ob der historische Bestand noch zeitgemäß ist und wie man wohl eine solche Bauaufgabe – Ferienhaus am Arendsee – heute planerisch angehen würde.

Das Nachbarhaus, in den 1930er Jahren vom Vater errichtet, ist eine Holzfachwerk-konstruktion mit steilem Reetdach – eine regionaltypische und sinnvolle Bauweise: Holz und Reet, beides wächst gleichsam auf dem Grundstück, beide Werkstoffe zeigen hier, wie langlebig sie bei korrekter Konstruktion und Verarbeitung sein können. Auch der Grundriss ist schlüssig, entspricht er doch den Bedürfnissen der damaligen Auftraggeber – und das bis heute: zwei Räume im Erdgeschoss und ein Schlafboden unterm Dach.

2008 entsteht auf dem benachbarten Grundstück auch ein Wochenendhaus für den Sohn. Das Stadtplanungsamt gibt gemäß §34, BauGB vor, dass Firstrichtung, Dachneigung, Traufhöhe und Grundfläche des Hauses von 1930 auch für das neue Vorhaben einzuhalten sind.

Das Konzept für die Bebauung stellt einen ebenso hohen wie breiten Einraum von 6 × 6 × 12 Meter dar, der sich aufgrund seiner Form und seiner Materialität in die vorhandene Natur und den baulichen Kontext einfügt. Nicht immer, aber manchmal sind baurechtliche Vorschriften im Sinne von Natur und Gesellschaft auch durchaus angebracht. Wenn hier jeder seine individuellen Form- und Geschmacksvorstellungen umsetzen dürfte – Fertighaus Tirol? –, dann wäre die Einzigartigkeit dieser idyllischen Lage am See schnell dahin und der Individualismus hätte wieder einmal über die Vernunft gesiegt.

Bei diesem Entwurf gibt es nicht fünf, sondern nur drei Fassaden, womit der architektonische Dialog mit dem 80 Jahre alten Nachbarn eröffnet ist. Er setzt sich in der formalen Rationalität an den Längsseiten und der Stirnfassade fort: jeweils sparsame Öffnungen – auch zur erschließenden Straße hin – bieten baulich eingefassten Schutz gegen Witterung und Einblick, die Südseite dagegen ist komplett verglast und ermöglicht einen Panoramablick über den malerischen Schilfgürtel vor dem Haus und auf den See bis zum Horizont. Die heutigen bautechnischen und bauphysikalischen Möglichkeiten standen damals nicht zur Verfügung, entsprechend unterscheiden sich die Fassaden in Form und Funktion.

Lageplan

Rechte Seite Natürlich ist die Form vertraut, sie ist auch durch gewisse Fertighaustypen in ihrer Wirkung für das Auge verdorben, aber hier ist das Dachhaus genau die richtige architektonische Antwort auf die örtlichen Gegebenheiten.

Als Baumaterial wurde Holz in verschiedenen Aggregatzuständen gewählt: rohe Schindeln für die Außenverkleidung, gebogene Leimholzbinder als Tragwerk und Holzwolle zur Dämmung und Kistensperrholz für den Innenausbau.

Sieben Leimbinder bilden als Dreigelenkrahmen die Tragkonstruktion, die auf Stahlbetonstützen abgesetzt und in eine elastisch gebettete Sohlplatte mit umlaufender Frostschürze eingespannt wurden. Eine Maßnahme, die dem torfigen Baugrund Rechnung trägt. Das Material Holz erlaubte einen hohen Vorfertigungsgrad und eine kurze Bauzeit bei angemessenen Kosten. Im Inneren sind die Binder sichtbar und gliedern den Raum, die Zwischenfelder wurden mit gekalkten Kistensperrholzplatten ausgefacht, der Boden vollflächig mit ebenso gekalktem Kistensperrholz belegt. Alle bewitterten Bauteile sind luftumspült und konnten daher ohne chemischen Bautenschutz ausgeführt werden. Einzig der Giebelbinder und die hervortretenden Fensterrahmen wurden durch Bootslack geschützt und werden von den Bewohnern in jährlichen Intervallen revisioniert. Auf Entwässerungsrinnen oder störende Verblechungen konnte bei der gewählten Dachausbildung ganz verzichtet werden.

Eine hoch gedämmte, winddichte Konstruktion, energetisch hochwirksame Fenster und die geringe Speichermasse des Bauwerks machen eine Heizungsanlage überflüssig. Die Energieversorgung erfolgt über passive Solargewinne, die Wärmeabgabe der Bewohner und einen holzbefeuerten Kamin an den kalten Tagen. Den sommerlichen Wärmeschutz bietet symbiotisch der umgebende Baumbestand.

Da das Haus nur an den Wochenenden und in den Ferien bewohnt ist, wird sein Inneres von den Nutzern nur langsam in Besitz genommen und beschaulich nach und nach gestaltet– so wie die Natur im Laufe der Zeit das Äußere des Hauses durch einen stetigen Bewitterungsprozess der Schindeln prägen wird.

Beide Häuser – »Vater und Sohn« – sind natürlich von der spektakulären Grundstückssituation geprägt, sie macht die große Qualität aus. Aber die besondere Lage fordert auch eine adäquate architektonische Antwort heraus. Hier heißt sie, dass die Architektur manchmal selbst ein Teil der Natur zu sein hat, und kein Gegensatz oder gar ein eitler formaler Kontrapunkt. Ja, wenn Architektur diese Brücke im Sinne der Anforderungen und Wünsche der Menschen schafft, ohne – wie hier am See – die spektakuläre Natur zu dominieren, dann hat sie ihren Auftrag mehr als erfüllt. Respekt vor dieser verantwortlichen architektonischen Haltung.

Links Die Gegenaufnahme zeigt eindrucksvoll, welchen Wohlfühlschutz das Haus bietet – die Dachform als behütende Bildsp-ache.

Es gibt ja nicht nur den einladenden Sommer, sondern auch die dramatischen Aussichten und Lebensbedingungen im Winter mit ihren archaischen Reizen – ja, die gewählte Gebäudeform versteht sich damit von selbst.

Links Hier stehen sich zwei Welten gegenüber – die alte, irgendwie vertraute im Haustypus und daneben die formale Herausforderung. Beides Zeitzeugen – auch in den baulichen Möglichkeiten.

Links und unten beide Schindel sind wie Ziegel: Individuen, die im Zusammenspiel eine höchst interessante grafische Struktur abgeben. Aber auch funktional ist die Schindeldeckung – in Amerika ein ganz selbstverständlicher Fassadenbaustoff – vielen Materialien überlegen. Und hier von den Bäumen gegen Ausbrennen geschützt, äußerst dauerhaft und gerade im Altern so faszinierend schön.

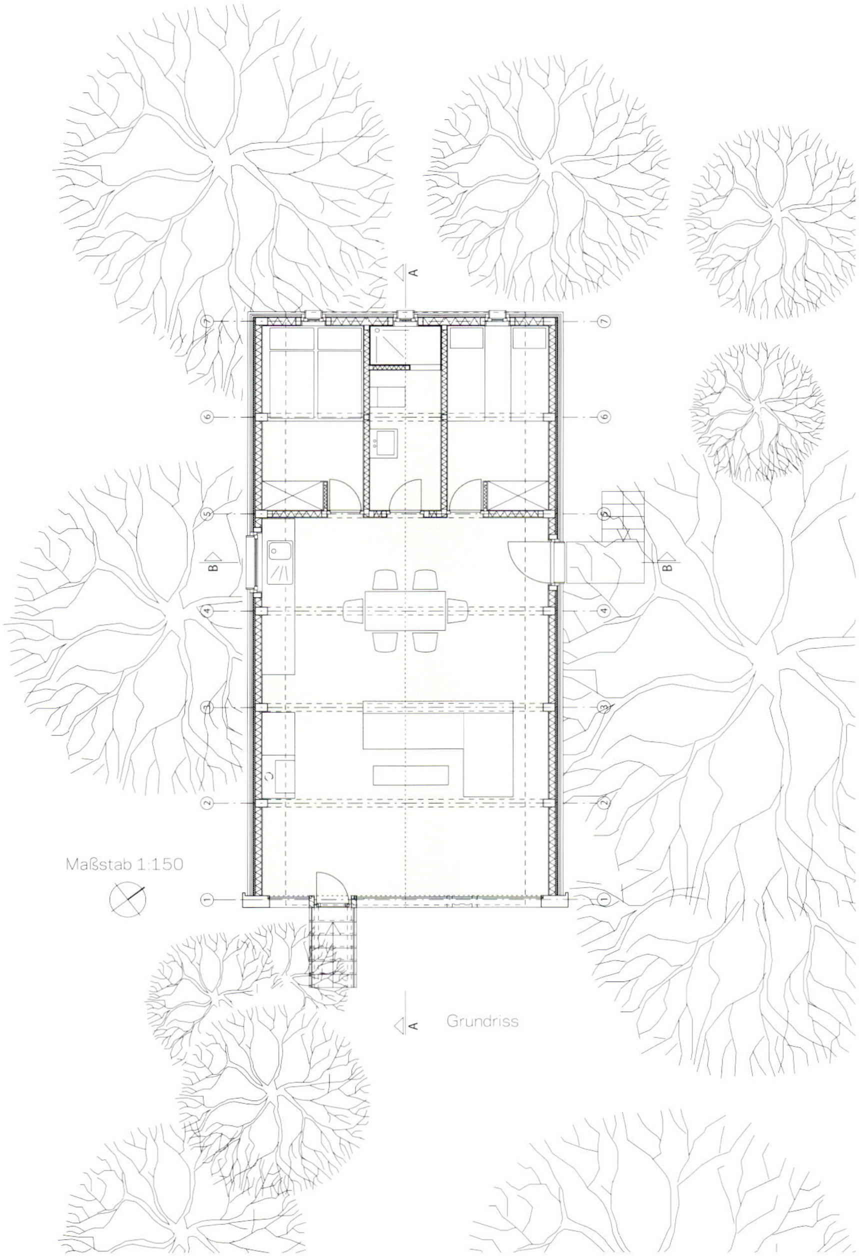

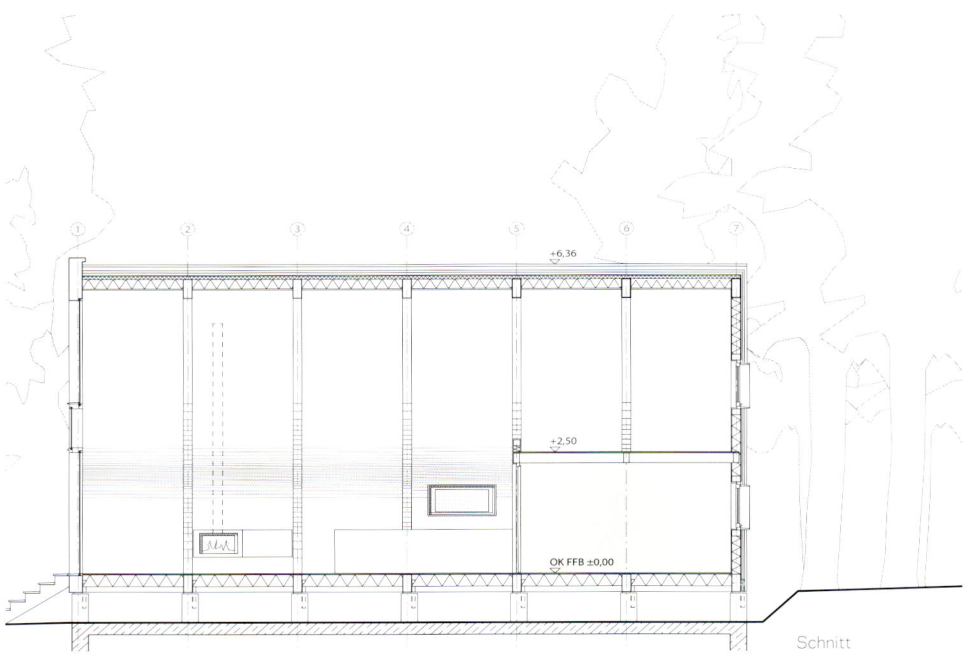

Büro

Pfeiffer Architekten
Ralf Pfeiffer
Schönhauser Allee 19
10119 Berlin
www.pfeiffer-architekten.de
mail@pfeiffer-architekten.de

Projektdaten

Baujahr:	2008
Grundstückssituation und -größe: Ufergrundstück mit altem Baumbestand	410 m²
Art und Umfang der Bauaufgabe: Wochenend- und Ferienhaus	
Wohnfläche:	87 m²
Zusätzliche Nutzfläche:	keine
Anzahl der Bewohner:	2 Erwachsene, 2 Kinder

Fotos

Jens Rötzsch, Berlin
Porträt: Sebastian Hänel, Berlin

Gisela Podreka, Wien

Landhaus in Umbrien – denkmalgerecht!

Die Denkmalschutzbestimmungen in Italien sind streng, sehr streng: manchmal darf sogar in einem alten Palazzo das Bild eines wichtigen italienischen Künstlers nicht einmal innerhalb eines Hauses umgehängt, geschweige denn verkauft werden.

Auch hier in Umbrien hatten die Denkmalschützer ein strenges Auge, was man nur zu gut verstehen kann, hat doch Italien in vielen Landstrichen längst sein unschätzbar wertvolles Erbe an Kulturgütern eingebüßt, weil die Behörden machtlos waren, dem architektonischen Vandalismus Einhalt zu gebieten.

Die Situation auf diesem Grundstück war anders und belegt, dass Starrsinnigkeit weder auf Seiten der Behörden noch auf der der Bauinteressierten wirklich weiterhilft.

Die Auftragserteilung für den Umbau und die Sanierung des Altbestands erfolgte 2003 – es war also ein langer, mühsamer Weg bis zur Fertigstellung! Das vorgefundene Gebäude war in einem desolaten Zustand: das Dach zerstört, die Fenster nicht mehr funktionstüchtig und ein klaffender, vertikaler Riss in der Außenwand hatte die Statik bereits ins Wanken gebracht.

Der Entwurf zu Sanierung und Umbau der Ruine fand schnell die Zustimmung der Auftraggeber, sodass schon im selben Jahr, 2003, die Pläne für die Komplettrenovierung eingereicht werden konnten. Kurz darauf aber – noch während der Suche nach einem kompetenten Baumeister – brach das alte Haus in den Winterstürmen zusammen.

Bauunternehmer und Denkmalbehörde empfahlen den Wiederaufbau, da in der Region nur Bauten in traditioneller Bauweise mit ortsüblichen Materialien genehmigt werden durften. Auftraggeber und Architektin waren sich jedoch einig, dass der Neubau kein Nachbau werden sollte. Ihnen schwebte etwas anderes vor: gleichsam der Beweis, dass nicht zwingend ein Nachbau das Gebot ist, sondern es vielmehr darum gehen müsse, eine architektonische Lösung zu finden, die allem gerecht wird, den Auftraggebern, der Landschaft und eben auch einem zeitgenössisch-architektonischen Selbstverständnis: ein architektonisches Konzept als kongeniale Materialverbindung aus Alt und Neu sowie aus Tradition und Innovation.

Die ländliche Architektur in Umbrien ist traditionell von ortsnahen Materialien geprägt: Bruchstein und Tonziegel bestimmen das harmonische Bild einer erdverbundenen, einfachen Bauweise. Entsprechend sollten auch hier die alten Steine des Bauernhauses bei der Errichtung der Stützwand wiederverwendet und das Dach mit traditionellen, handgefertigten Tonziegeln der Region gedeckt werden. Für alle

Auf den ersten Blick trifft hier konstruktive Kühnheit auf gebaute Tradition. Die Sinnhaftigkeit der Architektur erschließt sich im Text.

anderen Architekturelemente des Neubaus gab es Konsens: Stahl, Holz, Glas, Putz und Beton. So konnte die Kommission des Denkmalamts vorab mit einem Modell und einer Visualisierung überzeugt werden, dass gerade auf diesem Grundstück ein Neubau die beste Lösung darstellt. Es war ein langer Prozess, der allen viel Geduld abverlangte, aber im Frühjahr 2005 konnte dann zum zweiten Mal der Bauantrag eingereicht werden.

Die alten Häuser der Region hatten klimabedingt kleine Fensteröffnungen. Heute dagegen bietet die »Behausung« gleichberechtigt neben den Wünschen nach räumlicher Großzügigkeit auch viel Licht und einen weiten Panoramablick in die Landschaft.

Das Raumprogramm für das Erdgeschoss: ein großzügiger Wohnraum, eine Küche, ein Eltern-Schlafzimmer mit Bad und getrenntem WC, ebenso zwei weitere Schlafzimmer. Von außen zugänglich gibt es einen kleinen Lagerraum nahe der Küche.
Das Obergeschoss verfügt über eine Arbeitsgalerie mit vorgelagerter Westterrasse, während das Untergeschoss noch zwei Gästezimmer mit Bad, eine kleine Küche und den eigenen Zugang zum Garten bietet. Nebenräume wie Technik- und Werkraum ergänzen hier das Raumprogramm.

Das neue architektonische Konzept ersetzt die vielen niedrigen Räume des ehemaligen Bestands mit seiner zum Tal vertikalen Ausrichtung durch ein quer zum Hang gelegenes Gebäude mit einem großem Schattendach. Die hohe gegen den Hang gestellte Steinwand ist von der oberhalb vorbeiführenden Straße und Einfahrt in seiner Höhe nur eingeschossig wahrnehmbar. Im Inneren wird sie zum zweigeschossigen, raumdominierenden Rückgrat des Hauses und reicht seitlich bis in den Außenraum hinaus. Ein Großteil des alten Steinmaterials wurde hier wiederverwendet. Pool, Eingangsbereich, Wohnraum und Terrassen reihen sich entlang dieser Wand auf. Das Terrain mit seinem weitläufigen Olivenhain wurde somit nicht weiter durch bauliche Eingriffe gestört.

Da das Grundstück in einer Erdbebenzone (seismische Zone 3) liegt, müssen die Neubauten hohe statische Anforderungen erfüllen: Auf einer Stahlbeton-Bodenplatte stehen Stahlbetonstützen, die das Tragwerk des Dachs halten. Nordseitig liegt die Stahlkonstruktion dagegen auf Stahlstützen, die in der zweigeschossigen Steinwand integriert sind. Sie fällt zum Tal hin ab und wird südseitig von vier Stahlbetonstützen getragen. Unter dem ausladenden Dach sind drei weiß verputzte Kuben (Küche, Familien- sowie Gästetrakt) im Halbkreis so positioniert, dass zwischen Steinwand und den Kuben ein großer Wohnraum entsteht. Von dem zentralen Platz aus werden diese ohne Nebenflächen erschlossen. Die Fronten bildet eine Stahl-Glaskonstruktion, die von Osten bis Westen einen weiten Blick in die Landschaft bietet. Durch das teils weit ausladende Dach entstanden um das Haus herum schattige Terrassen. Das Klima im Haus ist durch die Querdurchlüftung in Nord-Süd- und in Ost-West-Richtung und das gut gedämmte Dach sehr angenehm, sodass trotz der hohen Temperaturen im Sommer keine zusätzliche Klimaanlage benötigt wird.

Oben und linke Seite beide Das große Foto zeigt exemplarisch das Entwurfskonzept: die regional folgerichtige Anlehnung an einen vertrauten Bautypus, den Lagerraum für Strohballen. Die Dachkonstruktion hat dienenden Charakter, auch wenn sie formal dominant ist. Erst das Zusammenspiel aus Neuem – weißem Putz – und Vertrautem – der ortstypischen Bruchsteinwand – schafft ein landschaftsgerechtes Bild auch der Materialien.

Vor dem Küchenkubus befindet sich ein Holzdeck, das von einer bewachsenen Pergola überdacht ist. Das Grün der Glyzinien spendet ausreichend Schatten, um auch dort im Freien sitzen zu können – ein emotional wichtiges Verbindungsglied zwischen alter Zisterne und der dominanten Zypresse. Dieser Platz erinnert an den ehemaligen Standort des alten Anwesens, der »Casa del Cipresso«, deren Name zur Fortführung der architektonischen Tradition übernommen wurde.

Vom Hügel vis-a-vis aus gesehen, fügt sich das Haus mit dem markanten Dach überzeugend in das Landschaftsbild ein, weil hier in der Region seit jeher große Dächer die zum Trocknen gelagerten Strohballen vor zu starker Sonneneinstrahlung schützen – das Dach als ein zwar neues, aber eben nicht fremdes Element in der weiträumigen Nachbarschaft.

Nur in den Abendstunden, wenn es von innen erstrahlt, zeigt das Haus im Olivenhain seine zeitgenössische Modernität, unaufdringlich und selbstverständlich. Ein architektonischer Glücksfall für alle Beteiligten.

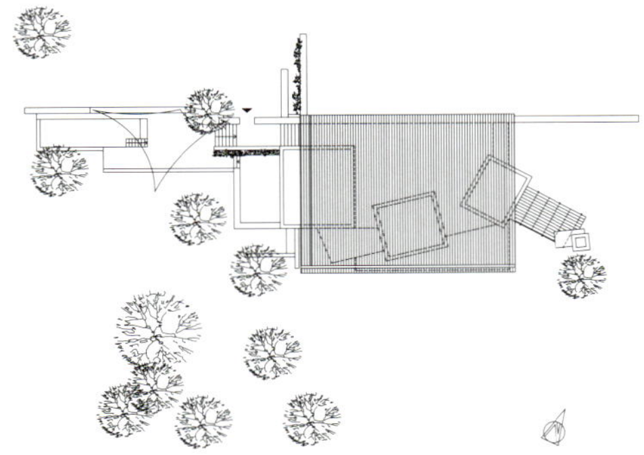

Lageplan

Ansicht Süden

Links und oben Hier geht es um das so überaus gekonnte Spiel mit der Form und der Funktion. Intimität und funktionale Schlüssigkeit bieten die im Hauptgeschoss eben nicht zufällig eingebauten Kuben, den nicht nur emotionalen Luftraum bietet die historisch vertraute Hülle.

Rechts und ganz rechts Hier wird architektonische Könnerschaft einfach überzeugend inszeniert – auch wenn es nur das sprichwörtliche Bad in der Landschaft ist. Treppe, Geländer, Wand – wer das Detail beherrscht, weiß um seine Bildhaftigkeit. Hier ist der Zusammenklang aus Funktion und sinnlicher Impression perfekt gelungen.

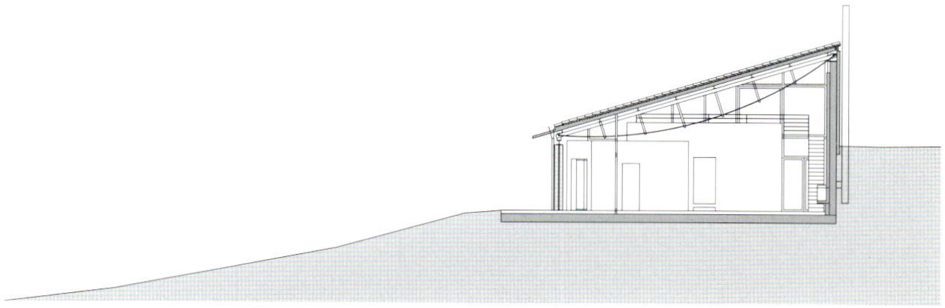

Schnitt

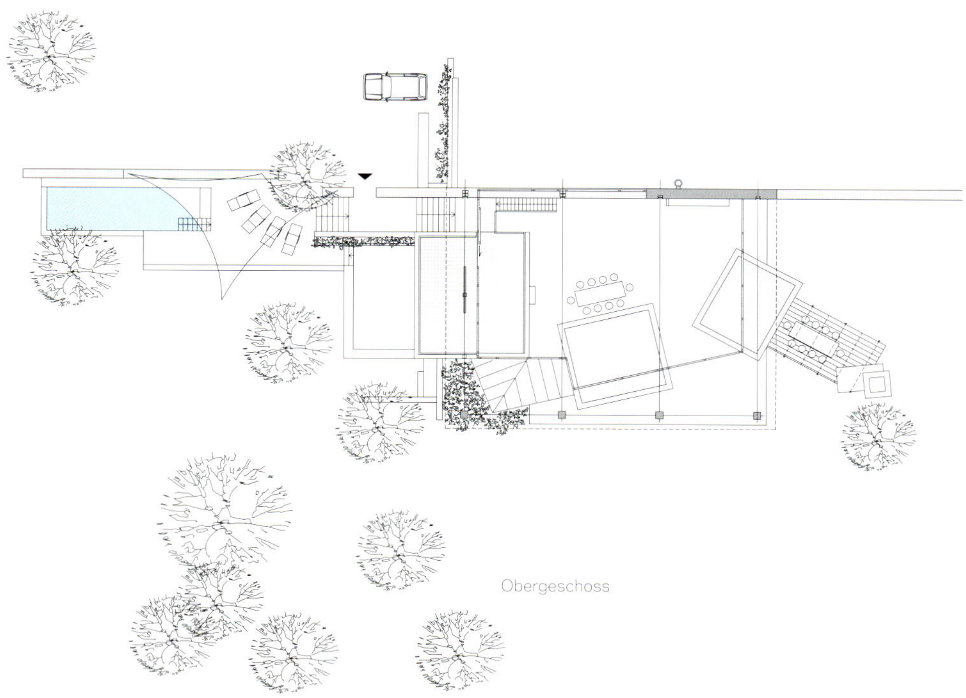

Obergeschoss

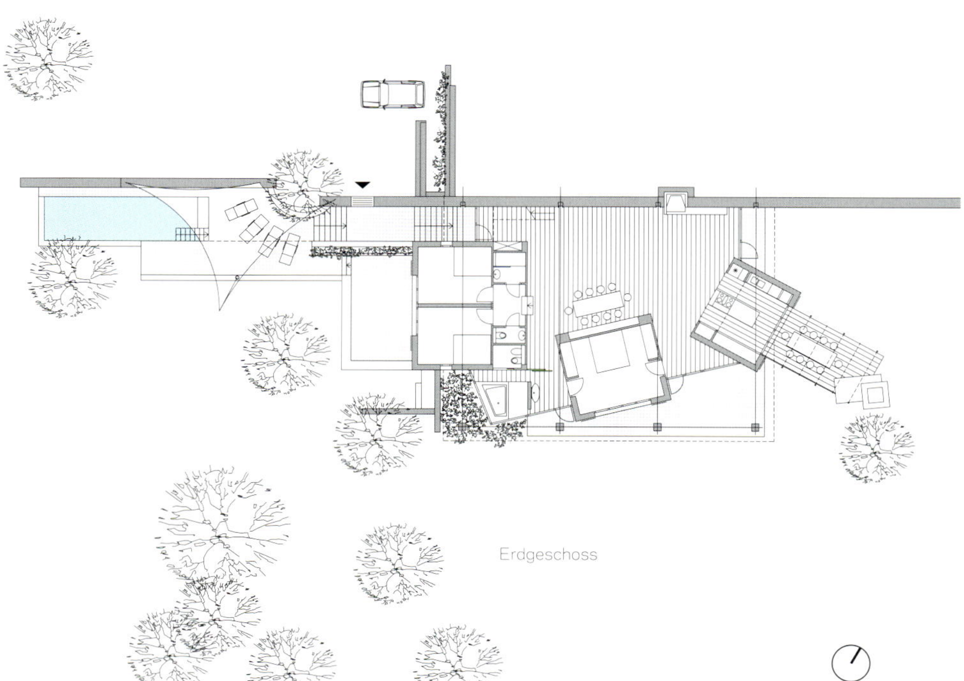

Erdgeschoss

Maßstab 1:400

Büro
Gisela Podreka
Architektin
Florianigasse 41 Stg. 2
1080 Wien
www.gisela-podreka.com
arch@gisela-podreka.com

Projektdaten

Baujahr des Hauses:	2007–2009
Grundstücksgröße:	3.300 m²
Wohnfläche:	191 m²
Zusätzliche Nutzfläche:	32 m²
Anzahl der Bewohner:	6 - 8

Fotos
Mischa Erben, Wien

Wochenendrefugium als architektonischer Kontrapunkt

Das Haus am Scharmützelsee, südlich von Berlin, bietet als Sommer- und Wochenendrefugium thematisch all das, was einen Familiensitz auf dem Lande schon immer ausgezeichnet hat: eine Erlebniswelt ganz eigener Qualität, geprägt vom In-der-Natur-sein-wollen. Die Auftraggeber, eine Berliner Familie mit zwei kleinen Kindern, wollten als überzeugte Städter ihre Altbauwohnung in Charlottenburg keinesfalls mit einem Häuschen am Stadtrand tauschen, stattdessen einen größtmöglichen Kontrast zum Alltag in der Stadt generieren: Ein Refugium in der Natur mit intensivem Bezug zum Landschaftsraum.

In das mit unter Naturschutz stehenden Schwarzerlen bewachsene Seegrundstück wurde so wenig wie möglich eingegriffen, um die natürliche Schönheit der Umgebung möglichst unangetastet zu belassen: das Haus schwebt wie ein temporärer Gast über dem Terrain, als wollte es andeuten, dass seine Gegenwart keinen betonierten Anspruch auf Ewigkeit bedeutet. Schließlich sind wir Menschen ja auch nur temporäre Gäste in dieser Welt. Die Lage des Hauses ist durch eine natürliche Geländekante definiert, die das lang gezogene Grundstück in zwei Teile teilt: einen kleineren waldseitigen und einen größeren, sanft zum See abfallenden Garten. Die Positionierung hat ihren besonderen Reiz: das Haus gewährt durch ein zentral angeordnetes Fenster auf der Landseite einen großzügigen Durchblick und Durchgang zum See und wirkt auf diese Weise als Passepartout eines sich ständig verändernden Landschaftsbildes. Die Bewohner schätzen den so entstandenen windabgewandten Sonnenplatz auf der »Landseite«, ohne auf den Seeblick verzichten zu müssen.

Das Innere des Hauses – Ambiente und Raumangebot – ist vom Wunsch nach Kontrast zur Stadtwohnung geprägt. Im Gegensatz zu den großen, weißen Altbauzimmern in der Stadt sind die Räume hier im Sommerhaus relativ klein und niedrig wie auf einem Schiff. Bis auf den Wohnraum mit offener Küche sind alle Räume auf das Notwendigste reduziert – wie bei Kajüten –, da das Leben hier auf dem Lande ohnehin zum größten Teil im Freien stattfindet. Großzügigkeit gewinnen die minimierten Räume allerdings durch die bodentiefe Verglasung, die nicht nur die unmittelbare Nähe zur Natur, sondern auch von jedem Raum einen direkten Austritt nach draußen ermöglicht. Vorgelagert sind beidseitig lange, überdeckte Terrassen, die das Volumen plastisch gliedern und funktionalen Regen- und Sonnenschutz bieten. Ein einfaches, aber wirksames architektonisches Mittel, sodass sich das Haus trotz des hohen Verglasungsanteils der Fassaden im Sommer kaum aufheizt, im Winter jedoch bei flachen Einstrahlwinkeln von solaren Gewinnen profitiert.

Welche Willkommensgeste: Ein breiter, großzügiger Kiesweg führt auf den Eingang zu und der einzelne, hier neu gepflanzte Baum scheint einen ständigen Bewohner zu assoziieren.

Oben und unten Die Gartenseite gleicht einem Panoramadiarahmen und ist auf den Seeblick ausgerichtet. Darunter wird das Prinzip des durchsichtigen Hauses deutlich – eine einladende Geste, die Zeit am See zu genießen.

Alle Oberflächen – auch in den Bädern – sind mit hellem Nadelholz ausgekleidet und unterscheiden sich somit auch darin von den Räumen der Stadtwohnung. Sämtliche Schränke sind in die Wände integriert und bilden zusammen mit den Türen eine homogene Wandfläche, die ebenfalls an den Schiffsbau erinnert.

Das Haus bietet die Möglichkeit, auf unkomplizierte Weise befreundete Familien beherbergen zu können. Daher sind die Kinderzimmer mit kojenartigen, flexibel einhängbaren Betten ausgestattet. Neben Einzelbetten kann so auch ein Doppelbett, ein Etagenbett oder sogar ein Doppelbett mit Einzelbett in der höheren Ebene entstehen. Ebenso können die Bettrahmen in anderen Räumen als Schlafgelegheit dienen.

Der Baukörper wurde vollständig aus recycelbarem Holz in Tafelbauweise errichtet. Sämtliche Oberflächen, innen wie außen, sind mit Holz verkleidet. Die natürlich verwitternde äußere Lärchenholzhülle wird sich bei zunehmender Vergrauung ganz selbstverständlich in die Landschaft einfügen. Innen sorgen die architektonische Inszenierung einer homogenen Materialität und die aufs Äußerste reduzierten Details dafür, dass die beeindruckende Landschaft – See und Wald – durch die großen Verglasungen im Innenraum ständig präsent ist: eine Architektur für den Menschen und eine Referenz gegenüber der Natur. Deren formaler Komplexität steht eine Architektur von großer Eleganz gegenüber, gleichsam ein minimalistisches Kunstwerk von großer Emotionalität, das seine Kraft aus sich selbst heraus erlebt und gleichzeitig auf den umgebenden Rahmen der Natur nicht verzichten möchte: Bei einem großen Kunstwerk verhält es sich ja nicht anders. Hochachtung!

Rechte Seite beide Gegen unerwünschte Einblicke schützen die seitlichen Vorhänge. Überall dominieren helle Farbtöne. Die bewusste Kargheit konzentriert das Lebensgefühl auf den Landaufenthalt. Auf Eleganz wurde deshalb keineswegs verzichtet.

CHINA
PRICE CASH
VELAZQUEZ
BOTTICELLI

Lageplan

Links oben und links beide Wenn ein einfaches Material das Design eines Hauses bestimmen soll, dann muss es wie hier handwerklich sehr gut verarbeitet werden und man muss die Hingabe des Architekten in eine überzeugende Detaillierung spüren – gerade bei einem Boden im Bad aus Holz unverzichtbar.

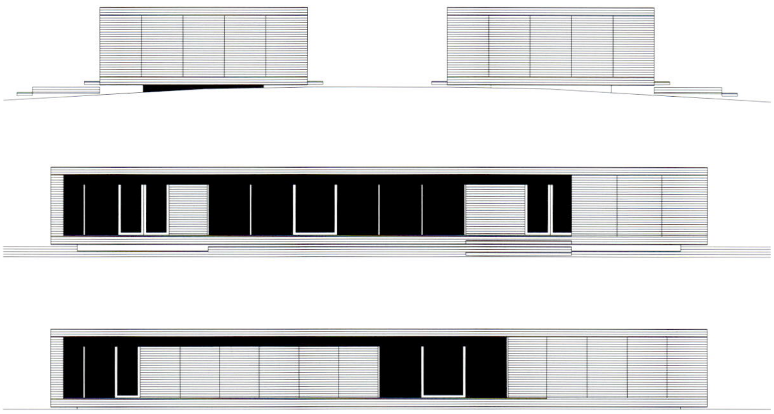

Ansichten

Schnitte

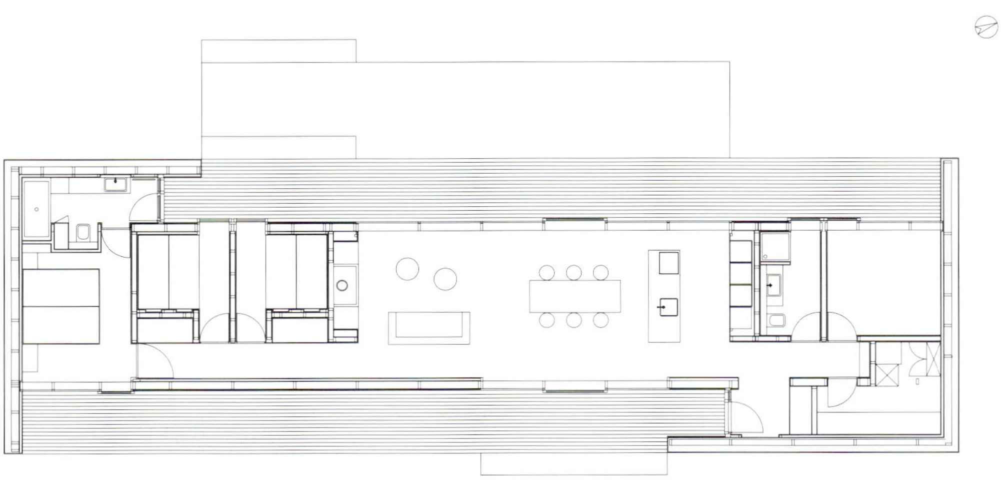

Grundriss

Maßstab 1:200

Büro

Doris Schäffler Architekt
Clausewitzstraße 5
10629 Berlin
dschaeffler@gmx.de

Projektdaten

Baujahr:	2010
Grundstücksfläche:	3.500 m²
Wohnfläche:	108 m²
Zusätzliche Nutzfläche:	
Schuppen	30 m²
Anzahl der Bewohner:	4

2 Erwachsene, 2 Kinder, Möglichkeit zu Unterbringung von bis zu 4 Gästen.

Fotos

Christian Gahl, Berlin

Architektur der Lebenskunst

Wie kann eine solche Architektur als Aufgabe formuliert werden? Das gebaute Ergebnis, das sich Bauherr und Architekt zum Ziel gesetzt hatten, sollte eine ruhige und sinnliche Atmosphäre ausstrahlen, die durch orientalisch-mediterrane Zitate bereichert wird und in ihrer Formenwelt und der Materialwahl einen ganz eigenen Kosmos ausstrahlt – raffiniert, wohlig, kultiviert und auch elegant. Das Gebäude birgt eine ungeahnte Innenwelt und stellt sich in seiner Außenwirkung ebenso einmalig dar – ungewöhnlich heiter in der Fassade und klar definiert in den Funktionen. Und dennoch bezieht sich diese Architektur zuerst einmal auf sich selbst. Das liegt an der Größe und dem Zuschnitt des Grundstücks: 7.000 Quadratmeter, in deren unterem Drittel das Gebäude an der schmalsten Stelle geplant wurde. Eine Geländemodellierung mit einem bepflanzten Erdwall dient der Abschottung zur Straße. Daran anschließend folgt die waagerechte »Arena«, die als begrünte Überdeckung von der Garage und dem Spa-Bereich zum Wohnhaus führt. Ein Carport für Gäste befindet sich direkt hinter dem Einfahrtstor. Das im oberen Bereich hermetisch abgeschlossene Gelände öffnet sich zum See hin wie eine Sonnenblende.

Funktionaler und quasi energetischer Mittelpunkt des Erdgeschosses ist die Wohnhalle mit der zentral angeordneten Küche und einer zum See ganz zu öffnenden Fassade. Vorgelagert ist die großzüge, Schatten spendende Terrasse. Das Herzstück des Hauses bildet in seiner Funktion als Mittelpunkt des häuslichen Lebens mit Gästen gleichsam eine Medina ab, also ein quirlig-orientalisches »Stadtviertel«, von dem aus die verschiedenen Treppenanlagen in die Appartements führen – ins Ober- wie ins Gartengeschoss.

Bei geöffneter Fassade wird der zentrale Raum zum selbstverständlichen Außenbereich. Dachverglasungen in den darüber geschichteten, mit grobem Außenputz versehenen Kuben der Appartements kreieren hier die unterschiedlichsten grafischen Muster und Stimmungen.

Die Gebäudeorganisation bietet im Erdgeschoss den Eingang, die Garage und den luxuriös-sinnlichen Spa-Bereich mit einem Laconium – nach römischer Thermentradition ein trockener Warmraum von 55 bis 65 Grad –, einer Sauna und der faszinierenden Rauminstallation mit Tropenregen als Dusche aus 6 Metern Höhe. Den Abschluss der Raumfolge bilden ein Ruheraum mit Whirlpool und eine vorgelagerte südseitige Terrasse.

Im Obergeschoss sind die Appartements für die Eigentümer, den Sohn und eines für Gäste angeordnet – alle verfügen über den atemberaubenden Blick auf den See

Über dem großzügigen Erdgeschoss erheben sich – Abstand wahrend – die drei Apparte-ments. Putz und Bruchstein bestimmen das Fassadenbild, das ganz für sich spricht.

Oben Auch das zugehörige Bootshaus verfügt noch über ein weiteres Appartement – ein ganz besonderer Rückzugsort. Daneben zeigt sich die Eingangssituation des Anwesens, das wie ein verschlossenes orientalisches Haus wirkt – den herrlichen Blick erlebt man dann im Inneren.

Unten Bruchstein, Putz und das Grün der mit Rasen bedeckten Treppenstufen lassen an eine einladende Oase erinnern.

Oben Kargheit und Eleganz müssen keine Gegensätze sein. Die formale Reduktion auf das Wesentliche konzentriert alle Sinne auf die paradiesischen Ausblicke zum See und das herrliche Parkgrundstück.

Rechte Seite Der orientalische Formeneinfluss ist unverkennbar und schafft mit den vertrauten Materialien einen einmaligen, äußerst meditativen Raumeindruck.

und die hügelige Landschaft am gegenüberliegenden Ufer. Im Untergeschoss gibt es zwei weitere Appartements für Gäste und den als eigenes Raumkunstwerk ausgebildeten Weinkeller.

In den Bädern aller Appartements und im Spa-Bereich wurden jeweils unterschiedliche, original marokkanische Tadelakt- und Mosaikarbeiten ausgeführt. Tadelakt ist eine faszinierende, traditionell marokkanische Oberflächentechnik: ein mineralischer Glanzputz für wasserfeste Flächen, der mit kalkechten Pigmenten auch eingefärbt werden kann.

Abgestimmt auf den atmosphärischen Rahmen wurde das Mobiliar aus warmanmutigen, naturbelassenen Hölzern ausgeführt, die so ihren ganz besonderen formalen Reiz entfalten können.

Der auf unterschiedlichste Verarbeitungsarten eingesetzte kroatische Sandstein (bruchrau als Polygonalplatten, in Bahnen geschnitten mit geschliffener Oberfläche und als Pflasterstein) stellt die formal-farbige Basis, gleichsam als visuell erlebbarer Fond für die Farbgestaltung der Wandoberflächen und des Mobiliars dar.

Eine weitere Attraktion dieser kunstvollen Architektur des Wohlbehagens bietet das hauseigene Bootshaus, das ein weiteres spektakuläres Appartements bietet.

Das gesamte Areal am See stellt als Wohn-, Lebens- und Erlebnisform in der Summe aller Einzelelemente den Idealfall eines Feriendomizils für die Familie, Freunde und Gäste dar – Sport, Feste und Entspannung in architektonisch-atmosphärischer Vollendung.

Das subtile baukünstlerische Gefühl des Planers für das Konzeptionelle, für Verschränkungen der Baukörper, für Durchblicke und subtile Übergänge der Erlebniswelten bis zur Einrichtungsmagie stellt eine Architektur der Lebenskunst in größtmöglicher Komplexität dar – ein Fest für die Sinne, aber ebenso auch ein kontemplativer Ort voller sinnlicher Geheimnisse.

Das in Auftrag gegebene Programm ist als gebautes Ergebnis ein Meisterstück an Sensibilität, an sinnlicher Üppigkeit und allgegenwärtiger, stimulierender Eleganz: ein geheimnisvoller Bau von großer künstlerischer Kraft. Einmalig!

Reiner Schmid Architektur, Weiz

Links und unten Eindrücke aus dem Spa-Bereich: eine entrückte Ästhetik, die an Sinnlichkeit nicht zu übertreffen ist.

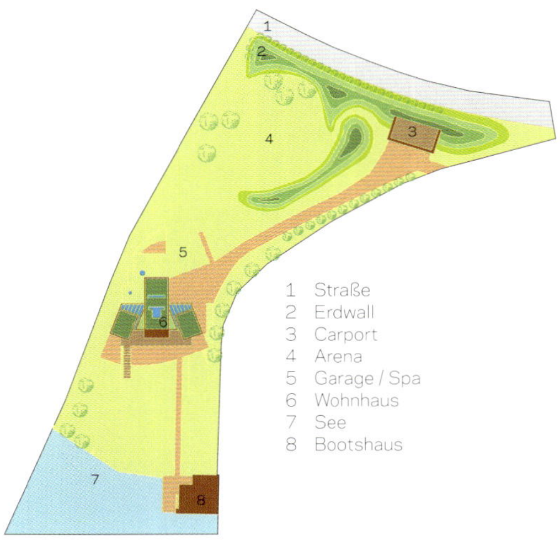

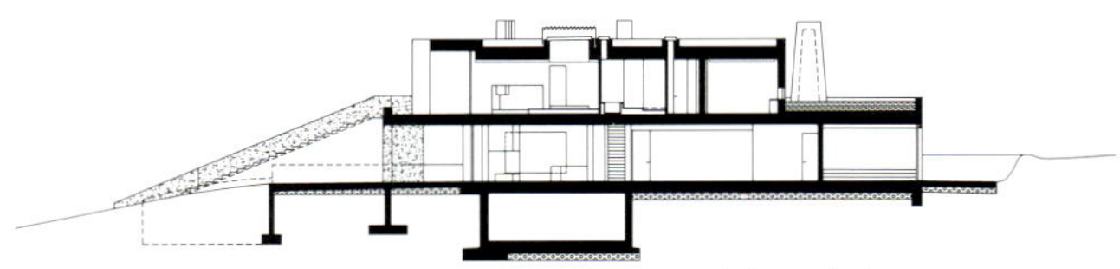

Längsschnitt

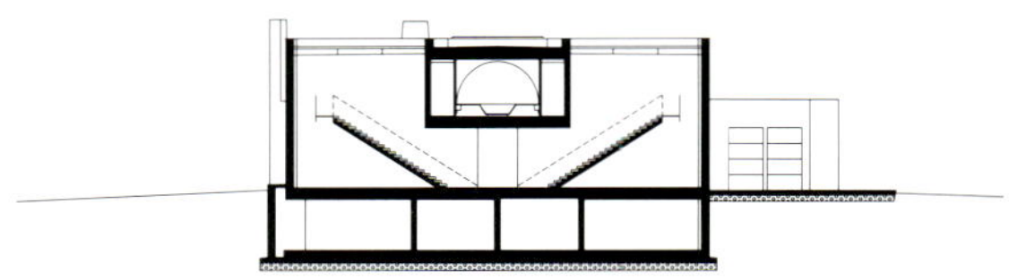

Querschnitt

Links Die große überdeckte Terrasse mit der vollkommen zu öffnenden Glasschiebewand vor der Wohnhalle.

Obergeschoss

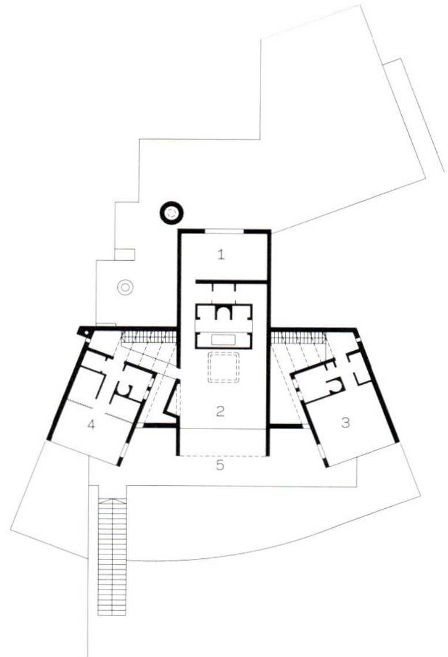

1 Bibliothek
2 Appartement
3 Appartement
4 Appartement
5 Terrasse

Erdgeschoss

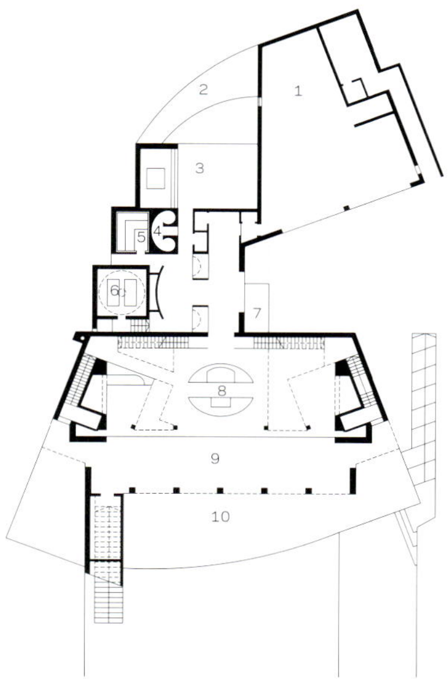

1 Garage
2 Terrasse
3 Ruheraum
4 Tropendusche
5 Sauna
6 Laconium
7 Eingang
8 Wohnung / Küche
9 Überdeckte Terrasse
10 Freiterrasse

Untergeschoss

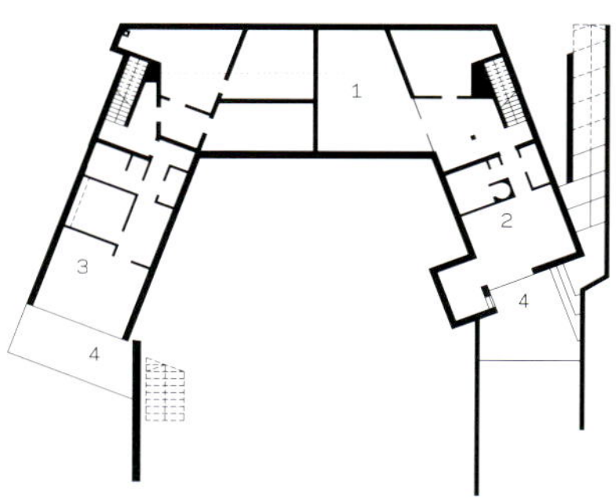

1 Weinkeller
2 Appartement
3 Appartement
4 Terrasse

Maßstab 1:500

Büro

Reiner Schmid Architektur
Hamerlingsgasse 3
8160 Weiz
www.schmid-architektur.at
reiner@schmid-architektur.at

Projektdaten

Fertigstellung:	2006
Grundstücksgröße:	7.000 m²
Wohn- und Nutzfläche auf 3 Ebenen verteilt	600 m²

Fotos

Gerald Liebminger, Graz

Mechtild Schoenberger, Münsing

Stilprägend: Ein Landhaus am Starnberger See

Mit dem ländlichen Bauen in Bayern assoziieren wir nicht gerade eine zeitlose Architektursprache regionaler Prägung, sondern vielmehr das, was den spöttischen Beinamen Jodelarchitektur trägt: Zu viel Holz, zu viel Dachüberstand, zu viel Lüftlmalerei. Handelt es sich dagegen um traditionelle historische Architektur, dann überzeugt sie stets durch den Zusammenklang aus Funktion, Form und Schmuckanteil. Das Bedürfnis nach einer solchen komplexen Architektursprache hat sich bis heute nicht nur erhalten, nein, die Sehnsucht nach stimmigen Bauten, deren Formenkanon die ganze Komplexität des Bauens abbildet, nimmt endlich wieder zu. Warum? Weil wir der Mittelmäßigkeit einer im schlechten Sinne konventionellen Bauweise überdrüssig sind. Das Auge des Menschen hat auf der einen Seite den Hunger nach Informationen, nach Ablesbarkeit und Klarheit, auf der anderen sucht es nach Bildern der Vertrautheit, nach Schönheit und Emotionalität.

Es lohnt, sich sehr detailliert mit diesem Haus zu beschäftigen, weil es in seiner formalen und funktionalen Komplexität die richtige Antwort auf die Ausgangsbedingungen gibt: Das hochwertige Grundstück befindet sich in unmittelbarer Nähe zum Starnberger See, direkt oberhalb von Schloss Ammerland. Einst gab es hier die Schlossgärtnerei auf dem großen Anwesen, das weitere Umfeld wird heute durch Einfamilienhäuser mit Satteldach aus verschiedenen Bauzeiten geprägt.

Dieser Neubau geht den respektvollen Mittelweg, er ist Teil seines gewachsenen Umfelds, korrespondiert formal elegant mit den hochwertigen Nachbarhäusern und besticht dabei als maßgeschneidertes Unikat – auch als Gegenüber des malerischen Schlosses direkt am See.

Zur Topografie: Aufgrund der starken Hanglage entsteht eine Staffelung der Baukörper im Geländeverlauf: an der Anliegerstraße gibt es seit alters her Natursteinwände, die traditionell den Hang und die Gärten modellieren. Hier wurde daher auch für das Garagen- und das Sockelgeschoss des Hauses ein heller, bruchrauer Naturstein eingesetzt, der formal mit dem Dietfurter Kalkstein der Wege und der kleinen Stützmauern einen differenzierten Zusammenklang darstellt.

Der von der Straße nicht einsehbare Westgarten, einschließlich kleinem Pool, liegt höhenversetzt oberhalb der Garagen, mit eindrucksvollem Blick auf das alte Schloss und den Starnberger See. Aus der schmalen Grundstücksform ergibt sich die giebelständige Orientierung zum See. Der private Zugang zum Haus erfolgt funktional von der Straße aus direkt durch die Garage. Ein separater, repräsentativer Weg führt zum höher gelegenen Haupteingang mit großzügiger Diele und Gäste-WC.

Rechts und unten Die Grundstückssituation könnte schöner nicht sein: Starnberger See im Hintergrund, Schloss im Vordergrund und ein Bauwerk, das beseelt von der Bautradition eine adäquate Antwort auf die besondere Lage darstellt.

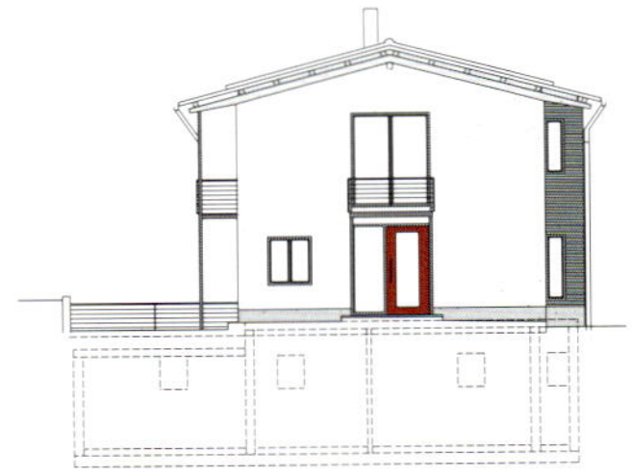

Ansicht Osten

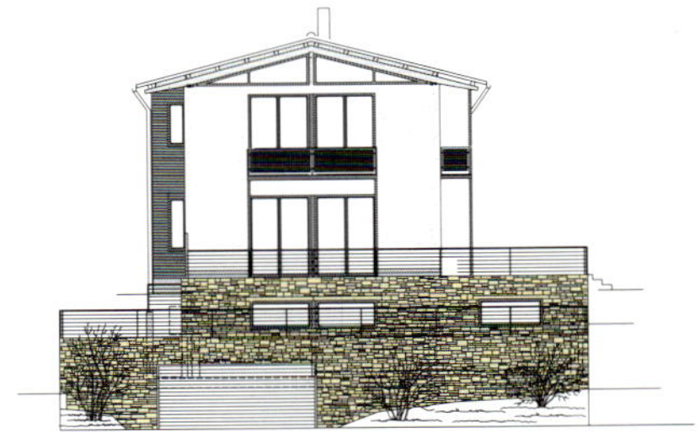

Ansicht Westen

Links Im Vordergrund der barocke Turm von Schloss Pocci und die zugehörige Kapelle.

Mitte Von der Straße und den Nachbarn nicht einsehbar der Pool mit schönem Blick in die üppige Naturlandschaft.

Unten Der rückwärtige Eingangsbereich schafft mit dem eleganten Brunnen einen atmosphärischen Kontrapunkt zu den besonderen Qualitäten der dem See zugewandten Gartenseite.

Staffelung der Volumina am Hang: Der Zugang von der Garage führt über einen Verbindungsgang in das Sockelgeschoss mit Gästetrakt und Saunazone und von dort über eine einläufige Treppe in die eigentliche Wohnebene mit großzügigem Essbereich, Küche, Bar und Kamin – ausgerichtet mit großen Fensteröffnungen nach Süden und Westen zum See und auf das Gebirge. Mit 2,90 Metern Raumhöhe steht dieser Bereich in reizvoll-großzügigem Kontrast zur anschließenden Diele, zu der eine kleine Treppe führt – auch zur Haupteingangstür auf der Ostseite des Hauses. Vollkommen separiert vom Wohntrakt erschließt von hier aus eine einläufige Treppe das Obergeschoss, in dem sich alle Räume zeltartig bis ins Dach öffnen. Die eingezogene Leichtbauwand zwischen den Kinderzimmern lässt sich später einmal problemlos herausnehmen, um auf der oberen Etage ein weiteres Wohn- und Bibliothekszimmer einzurichten. Im nordseitigen Erker sind auf allen Ebenen die Badezimmer und Nassräume zusammengefasst.

Zum Material: Für das grau lasierte Holz vom Norderker und der Dachuntersicht wurde als stimmige Referenz die Farbe der Schlosslisenen übernommen. Der Putz ist weiß gehalten. Die Balkongestänge bestehen aus stählernen T-Profilen, die mit Eisenglimmerfarbe gegen die Witterung geschützt sind, Brüstungen der Balkone sind mit Edelstahldrahtgewebe bespannt und haben einen Handlauf aus Lärchenholz.

Der Kalkstein des Gartens wurde mit leicht modifizierter Oberfläche im gesamten Haus eingesetzt, als Fußboden im Erdgeschoss, im Saunabereich, in den Bädern und als Belag partiell auch an den Wänden: eine gezielt ruhige innenarchitektonische Wirkung, die ihren Zusammenklang in den breiten verleimten Eichendielenböden findet.

Das Energiekonzept ist verantwortungsvoll zukunftsorientiert: Das Haus entspricht dem Niedrigenergiestandard, verfügt flächenbündig über in die Süddachhaut integrierte Solarpaneele, eine Fußbodenheizung, die über drei Erdwärmesonden und elektrische Wärmepumpe gespeist wird, und eine Be- und Entlüftungsanlage zur Minimierung des Energieeinsatzes.

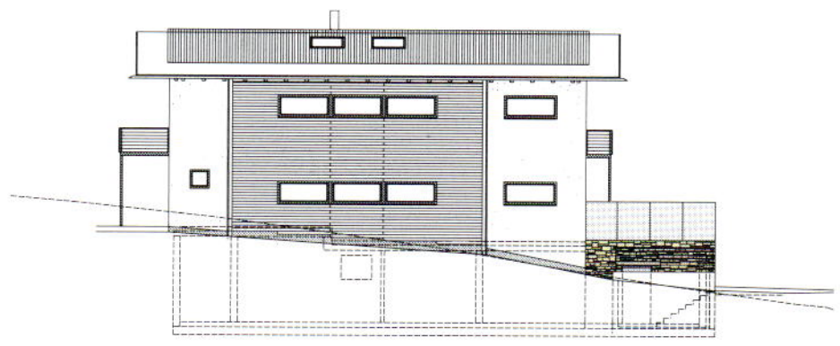

Ansicht Norden

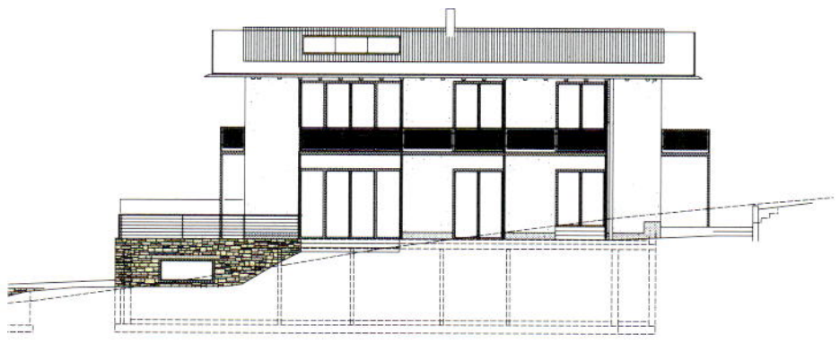

Ansicht Süden

Wenn unsere individuell entworfene Gegenwartsarchitektur überhaupt eine Zukunft haben soll, dann nur, wenn sie bei jedem gebauten Werk den überzeugenden Beweis herausragender Kompetenz liefert. In allen Dimensionen, formal, technisch, werthaltig, orts- und landschaftstypisch. Also beispielhaft – wie es dieses Projekt in seiner ganzen Komplexität vorführt.

Links oben und unten Der große offene Wohn-Essbereich, der drei Stufen tiefer liegt als die Eingangsdiele, bietet einen stimmungsvollen Ausblick auf Schloss und See. Die erhöht angeordnete Bar verdeckt den Blick auf die Arbeitsflächen in der Küche und ist willkommener Sitzplatz für die kleine Mahlzeit.

Links, unten und ganz unten Die angenehmen Raumhöhen im Erdgeschoss finden ihre luxuriöse Entsprechung im privaten oberen Schlafbereich, der eindrucksvoll die ganze Firsthöhe nutzt. Schlichte Eleganz auch in den Bädern – jedes Detail ist wohl überlegt und bietet – wie überall im Haus - im Zusammenklang von Form und Material ein überzeugendes Wohlbehagen.

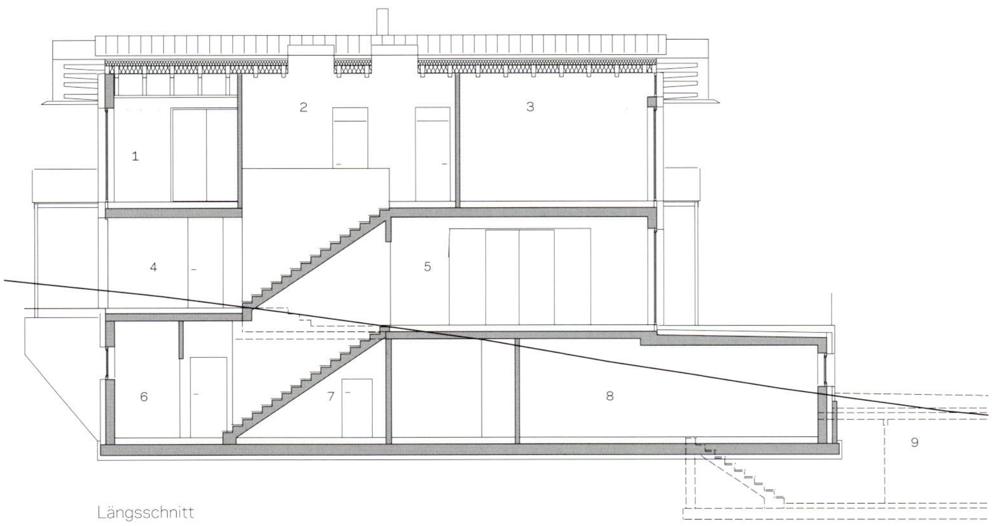

Längsschnitt

1 Schlafen
2 Flur
3 Kind
4 Diele
5 Wohnen / Ebenen
6 Vorrat
7 Nebenraum
8 Wellnessbereich
9 Durchgang

Obergeschoss

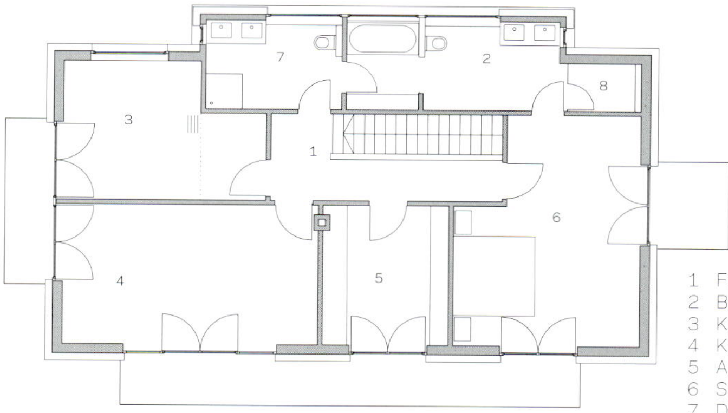

1 Flur
2 Badezimmer
3 Kinderzimmer
4 Kinderzimmer
5 Ankleide
6 Schlafzimmer
7 Dusche/WC
8 Abstellraum

Erdgeschoss

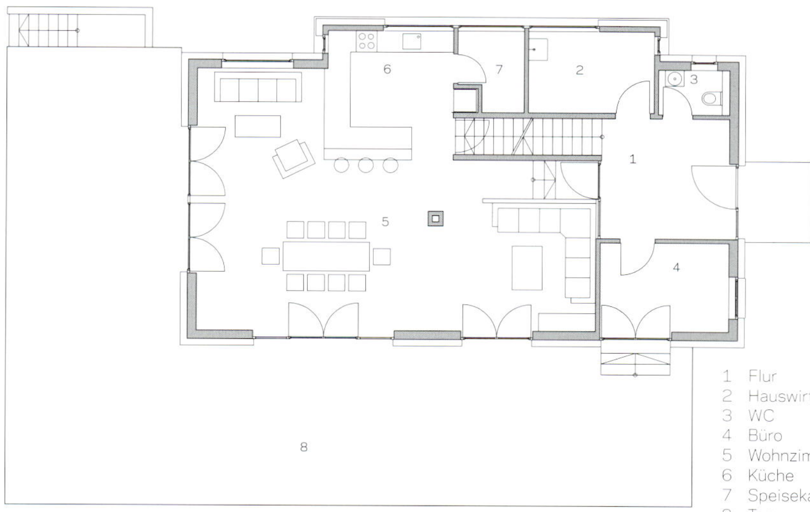

1 Flur
2 Hauswirtschaftsraum
3 WC
4 Büro
5 Wohnzimmer / Esszimmer
6 Küche
7 Speisekammer
8 Terrasse

1 Hobbyraum
2 Flur
3 Wellnessbereich
4 Gästezimmer
5 WC / Dusche
6 Haustechnik
7 Heizung
8 Werken
9 Weinkeller
10 Vorratskammer
11 Waschküche

Untergeschoss

Büro

Mechtild Friedrich-Schoenberger
Nördliche Seestraße 16
82541 Münsing-Ammerland
www.mechtild-schoenberger.de

Projektdaten

Baujahr:	2009
Grundstücksgröße:	960 m²
Wohnfläche:	205 m²
Zusätzliche Nutzfläche:	
KG/Souterrain: Kellerräume, Gästezimmer, Sauna und Wellnessbereich	207 m²
Garage im Hang	50 m²

Mitarbeit Werkplanung:
Dipl.-Ing. Architektin Ute Ermisch
Tragwerksplanung: Dr. Kurt Stepan
Projektant Heizung Lüftung Sanitär:
Dr. Wolfgang Nowak
Energieberater:
Dipl.-Ing. Friedemann Zeitler
Gartenarchitektin:
Dipl.-Ing. Barbara Wiedemann-Noppes

Fotos

Christoph Stepan, München
Porträt: privat

architekturSTUDIO Martin Schroth, Rothenburg ob der Tauber

Parametrisches Entwerfen: Beginn einer neuen Architektursprache?

Ein wichtiger Aspekt in der Entwicklung der modernen Architektur war im Entwurfsprozess die Reduktion der tragenden Struktur auf das statisch Notwendige: einst massive Wände wurden auf schlanke Stützen reduziert, aus gemauerten Gewölben wurden ebene Stahlbetondecken, horizontal fest definiert und vertikal nur durch die interne Erschließung durchbrochen. Diese Grundpfeiler der Entwurfsmethodik geraten jetzt mit dem parametrischen Entwerfen aus den Fugen: in mathematischen Formeln lassen sich einzelne Entwurfsparameter definieren und in ihren Wechselwirkungen darstellen und dann direkt im Entwurf abbilden. Entwickelt sich mit dem computergestützten parametrischen Planen eine neue Architektursprache oder gar eine vollkommen andersartige Architekturepoche, früher einmal »Stil« genannt?

Die hier vorgestellte »Villa F« wurde in Franken erbaut. Das Haus steht eingebettet in eine Parkanlage, umgeben von beeindruckendem alten Baumbestand. Die exponierte Lage verlangte sprichwörtlich nach einem innovativen Entwurf. Der Architekt konnte die Auftraggeber von seinem Planungsansatz überzeugen. Es ist das erste von ihm nach parametrischen Entwurfsprinzipien entwickelte Villengebäude. Ein Novum für diese Bauaufgabe, wobei für komplexe Anforderungen und Kubaturen Architekturbüros wie das von Zaha Hadid Architects oder LAVA diese Entwurfsmethodik schon seit Jahren anwenden. Trotzdem zählen sie zur Avantgarde in einer noch immer stark zweidimensional verhafteten Planerwelt, wie aktuelle Studien belegen.

Der Architekt Martin Schroth sieht vor allem in der Prozesshaftigkeit des digitalen Entwerfens eine wesentliche Stärke: »Die neuen Entwurfsmethoden werden durch die Anwendung des Computers ergebnisoffener und lenken den Fokus stärker auf den Enstehungsprozess. Diese Methoden führen zu einer großen Varianz von Alternativen, die in der Gestalt und in ihrem Aufbau neue typologische Strukturen hervorbringen.« Führt man sich vor Augen, dass der Entwurf über Jahrhunderte zweidimensional geprägt war und Konstruktionszeichnungen lediglich als Abbild von Raumstrukturen dienten, wird die große Bedeutung der Zeichnung und Konstruktion für das digitale Entwerfen deutlich.

Parametrisches Entwerfen ist somit die nächste Evolutionsstufe des digitalen Entwurfs. Komplexe Strukturen und Zusammenhänge lassen sich in mathematische Formeln und Diagramme fassen. So werden Rahmenbedingungen, Raum und Wegebeziehungen bis hin zu Kubaturen berechenbar, vernetzt und optimiert. Ändert sich eine einzige Rahmenbedingung, kann dies Auswirkungen auf zahlreiche andere Parameter haben. Solche Korrekturen lassen sich wiederum dezidiert beschreiben und in der

Eine gewagte architektonische Aussage, die sich in der Analyse dann ganz selbstverständlich und schlüssig erklärt – als Meisterleistung.

Simulation in »Real Time« abbilden. Das allein macht den Entwurf noch nicht perfekt, bietet aber eine größere Bandbreite an Lösungen und minimiert Fehlerquellen.

Bei der Villa von einem parametrischen Entwurf zu sprechen, wäre allerdings zu pauschal. »Regelbasiertes Entwerfen« trifft es eher und beschreibt damit verständlich die Intention des Architekten. Parametrisches Entwerfen stellt den Anspruch, alle Daten in eine Abhängigkeit zu bringen und diese dann als Ausgabeeinheit zu nutzen. Das hat jedoch bei einem Haus kleineren Umfangs wie einer Villa mit geringen Wiederholungen weniger Sinn. Daher wurde diese Technik bei dem Projekt nur auf die wesentlichen Prozessschritte angewendet.

Oben und ganz oben Nur durch äußerste Präzision auf der Baustelle lassen sich solche gekrümmten Flächen auch millimetergenau füllen – Wagnis und Glaubwürdigkeitsbeleg für den Architekten gleichermaßen.

Das Ergebnis des Entwurfsprozesses ist eine vollkommen eigenständige typologische Form eines Villengebäudes. Der dreigeschossige Bau entwickelt sich fließend als Splitlevel-Konstruktion über fünf Niveaus, wobei Erschließung und Ebenen – Horizontalität und Vertikalität – miteinander verschmelzen. Und: Die umgebende Landschaft findet ihre Entsprechung in der inneren Struktur des Hauses – sie wird zum integralen Bestandteil. Eine klare Trennung der Geschosse ist so nicht mehr sofort ables- und erlebbar, die Übergänge sind fließend, um Natur und Baukörper dichter aneinanderzufügen. Natürlich ist das Konzept einer Splitlevel-Organisation selbst ist nicht neu, neu und in der Wahrnehmung noch ungewohnt sind die homogenen Ebenenverläufe, die in ihrer Maßhaftigkeit ebenso wie in der Ausführungsqualität bestechen.

Die Abwicklung der Deckenebenen, mit der dahinterliegenden Statik und den konstruktiven Anforderungen an den Betonbauer, wären ohne digitale Entwurfstechnik kaum ausführbar gewesen. Wobei die Grundgeometrie des Baukörpers dennoch denkbar einfach ist: die Villa besteht aus zwei »Wellen«, mit einem Peak von 1 Meter und einem Peak von 2 Metern. Sie ergeben sich aus dem Versatz zur Oberkante Gelände im Erdgeschoss (1 m) und der geforderten Geschosshöhe von 3 Metern (2 m Höhenversatz + 1 m Höhenversatz = 3 m Geschosshöhe). Aus diesen Parametern ließ sich die Grundgeometrie entwickeln, die klar und minimalistisch zugleich im gesamten Gebäude ablesbar bleibt. Im Ergebnis entsteht eine elegante Form, die die Zirkulation der Ebenen als Ordnungsprinzip umsetzt. Kommentar des Architekten: »Ziel dieser Form ist ein dreidimensionales Netzwerk, das eine Vielzahl von Verbindungen entstehen lässt und die maximale Nutzbarkeit des Gebäudes ermöglicht.«

Das Projekt stellte hohe Anforderungen an alle Beteiligten. Durch die komplexe Deckenstruktur waren konventionelle, geplottete Pläne, in denen Durchbrüche oder Abwicklungen dokumentiert werden, schwer zu erfassen. Die Architekten lieferten kurzerhand ein Arbeitsmodell auf die Baustelle. Erst so wurde das Bild klarer für die ausführenden Gewerke vor Ort. Aber auch die beteiligten Fachplaner wurden vor ganz neue Aufgaben gestellt.

Der Zugang zur Villa F erfolgt von der Westseite aus über die angrenzende Zugangsstraße. Die interne Erschließung des Gebäudes liegt auf der Nordseite, die mit gezielten Einschnitten und großzügigen Fensterbändern pointierte Ein- und Ausblicke gewährt. Die nach Süden ausgerichtete, komplett verglaste Längsfassade fängt die Sonne gezielt ein. Der solare Wärmezugewinn wird dabei im Energiekonzept berücksichtigt, ein übermäßiger Wärmeeintrag wird jedoch durch eine eigens entwickelte Verschattungseinrichtung aus Schräglamellen verhindert. Das Haus verfügt über eine Erdsonden-Wärmepumpe. Die Kühlung erfolgt über die Bauteilaktivierung der Decken, ein zweiter Heizkreislauf ist jeweils in den Fußbodenebenen darüber verlegt. Übliche bauseitige Maßtoleranzen von 3 bis 5 Zentimetern waren hier nicht akzeptabel. Die Decke mitsamt den integrierten Heiz- und Kühlsystemen musste schon im Rohbau absolut exakt sein, denn an die Außenkante der Rohdecke schließen sich die Fassadenprofile bündig an. Es war also eine hohe Rohbau- und Ausführungsqualität gefordert, die aber in der Summe keinen wesentlichen Mehrpreis verursachte. Der Architekt sieht darin auch einen zusätzlichen Vorteil eines regelbasierten Entwurfs: »Der Bauherr baut so nicht günstiger, aber er bekommt deutlich mehr für sein Geld!«

Resümee: Das parametrische Entwerfen wird sich durchsetzen, weil eine Entwurfsidee in all ihren Abhängigkeiten aufgezeigt werden kann – und in all ihren Chancen. Diese Villa führt in ein neues, möglicherweise ganz anderes architektonisches Zeitalter, denn das Ergebnis ist kein Produkt des Zeitgeists, keine Modeerscheinung, sondern ein wichtiger Schritt in die Zukunft des Bauens. Nur so können Architekten das verlorene Terrain im Bauen auch vergleichsweise kleinerer privater Projekte zurückgewinnen. Dass es sich lohnt, zeigt dieser Entwurf beispielhaft!

Es spricht für die sichere Entwurfshandschrift des Architekten, dass sich die geschwungenen Formen weder außen noch innen bei der Betrachtung abnutzen – nein, sie faszinieren immer wieder aufs Neue.

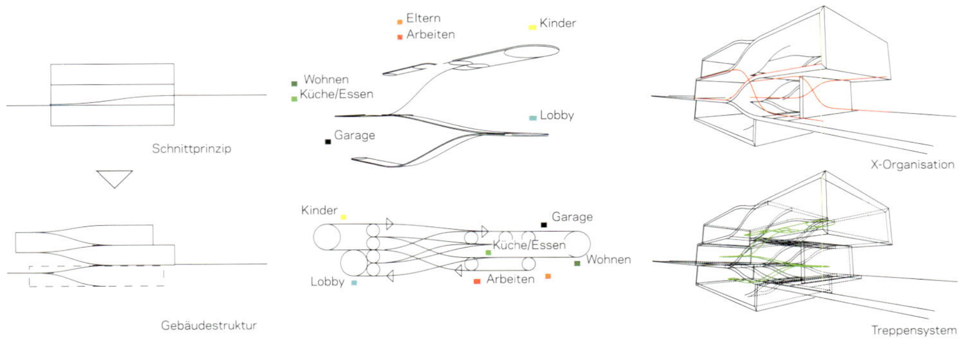

Links Wenn der Deckenschwung das Geländer ersetzt, dann kann es eine solche formal beeindruckende Treppensituation geben.

Rechte Seite beide Durchgängige Präzision ist bei einem so anspruchsvollen Bauwerk unverzichtbar – und schafft ein wunderbar elegantes Lebensgefühl.

Links Die Wohn- und Behaglichkeitsbedürfnisse sind unterschiedlich und immer abhängig von den Persönlichkeiten der Bewohner. Großzügige Eleganz bedarf dann oft keiner der sogenannten »Behaglichkeitszutaten«.

Oben Eine Insel der Ruhe, deren ästhetische Ausgewogenheit keine Wünsche offenläss t.

Unten Architektur prägt – natürlich. Und sie ist stets im besten Sinne geschmacksbildend. In diesen Räumen ist alles vorstellbar und Kinder wissen genau, wie sie mit ihrem eigenen Reich umgehen wollen.

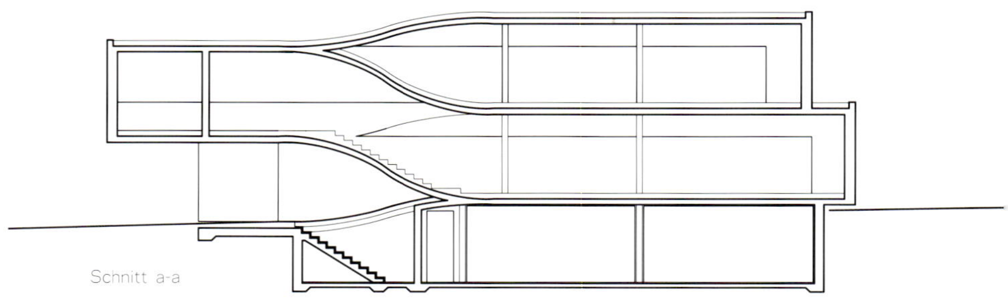

Schnitt a-a

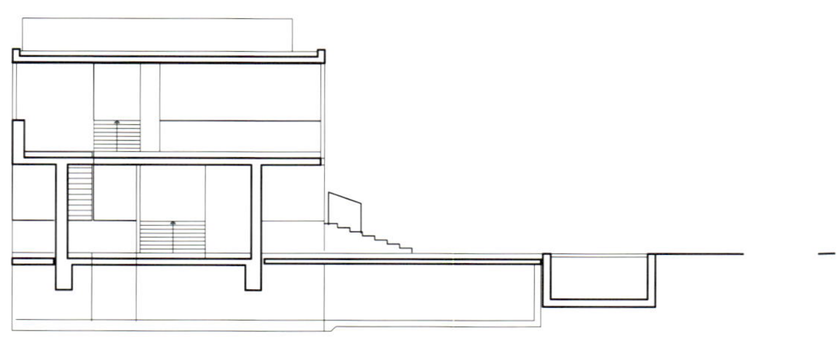

Schnitt d-d

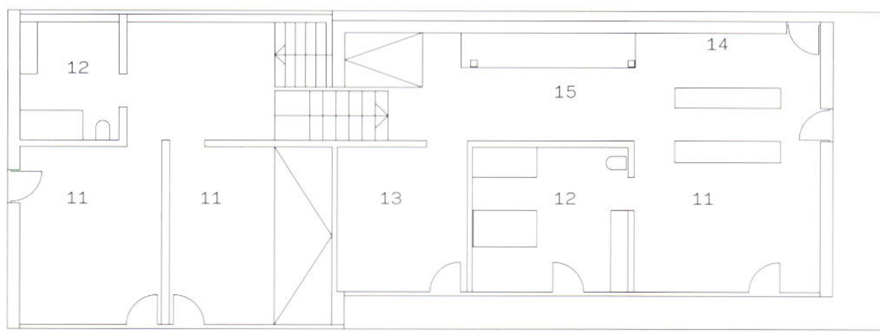

Obergeschoss

11 Schlafzimmer
12 Bad
13 Arbeitszimmer
14 Ankleide
15 Haushalten

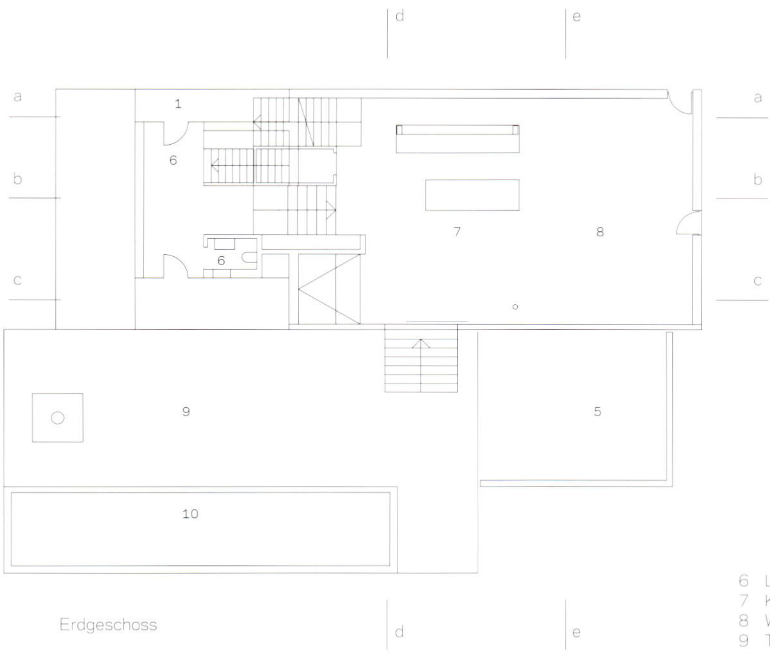

Erdgeschoss

6 Lobby
7 Küche / Essen
8 Wohnen
9 Terrasse
10 Schwimmbecken

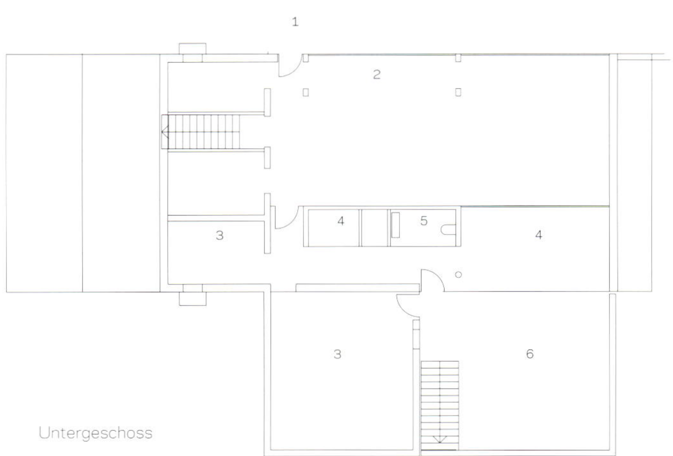

Untergeschoss

Maßstab 1:300

1 Eingang
2 Garage
3 Technik
4 Wellness
5 WC
6 Tiefhof

Büro

architekturSTUDIO Martin Schroth
Herterichweg 50a
91541 Rothenburg ob der Tauber
www.martinschroth.de
office@martinschroth.de

Projektdaten

Baujahr:	2009/2010
Grundstücksgröße:	4.600 m²
Wohnfläche:	300 m²
Nutzfläche, Schwimmbecken:	250 m²
Anzahl der Bewohner:	4

Fotos

Jann Döppert, Stuttgart

Sommerhaus im Thurgau

Die Gegensätze könnten größer nicht sein: ein unspektakulärer Altbestand, der nicht zu retten war, und ein Neubau, der in seiner formalen Raffinesse weit aus dem Rahmen des in der Architektur Üblichen fällt – welches Glück für die Auftraggeber, aber auch für den Betrachter, sei es aus der Ferne oder in unmittelbarer Begegnung mit diesem ungewöhnlichen Haus. Besser: dieser skulpturalen Architektur mit der Aura einer zeitlosen Monumentalität, wie sie nur wahre Kunstwerke bieten können.

Zur Geschichte: Baurechtlich war nur ein Wiederaufbau des Bestands zulässig. Das alte Haus hatte starke Setzungsschäden, die aufgrund der Austrocknung des moorigen Untergrunds in einem sehr heißen Sommer entstanden waren – es lag um etwa 20 Zentimeter schräg im Gelände. Eine Sanierung der Schäden lohnte nicht, da das Gebäude einen zu geringen architektonischen Wert aufwies. Da es in einer Landschaftsschutzzone liegt, war ein Ersatzbau nur im Rahmen des Vorhandenen möglich und hatte sich in Bezug auf Ausmaße und Baukörpergestaltung am Bestand zu orientieren. Bei der Detaillierung hingegen waren die Spielräume größer.

Das Grundstück liegt an einem künstlichen Weiher, der vor langer Zeit zur Eisgewinnung angelegt worden war. Dieses Gewässer umgibt ein kleines Wäldchen, das zwar etwas verwildert war, aber doch einen qualitätvollen Landschaftspark darstellt. Neben dem Weiher gibt es weitere in früherer Zeit angelegte Naturelemente wie Pappelreihen, riesige Rosenbüsche, unterschiedliche Sitzplätze und abgestorbene Baummonumente, die den Ort in eine zeitlose Ruhe versetzen. All diese Schätze wurden bewahrt, und um eine kostbare alte Rose (*Rosa filipes* 'Kiftsgate') zu erhalten und ihr genügend Raum zur weiteren Entfaltung zu lassen, wurde sogar die Lage des Neubaus leicht verschoben. Welch Referenz an die Schätze dieser kultivierten Natur!

Die Bedürfnisse der Bauherrschaft für den Neubau wichen vom Altbau nicht wesentlich ab. Dennoch entstand aufgrund der planungsrechtlich geforderten Zweigeschossigkeit eine spezifische innere Einteilung: Im Erdgeschoss die Wohnküche und die technischen Räume, da hier das alltägliche Wohnen und Werken geschehen und auch das unkomplizierte Empfangen von Gästen möglich sein sollte. Im Obergeschoss dagegen befindet sich neben dem Schlaf- und Gästeraum ebenfalls ein kleiner Wohnraum als privates Refugium.

Das Erdgeschoss mit dem Eingang, den Nebenräumen und der großzügigen Wohnküche öffnet sich niveaugleich auf den umliegenden Landschaftsraum. Darüber thronen gleichsam die von einer Loggia eingefassten Schlaf-, Wohn- und Gästeräume wie in einem Baumhaus; sie öffnen vielseitige, faszinierende Blickbeziehungen in

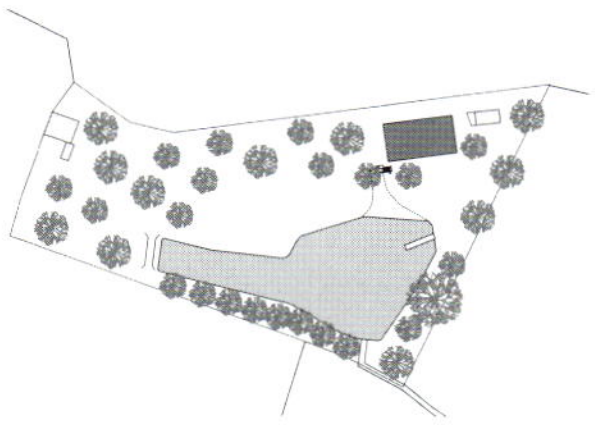

Hier ist die Architektur ein Teil der Landschaft – keine Rivalität, sondern ein kongeniales Zusammenspiel.

Diese Seite alle und rechte Seite beide
Die außen so dominante Skulptur in ihrer ungewöhnlichen Formensprache, die so prägnant die Antwort auf die umgebende Natur darstellt. Innen dann der formale Gegensatz zwischen der schalenartigen Tragstruktur und der poetischen Geländergestaltung. Dieser Mut zur feinfühligen Dramaturgie verdient eine besondere Hervorhebung.

die Tiefe der Landschaft und auf den See. Der Neubau ist eine leichte Holzbaukonstruktion – nicht nur wegen formaler und atmosphärischer Überlegungen, sondern vielmehr aufgrund der Erfahrungen mit dem alten Haus, das nicht zuletzt unter der Last von unsachgemäßen Betonaufstockungen im Moor versunken ist. Durch die leichte Bauweise konnte die Anzahl der Gründungspfähle, die auf dem tiefliegenden Sandstein ruhen, minimiert werden. Über den Pfählen sind acht Pfeiler aus massivem Lärchenholz eingespannt. Sie tragen über zwei Längspfetten die Hohlkastendecke, die allseitig auskragt. Darüber stützen die A-förmigen Wandscheiben das Dach und bilden gleichzeitig die Aussteifung des Obergeschosses. Die Nutzräume sind unten wie oben in diesem formal dominanten Geviert in freier Geometrie eingeschrieben.

Die kräftigen tragenden Lärchensäulen blieben sichtbar naturbelassen, im Inneren dagegen wurden die Holzelemente weiß gestrichen, das zurückliegende Holzwerk außen dagegen dunkel lasiert.

In Form und Funktion kongenial gelöst, ist die der Witterung ausgesetzte Obergeschossfassade mit rostendem Eisenblech verkleidet, und die dominanten zwölf trapezförmigen Öffnungen im Obergeschoss erhielten filigrane Geländer aus Eisendraht: künstlerisch freie Formen, die in ihrer Zartheit einen reizvollen, kaum wahrnehmbaren Kontrast zur geradezu monolithischen Form der Fassadensegmente bieten.

Entstanden ist ein Bauwerk, dessen geradezu archaisch anmutende Form in großer Sensibilität auf den Standort eingeht – und als architektonisches Meisterwerk besticht. Eine solche Architektur braucht und verdient unsere Zeit!

Rechts und unten Schweizer Architekten haben einen siebten Sinn für alle Formen der Reduktion und ebenso für den Gedanken, dass Architektur immer auch den Fond für die eigene Individualität bieten sollte. Selbst die Treppenuntersicht wirkt als Skulptur, so wie das Holzpaneel und das Schwarz der Kaminöffnung. Ein ungewöhnliches Haus, ein Haus zum Wohlfühlen auf höchstem architektonischen Niveau.

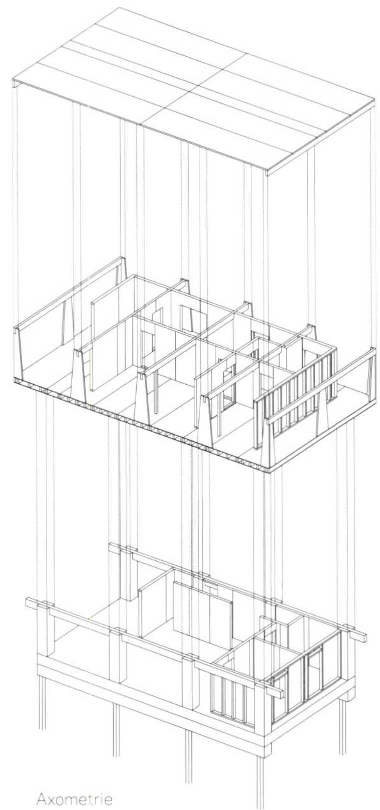

Axometrie

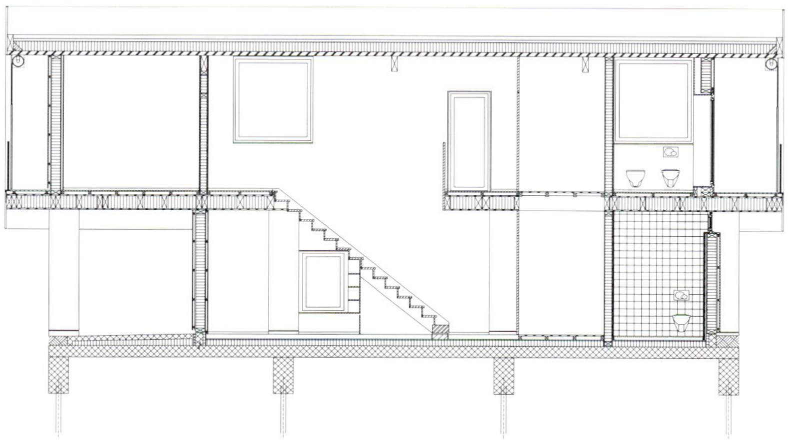

Längsschnitt

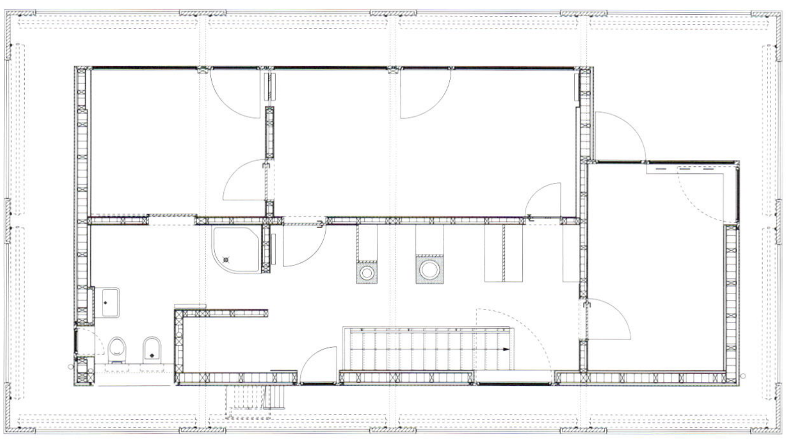

Obergeschoss

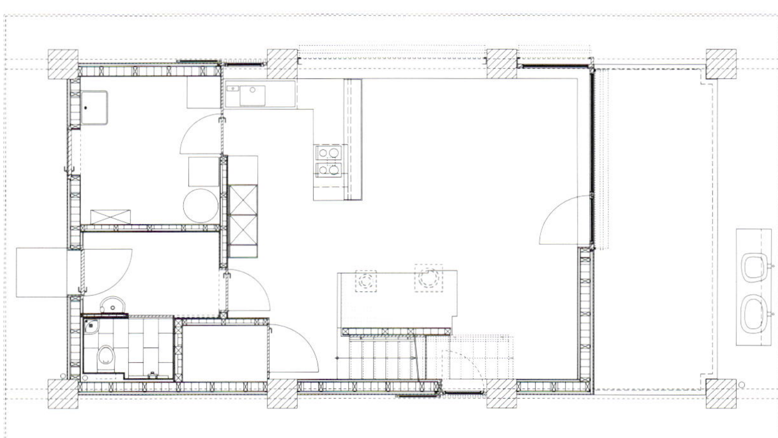

Erdgeschoss

Büro

Staufer & Hasler Architekten AG
Astrid Staufer und Thomas Hasler
Industriestraße 23
8500 Frauenfeld
www.staufer-hasler.ch
info@staufer-hasler.ch

Projektdaten

Planung:	2005–2006
Ausführung :	2006–2007
Wohnfläche:	160 m^2

Zusätzliche Nutzfläche:
Keller, Garage, kleine Scheune (Bestand)

Fotos

Bilder Stirnseite und Bettenweiher: Roland Bernath, Zürich
Alle anderen: Heinrich Helfenstein, Zürich

Axel Steudel Architekt, Köln

Der Bautyp Landhaus als architektonische Gegenwelt

In Deutschland war es der Architekt Hermann Muthesius, der die Entwicklung der Landhausplanung entscheidend vorantrieb. In seinem populären Buch *Landhaus und Garten* trug er wesentlich zur Akzeptanz und Verbreitung dieser Bauform bei, die ein adäquates Lösungsmodell als bauliche Gegenwelt bei gleichzeitigem – städtischem! – Komfort versprach.

Der Gedanke an ein Haus auf dem Lande als Lebensmittelpunkt oder einem zusätzlichen Domizil hat bis heute nichts von seiner Faszination eingebüßt. Der Unterschied ist nur, dass sich die Haltung verändert hat: Das Landhaus im 18. und 19. Jahrhundert sollte auch durch seine Architektur bestechen, war Repräsentationsbühne ebenso wie Rückzugsort für die Familie. Und heute? Wer macht sich schon noch die Mühe, sein Haus auf dem Lande individuell von einem Architekten auf die ganz eigenen Lebenswünsche planen zu lassen? Es ist ja nicht die mittelmäßige Auslegeware der Vorstadtsiedlungen gemeint, die zwar Häuser, aber keine Architektur bieten, nein, Architektur beginnt eben erst dann, wenn Auftraggeber und Architekt eine Zweckgemeinschaft auf Zeit eingehen, um aus einem vagen Ideenblock schließlich die endgültigen architektonischen Konturen herauszuarbeiten. Wirkliche Architektur gibt es nun einmal nicht aus dem Katalog.

So geht dieser Entwurf dem Versuch nach, mit aktuell zur Verfügung stehenden architektonischen Mitteln an eine Tradition des Landhauses anzuknüpfen und eine Architektur zu schaffen, die mit der ländlichen Umgebung eine Verbindung eingehen will, ohne diese zu dominieren. Es wird eine architektonische Formel gesucht, um der Auftraggeberfamilie einen verlässlichen Rahmen zu geben, ein gebautes Ambiente außen und innen, das im Gegensatz zu der beruflich geforderten Flexibilität der Bewohner, Ruhe und Geborgenheit im Privaten ausstrahlt.

Das Haus befindet sich in einer ländlich geprägten Siedlung unweit der Münchener Innenstadt – und diese Situation gibt es erstaunlicherweise noch immer in vergleichbaren Großstädten, aber ihr positives Potenzial wird viel zu wenig genutzt. Das Gebäude hier ist umgeben von einem länglich geschnittenen Garten, auf dessen Nordseite eine schmale Straße verläuft. Zusammen mit der seitlichen Garage begrenzt sein Südgiebel einen Gartenraum, durch den ein seitlich angelegter Weg zum Haus führt – auf der Ostseite. Der lang gestreckte, eingeschossige Bau verfügt über ein traditionelles Satteldach mit niedrigen Traufen. Sein horizontal betonter Charakter steht in bewusstem Gegensatz zur Vertikale der alten Obstbäume, die dem Grundstück bis heute seine ursprüngliche Atmosphäre verleihen. Am Übergang des Hauses

Die Architektur scheint vertraut, gibt sich zeitlos. Diese Zeitlosigkeit lässt aufhorchen.

Axel Steudel Architekt, Köln

Diese Seite alle Eine klassisch-vertraute Architektur ist doch kein Rückbesinnungsbekenntnis – im Gegenteil, sie bietet das ganze Spektrum an technisch Möglichem ebenso wie die so notwendigen formalen Botschaften, die zeitgemäße Behaglichkeit ausmachen. Siehe die Eingangstür, die bildhaft eindeutig ist.

zum Garten liegt ein Raum, der weder reiner Innenraum noch Außenraum ist, eine je nach Jahreszeit genutzte Loggia auf der Südseite, die zugleich Wintergarten, Schatten spendender Freisitz und Eingang vom Garten ist: ein architektonisches Motiv, das willkommen dazu beiträgt, die sinnlichen Erfahrungen im Erleben von Garten und Natur in den Übergangszeiten zu verlängern. Die Loggia bildet den Abschluss der Wohnräume im Erdgeschoss – nach Westen und Süden ausgerichtet –, während sich die Küche nach Osten zur Morgensonne orientiert. Die Grundrissfigur im Erdgeschoss verbindet Wohnraum, Arbeitszimmer, Esszimmer und Küche zu einer Folge von Räume, die durch doppelflügelige Türen voneinander getrennt werden können. Die Schlafräume und Bäder bilden im Dachgeschoss die Privatsphäre, wobei die Kinderzimmer als Ganztagsräume nach Süden orientiert sind. Die beiden Bäder schaffen in der kreuzförmigen Dachfigur eine räumliche Trennung zwischen Kinder- und Elterntrakt, sodass jeder ungestört über einen eigenen Rückzugsbereich verfügt.

Der eingeschossige Baukörper wird durch ein gleichseitiges Satteldach bestimmt. In der Mitte der Längsseite sorgen zwei untergeordnete Quergiebel für die Belichtung der Räume im Dach. In dieser Achse befindet sich auch der Eingang des Hauses. Die Fensteröffnungen sind gleichmäßig in Gruppen zusammengezogen, deren Ordnung nur durch den großflächig verglasten Wintergarten durchbrochen wird.

Das Dach ist mit naturroten Biberschwanzziegeln in Kronendeckung belegt, die wie Schiefer harmonisch in die Dachhaut eingebundene Fledermausgauben erlaubt. Diese waren der besondere formale Wunsch der Auftraggeber. Die knappen Dachüberstände gehen auf bewährte Vorbilder einer einfachen und ländlichen Bauweise zurück, mit einem Dachstuhl aus heimischem Nadelholz und Ziegeln für den Massivbau, einschalig gemauert und beidseitig verputzt.

Das Materialkonzept innen beschränkt sich auf die Auswahl weniger natürlicher Baustoffe: Parkett aus Eiche, jeweils eingefasst mit einem Randfries, Naturstein für den Böden des Eingangs und der Küche, im Wintergarten ein Zopfmuster aus kleinen Feinsteinzeugfliesen. Zahlreiche in die Wandflächen integrierte Ausbauten sorgen für den erforderlichen Stauraum. Sie sind wie die Türen und die inneren Fensterfutter aus weiß lackierten Holzwerkstoffen gefertigt. Besonders beanspruchte Wandflächen

– entlang des Treppenlaufs – sind holzvertäfelt. Die verwendeten Materialien und Bauteile sind in handwerklich bewährten Konstruktionsweisen zusammengefügt, wurden individuell entworfen und als klassische Tischlerarbeit ausgeführt. Es wurden nur heimische Materialien verwendet, die ausdrücklich auf eine langfristige Nutzungsdauer ausgelegt sind.

Die insgesamt kompakte Bauform führt zu günstigen Werten bei der Gebäudehülle und ermöglicht eine sehr energiesparende Heizungsauslegung.

Ja, eine ökologisch sinnvolle Bauweise muss sich nicht immer auch plakativ als solche zu erkennen geben. Dieses klassische Landhaus bezieht vielmehr die zurückhaltend-vornehme Gegenposition, für die sich Nachhaltigkeit nicht auf die gängigen Aspekte beschränkt, sondern auf das komplexe Zusammenspiel aller architektonischen Elemente.

Dieses Haus will keinen schreienden Modernitätsnachweis erbringen, es bietet sehr viel mehr: höchste formale und technische Qualität in selbstbewusster, traditionsverbundener Haltung – allen Anfeindungen zum Trotz. Ein solches architektonisches Bekenntnis bringen nur wenige auf – das gilt auch für die Auftraggeber. Bemerkenswert!

Oben Muss man die Gegenwart wirklich immer neu mit Effekten erfinden? Hier beweist der klassische Wintergarten, dass traditionelle Erfahrung noch immer höchsten Wohnkomfort bieten kann.

Unten Behaglichkeit und Lebenskultur zeigt sich immer in dem Wunsch nach handwerklich individueller Arbeit – am besten natürlich nach Architektenentwurf.

Oben beide und links Das Augenmerk gilt der handwerklichen Arbeit, die in ihrer Summe aus Bauwerk und Innenausbau genau das ausmacht, was ein individuell beauftragtes Haus ausmacht: den biografischen Wunsch nach gebauter Individualität.

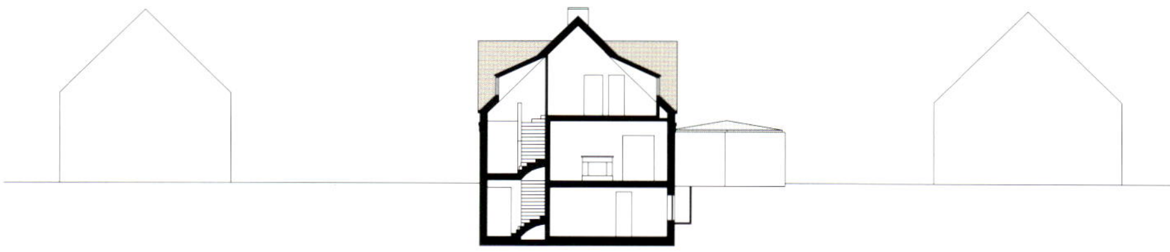

Querschnitt

Längsschnitt

1 Flur
2 Schlafzimmer
3 Kinderzimmer
4 Badezimmer
5 Luftraum

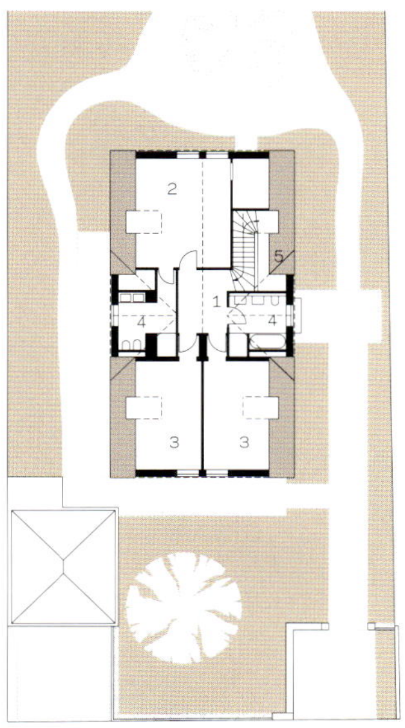

Dachgeschoss

1 Eingang
2 Garderobe / WC
3 Küche
4 Essraum
5 Wohnraum
6 Arbeitszimmer
7 Wintergarten
8 Hauswirtschaftsraum

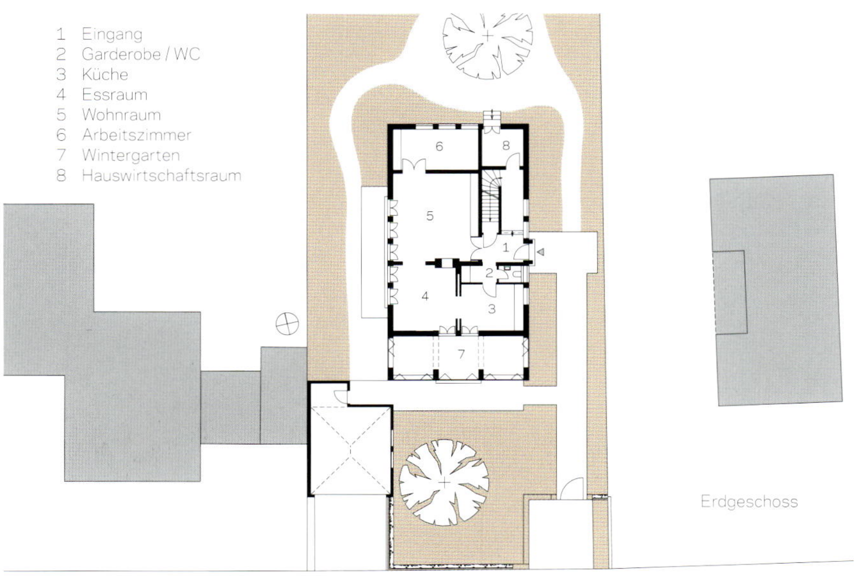

Erdgeschoss

Büro

Axel Steudel Architekt
Aachener Straße 637
50933 Köln
www.axelsteudel.de
kontakt@axelsteudel.de

Projektdaten

Bauzeit:	2006–2007
Grundstücksgröße:	799 m²
Wohnfläche:	207 m²
Zusätzliche Nutzflächen:	163 m²
Anzahl der Bewohner:	4

Fotos

Christian Eblenkamp, Rietberg
Seite 233 unten und 234 oben links:
Neue Werkstätten

Kellerstöckl? Kellerstöckl! Refugium als Landschaftsschutz

Wie so viele der landschaftstypischen Funktionsbauten aus vergangener Zeit, hat auch das Kellerstöckl heute seinen ursprünglichen Gebrauchswert eingebüßt. Einst in den Weinbaugebieten ein häufig anzutreffender Gebäudetyp, der drei wichtige Nutzungsmöglichkeiten bot: Lager- und Gärraum im eigentlichen Keller, Presse und Schlafstatt für die Arbeiter im Weinberg und Trocknungsebene im lichtgeschützten Giebel für Obst und Feldfrüchte. Kellerstöckl bieten mit ihrer zum Teil sehr dekorativen Architektur einen besonderen Blickfang, wobei die Lage – am Hang – und die Materialwahl eindeutig auf die unterschiedliche Funktionalität des kleinen Bauwerks verweisen: eine Ausdruckskraft, über die heute kaum noch ein Wirtschaftsgebäude verfügt.

Dieses Kellerstöckl ist in vertrauter Weise in einen leichten Hang mit Nordwest-Orientierung hineingebaut, südostseitig grenzt es direkt an die Ortsstraße. In traditioneller Konfiguration der ortsüblichen Baustruktur wurde auf dem vorhandenen gemauerten Ziegelgewölbe, dem ehemaligen Weinkeller, ein neuer »Pressraum« in Holzblockbauweise mit Satteldach aufgesetzt.

Da die historische Architektur – Holzkörper und Dachkonstruktion – im Zustand derart desolat war, dass man sie nicht mehr retten konnte, galt es, ein gestalterisches Konzept zu entwickeln, das sowohl an die regionaltypische Holzbautradition anknüpft, gleichzeitig aber auch eine formale Interpretation bietet, die eine der neuen Nutzung enstprechende Ikonografie schafft.

Als Auflage der Gemeinde musste der Baukörper von der Straße 2 Meter abgerückt werden – auf den alten Kellergewölben. Die Kubatur als solche blieb erhalten. Aber durch das Versetzen geht leider ein Funktionsbaustein der Architektur verloren: die Anbindung an den Transportweg. Glücklicherweise haben die Architekten an den ikonologischen Charakteristika eines Weinstöckls festgehalten: Das Satteldach mit traditioneller Dachneigung entspricht den vergleichbaren Bauten der ländlichen Region.

Ursprünglich waren die Weinpressen reine Funktionsbauten. Sie wurden über dem eingegrabenen Keller als Ein-Raum errichtet, meist ohne Fenster. Der Neubau übernimmt dieses Konzept: Wohnen, Essen, Bad und Schlafen finden hier statt, zusätzliche Nutzfläche gibt es im Hanggeschoss.

Die Fassadenausbildung lehnt sich sowohl an die tradierte Form des Kellerstöckls als auch die eines Schuppens an. Der neue Holzbaukörper erscheint auf drei Seiten mit seiner Holzlattenfassade geschlossen, Fenster und Türen sind in die Fassade

Rechte Seite Wenn man diese bauhistorischen Kunstwerke nicht erhält, sich nicht um eine neue Nutzung bemüht, dann geht Geschichte verloren.

yes architecure, München

Links und unten Die alte Bauform ist erhalten, das Material der Fassade stimmt und die vormals so wichtige Funktion des Gebäudes erfährt jetzt die Referenz ihrer regional so wichtigen bauhistorischen Bedeutung. Den Architektinnen gebührt der Dank!

integriert und als solche nicht ablesbar – eine Referenz an die historische Architektursprache. Nur die dem Hang abgewandte Fassade, die gesamte Nordwest-Wand, öffnet sich gläsern, gleichsam entmaterialisiert, zur Landschaft.

Auch die Holzfassade hat ihren historischen Bezug: sie leitet sich von den ortstypischen »Woazstriezltrocknern« ab, einer offenen Lattenstruktur aus Lärchenholz mit Satteldach, in denen Maiskolben in alter Tradition zum Trocknen aufgehängt wurden. Dieses gestalterisch vertraute Motiv bildet die gesamte Fassade, und auch die Dachkonstruktion greift auf Vorbilder zurück: keine Unterteilung in Dach und Fassade, die Lattenstruktur wird zur alles überziehenden Haut.

Die Form des Hauses tritt klar und unverfälscht in den Vordergrund und schafft auf diese Weise einen vorbildlichen Akzent in der Landschaft: keine Gemütlichkeitsarchitektur, wie man sie bei Neubauten auf dem Lande für die Städter so häufig findet. Architektonisches Selbstbewusstsein bedarf nicht des Eventeffekts. Es reicht die gestalterische Zwiesprache mit der regionaltypischen Bauweise – nur dann zeigt die zeitgenössische Architektur ihre Verantwortung. Die Könnerschaft liegt dann, wie hier, im eingesetzten gestalterischen Vokabular.

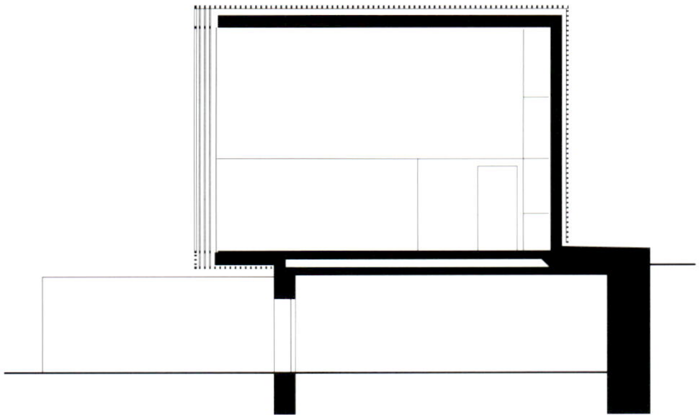

Schnitt A-A

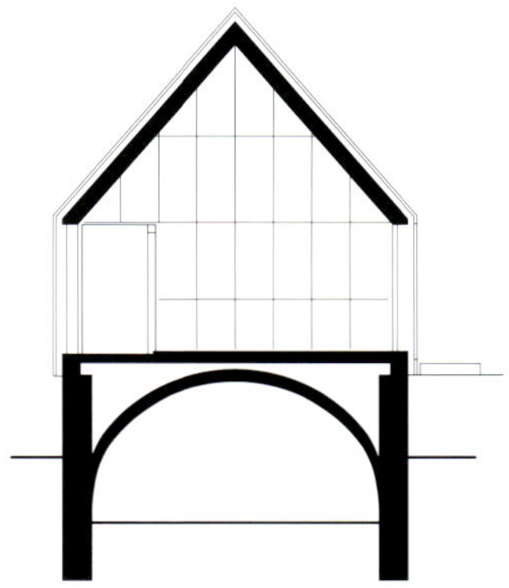

Schnitt B-B

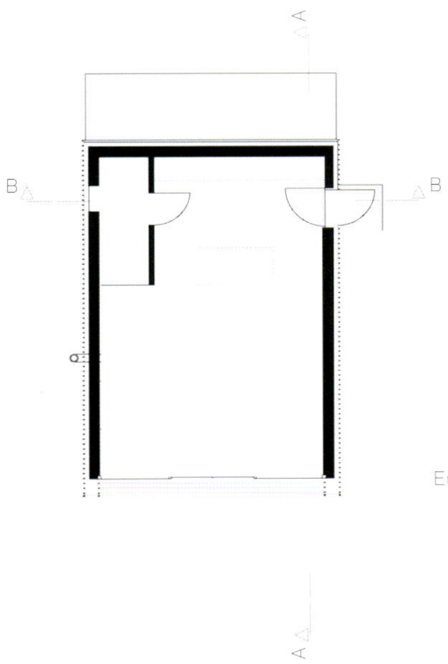

Erdgeschoss

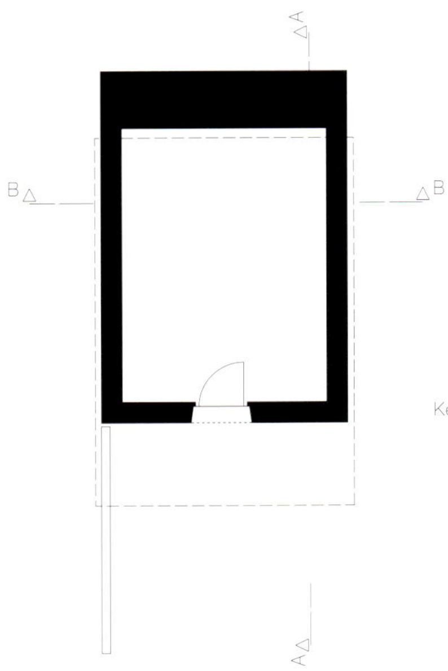

Kellergeschoss

Büro

yes architecure
Marion Wicher, Ruth Berktold
Lindwurmstraße 71
80337 München
berktold@yes-architecture.com
und
Griesgasse 10
8020 Graz
wicher@yes-architecture.com
und
456 Broadway 3FL
New York NY 10013
www.yes-architecture.com

Projektdaten

Baujahr:	2008
Grundstücksgröße:	5.000 m^2
Wohnfläche:	42 m^2
Zusätzliche Nutzfläche:	
Weinkeller	35 m^2
Anzahl der Bewohner:	1-2

Fotos

Wolfgang Croce, Graz

MIX
Papier aus verantwortungsvollen Quellen
FSC® C013736

Impressum

Das für dieses Buch verwendete FSC®-zertifizierte Papier *Profisilk* liefert Sappi, Alfeld.

1. Auflage

Satz und Layout: Monika Pitterle/DVA
Gesetzt aus der Galaxie Polaris
Lithographie: Reproline Achter, München
Druck und Bindung: Kösel, Altusried-Krugzell
Printed in Germany
ISBN 978-3-421-03842-5
www.dva.de